HOW WOULD YOU MOVE MOUNT FUJI?
Microsoft's Cult of the Puzzle
HOW THE WORLD'S SMARTEST COMPANIES SELECT THE MOST CREATIVE THINKERS
William Poundstore

ビル・ゲイツの面接試験

富士山をどう動かしますか?

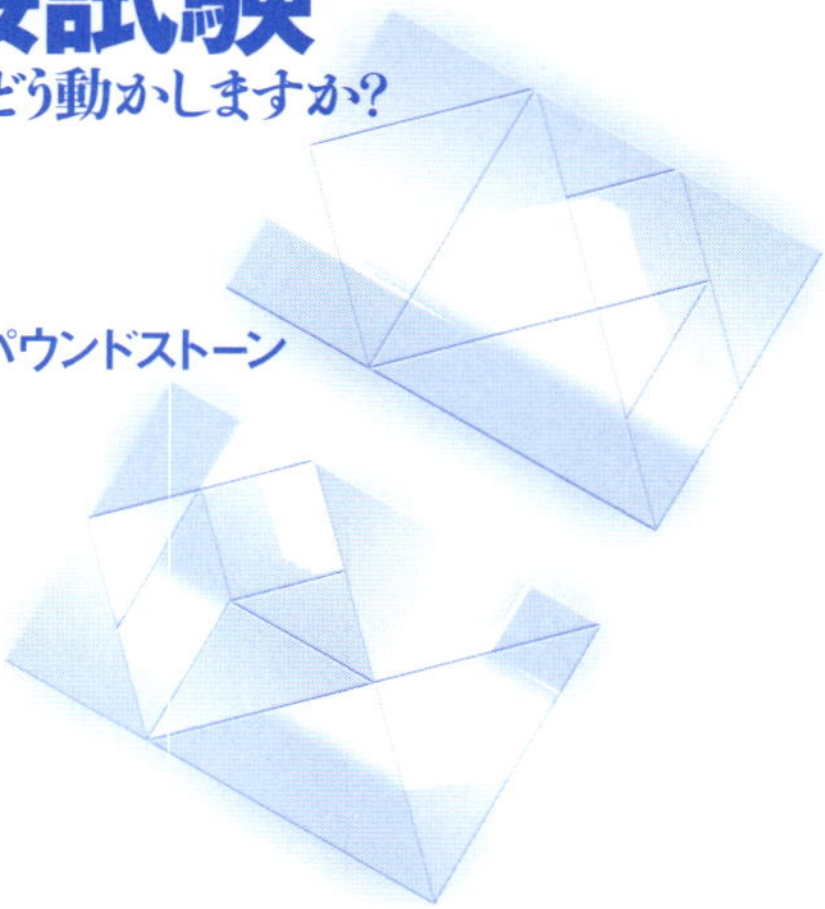

ウィリアム・パウンドストーン
松浦俊輔 訳

青土社

ビル・ゲイツの面接試験

富士山をどう動かしますか？

目次

9. 革新的企業はどう面接すべきか

ビル・ゲイツの面接試験

富士山をどう動かしますか？

父に

他のどんな価値とも同じで、パズルを解く能力は、応用面での意味ははっきりしない。……しかし、この能力を優先する社会の行動は、そうでない社会とは大きく違っているだろう。

——トマス・クーン『科学革命の構造』

……中国のパズルで、置きにくいピースがたくさんあるように、仲間の中には、決してその適切な角度におさまらない奴がいて、パズル全体がまさに難問《パズル》になる。それはまさに、世界で最大のパズルの状況だ——この軍艦の世界そのものだ。

——ハーマン・メルヴィル『白ジャケット』

頭のよさが愚かさにつながることがある。それを理解することが、天道に近づくということだ。

——黄賓虹

1 解けない問題

一九五七年、ウィリアム・ショックレーは、カリフォルニア州パロアルトに創業したショックレー・セミコンダクタ社の社員を採用しようとしていた。ショックレーは、トランジスタを発明したベル研究所のチームの一員だった。その仕事をやめて西へ移り、自身の会社を立ち上げ、目標は一〇〇万ドル稼ぐことだと言っていた。誰もがショックレーはおかしくなったと思ったが、ショックレー本人は、おかしくないと思っていた。ベル研究所の多くの人々とは違い、トランジスタは大事業であることを知っていた。

ショックレーは、トランジスタを安く作る方法を思いついた。これをシリコンから製造しよう。サンフランシスコの南にあるこの谷あいの地へやってきて、製造を開始した。自分が時と場所を得て、歴史の先頭にいると思っていた。必要なのは、人材だった。ショックレーはそれを運に委ねようとはしなかった。[1]

今日の面接相手は、ジム・ギボンズという二十代前半の若者だった。すでにスタンフォードで博士号をとり、ケンブリッジでも勉強していた──フルブライト奨学金をとって留学したのだ。

ギボンズは今、かまぼこ形の倉庫を使ったショックレーの会社にいて、ショックレーの目の前に座っていた。ショックレーはストップウォッチを取り上げた。

試験は穏やかな口調で始まった。「テニストーナメントがあって、一二七人の選手が参加しました。一二六人で六三試合分を組み合わせ、残った一人は不戦勝です。二回戦では六四人が三二試合をします。優勝が決まるまで、全部で何試合することになるでしょう」。

ショックレーはストップウォッチの針を動かした。

さほど針が進まないうちに、ギボンズが答える──一二六試合。

「どうやって計算しましたか」とショックレーは尋ねる。「前に聞いたことがあったんですか」。

ギボンズは淡々と説明した。選手が一人敗退するのに一試合必要で、勝者が一人残るには、一二六人が敗退しなければなりません。だから、一二六試合することになります。

ショックレーはむっとしかけた。自分が解いたのと同じ方法だと、ギボンズに言った。ショックレーは他人が「自分の」方法を使うのはいやがるんだな──そんな印象を、ギボンズは強く受けた。

ショックレーは次の問題を出し、またストップウォッチのボタンを押した。今度のは、ギボンズにとって、さっきのよりも手ごわかった。答えが出ないまま、長い間考えていた。一秒経過するごとに、部屋の雰囲気がほぐれていくのに気づいた。ショックレーは、先ほどの答えには怒ったが、今度は温かい風呂につかっているみたいにくつろいでいた。やっとストップウォッチが止まった。ショックレーは、あなたはこの問題に答えるのに、もう会社の平均の二倍かかりましたよと言った。その伝え方には寛容な満足感が伴っていた。ギボンズは採用された。[2]

重い球を見つけなさい

時間を四〇年ほど早送りしてすっかり様変わりしたシリコンバレーに移ろう――空間的には、今はとっくになくなったショックレー・セミコンダクタ社から、ほんの数キロのところだ。シリコンチップに刻まれるトランジスタは、ショックレーが思い描いたとおり大事業になった。ソフトウェア産業はもっと大きくなった。この地にあるスタンフォード大学で就職フェアが行なわれると、そこで人気を集める会社のひとつがマイクロソフト社だった。一九九〇年代のドット・コム景気と株高が最高潮に達する中、マイクロソフトは、さして目立たない社員でも、三〇歳の誕生日までには一〇〇万ドル稼げるところとして有名だった。大学院生のジーン・マッケンナは、マイクロソフトの就職担当者の面接を受ける申し込みをした。

担当者は試験を始めた。「ビリヤードの球が八個あります。一個だけ、他より少し重いものがありますが、それを見分ける方法は、天秤に載せて比べることだけです。重い球を見つけるために天秤を使う回数で、いちばん少ないのは何回ですか」。

マッケンナは声に出して推理しはじめた。口に出すことはすべてちゃんとしたことだったが、なぜか相手は気に入らないようだった。ヒントをもらったり励まされたりして、マッケンナは、かろうじてマイクロソフトの社員として認められる、ビリヤードの球の重さを量るための手順に達した。答えは「二回」だった。

担当者はさらに言った。「マイクロソフトは家電事業を始めたいと思っています。電子レンジをコンピュータで動かしたいとしましょう。あなたなら、そのためにどんなソフトを書きますか」。

マッケンナは尋ねた。「なぜそんなことをするんですか。冷蔵庫のところへ行って、食べるものを出して、電子レンジに入れて、そのうえに、コンピュータのところへ走っていって、電子レンジを動かそうなんて、私は思いませんよ」。

「まあ、電子レンジにはやっぱり操作ボタンはついていてもいいんですけどね」。

「じゃあ、どうしてコンピュータから動かそうと思うんですか」。

「プログラムできるようにすることは考えてもいいでしょう。たとえば、仕事場からコンピュータを呼び出して、それに鳥を焼きはじめさせるとか」。

「でも、鳥にしても他の食べ物にしても、私が仕事場にいる間、電子レンジに置いてあったら腐っちゃうんじゃないですか。冷凍の鳥を入れておけるでしょうが、そうすると、電子レンジじゅう、たれた液《ドリップ》だらけになりますよ」と、マッケンナは尋ねる。

「電子レンジには他の選択肢はありませんか」と担当者は聞いた。一時の沈黙。「たとえば、それを使ってレシピをダウンロードしたり、交換したりとか」。

「それなら今でもできますよ。どうしてマイクロソフトが、コンピュータを電子レンジにつなげたがるんでしょう」。

「まあ、それは気にしないことにしましょう。単純に、マイクロソフトがそうすることにしたと仮定してください。使い道を考えるのがあなたの仕事です」。

マッケンナは黙って考えた。

担当者は言う。「レシピがとてもややこしいかもしれませんね。たとえば、『七〇〇ワットで二分、それから三〇〇ワットでさらに二分、ただし温度が一五〇度を下回らないこと』とか」。

「そうですが、実際にそんなことをしたがるのは、わずかな隙間にいる人じゃないんですか。たいていの人は、ビデオの録画予約だってできないんだから」。

マイクロソフトの担当者は手を差し出した。「結構です。会えてよかった。仕事探しがうまくいくといいですね」。

「ええ、ありがとうございます」と、マッケンナも言った。[3]

解けない問題

論理パズル、クイズ、仮定の問題、ひっかけ問題。これらはコンピュータ会社の面接では長い伝統がある。社員全員が高い論理的能力をもっていて、製品を送り出すのに必要なら週七〇時間でも働くような、創意工夫とやる気のあることが期待される、新興企業精神の表れだ。ハイテク産業は古い経済活動とは違う。そんな信仰も反映している。安定せず、不確実で、変化が速いのだ。ハイテク産業の社員には、前提を疑問視する力、新しい視点から見る力が必要だ。パズルやクイズは、その能力をテストする（とされる）。

近年は、ハイテクと古い経済との断絶は狭まってきた。ネットでつながり常に変動する世界市場の不確実性は、企業と職業人の世界全体に、新興企業精神を要求する。その世界が、かつてなら痩せてがつがつしたテクノロジー会社を連想させた、特異な面接様式を採用しつつある。パズルを含む面接試験が、『フォーチュン』トップ五〇〇社や、斜陽の鉄鋼業界、法律事務所、銀行、顧問会社、保険会社、航空会社、マスコミ、広告、さらには軍にまで広がっている。頭の体操のような面接問題は、イタリアやロシア、インドでも報告されている。[4] 雇用の世界では、好むと好まざるとにかかわらず、パズルやクイズは、新しく熱いトレンドなのだ。

現代に早送りしよう――どこでも、ほぼどんな業種でもいい。次はあなた自身の面接試験だ。こんな質問に答える覚悟をしよう。

「世界にピアノの調律師は何人いるでしょう」、「スタートレックの転送装置《トランスポーター》が本当にあったら、輸送業界にどんな影響があるでしょう」、「なぜ鏡は左右を逆転させて、上下を逆転させないのでしょう」、「アメリカの五〇州のうち、どれでも一つなくしていいとしたら、どれにしますか」、「ビールの缶は、どうして端が少し細くなっているのでしょう」、「富士山を動かすにはどれだけ時間がかかるでしょう」。

人事の世界では、これらのクイズのいくつかは、ひそかに「解けない問題」と呼ばれている。面接する側は、競争が激しい今日のビジネス世界で生き残るのに必要な、知能、才覚、「枠にとらわれない思考」を量るのに、これらの問題が役立つと本気で信じていればこそ、それを出題している。応募者は、やはりこれらの問題が、今日の一流企業に雇ってもらえるのに必要なことだとまじめに信じて、それに答えている。あちこちで、多くの人がまじめに信じている。人類学者が二一世紀初頭の雇用儀礼を研究すれば、これら「解けない問題」をめぐることのうち、いちばん奇妙なのは、こういうことになるだろう。誰も答えを知らないのだ。これらの問題を利用する面接担当者の話を聞いたこともあるし、彼らは熱心に、自分が「正解」を知らないだけでなく、知らないからといってとくに違いはないと、請け合ってくれた。世界中にピアノの調律師が何人いるか、「公式の」数字を探し出そうと、インターネットを調べて楽しいひとときをすごしたこともある。結論――公式の数字はない。見事なウェッブサイトをもつピアノの調律師の組織も、世界中にピアノの調律師が何人いるかは知らない。

これらの問題にどう答えるかに基づいて、日々、人が雇われたり雇われなかったりしている。

解けない問題は、もっと広い現象の一面だ。面接試験は、だんだん遠慮がなくなり、これでもかと追い込み、まぎらわしくなり、意地悪になっている。かつては雇用する側とされる側の求愛の儀礼の場だったものが、もっと一方的な、志望者の心の動き方までが覗かれ、手をつっこまれ、無慈悲に評価される、まな板になっている。志望者は面接で「自分を証明する」ことが期待される。パズルを解いて、ひっかけ問題にだまされないようにし、人為的なストレスのもとで成果をあげなければならない。

「ちょっとロシアン・ルーレットをやってみましょう」。ウォール街の投資銀行の間に伝わる、ある面接が始まる。「あなたは椅子に縛りつけられて、立ち上がれません。回転式の銃があります。弾倉もあります。六発入りですが、今はからです。見てください、銃に二発入れます。隣りあったところに入れます。弾倉を銃に戻して、回します。銃をあなたの頭に向けて、引き金を引く。かちっ。まだ生きてますね。運がいい。じゃあ、あなたの業績について話す前に、もう一回引き金を引きます。もう一度弾倉を回した方がいいですか、それとも、そのまま引き金を引いた方がいいですか」。

ありがたいことに、銃は架空だ。「空中銃《エアガン》」であり、面接担当者はそれらしいしぐさで弾倉を回し、引き金を引く。困ったことに、自分の将来は、架空の銃をもてあそぶような人に決められようとしている。

この問題は論理パズルだ。正解はある（一九四頁を参照のこと）。面接する側も正解を知っ
ている。その仕事に就きたければ、正解を出さないとまずい。就職面接という場では、この手のパズルを解くのは、おそらく、演繹的な論理だけでなく、ストレスへの対応にかかわってくる。ロシアン・ルーレットの問題には、こうした面接がとる考え方が、典型的に表れている。ストレスがかかる中でパズルが解ける人は、そうでない人よりも、いい社員になるということだ。

今日、ストレスとパズルを集中的に用いる面接に人気があるのは、一般に、アメリカでいちばん成功し、かつ毀誉褒貶のある企業のひとつのせいだとされている。マイクロソフト社である。このソフト産業の巨人には、毎月一万二〇〇〇通の履歴書が届く。この会社の社員が五万人ほどであり、マイクロソフトの社員が入れ替わる率も、ずっと業界平均の三分の一ほどにとどまっていることを考えると[5]、これは驚異的な数字だ。マイクロソフトは、大半の会社よりも、人を見る目に長けていなければならない。面接手順にも、それが反映している。

マイクロソフトが受け取った履歴書は、人間が関与するまでもなく、キーワードを調べられ、データベースに登録される[6]。有望な履歴書があれば、詳しい聞き取り調査が、ふつうは電話で行なわれる。この審査に通ると、「フライバック」〔ストップウォッチの針をゼロに戻すこと〕を得て、難しいことで有名な一日

がかりの面接を受けに、ワシントン州レドモンドのマイクロソフト本社へ行くことになる。

「弊社は、独創的で創造的な思考の持ち主を探しています」と、マイクロソフトのウェッブサイトにある。大学生応募者向けの部門では謳われている。「弊社の面接は、そんな人を見つけるよう、工夫されています」[7]。最近採用になった六人が紹介されている（三人は女性で三人は黒人だ）[8]。「面接では、応募者が携わったプロジェクトについて、技術的な話をすることもあれば、抽象的な設計の問題が出ることもあり、総合的なパズルや頭の体操問題を解いてもらうこともあります。聞かれることの種類は、就こうとしている職種によって違いますが、いずれも、応募者の能力と成長の可能性を探る意図のものです。あなたがすでにしたことだけでなく、これからできることを見つけるのも、弊社にとっては大事なことです」。

会社が出している別の刊行物は、そっけなくこう助言する。「ひっかけ問題への恐れを乗り越えましょう。おそらく一問か二問は聞かれるでしょう。厳密に言えば公平ではありませんが、それが聞かれるのはふつう、困難な状況にどう対処するかを見るためです」[9]

クイズとスフィンクスたち

「厳密には公平ではない」とは？　この面接方式を、新入生のしごきや、洗脳、あるいは拷問になぞらえる人がいるのも不思議ではない。ある応募者が言うには、「檻で待機する本人を、いつ連れ出そうとしているのかもわからない」[10]。

ぴったりのたとえは、限られた空間で、敵の妙なキャラクターと次々と対戦し、かけられた謎を解いて次の面へ進む、おなじみの類のテレビゲームだ。最後まで行ける人は多くない。たいていは、三回か四回の対戦でゲームオーバーになる。

古典派は、これらのテレビゲームは、オイディプスとスフィンクスという古代ギリシアの伝説を、現代風にしたものだという。スフィンクスは、「朝は四本脚、昼は二本脚、夕方には三本脚で歩くのは何」という謎をかけ、それに答えられない者を食べてしまう。

オイディプスはこの謎を解いて、「人間」と答える。赤ん坊は四脚になって這い、大人は二本の脚で歩き、老齢になると、杖を第三の脚として使う。それはつまり、ひっかけ問題なのだ。

スフィンクスの物語は、今日でも人々を悩ませる。大学生ならたいてい、やっつけてしまえばいいと応じる。この物語の主要な出典であるソフォクレスの『オイディプス王』は、写実的で、心のひだを描いた悲劇だ。そこにこの人を食う雌の怪物が出てくるのは場違いで、フランシス・コッポラの『ゴッドファーザー』三部作に、ゴジラが乱入してくるようなものだ。[11] それでも、この奇妙な物語には、人の心に響く何かがある。われわれは皆、人生でいくつもの試験を受ける。他の人がみんな落ちても自分は通るかもしれない——そうでないかもしれない。少なくとも、それは共同幻想だ。クイズの通俗性にも、それを出す側の怪異さにも、おなじみのものがある。人生のテストは、いつも合理的なわけでもないし、いつも公平というわけでもないということを思い出させてくれるのだ。

かけられた謎を解いてその勇気を示す人の話も、世界中のいろいろな文化に存在する。ひっかけ問題による試練は、日本の禅僧によって最高度の芸術にまで高められたと言うこともできる。禅の公案は、西洋の論理パズルの対極にある。ただそれは、枠からはみ出す思考を求める、きわめつけの難問と言ってもいいだろう。禅宗の弟子は、「解けない問題」に、すばらしくも非論理的な答えを出すことによって、自分の値打ちを示すのである。首山禅師は、竹篦《しっぺい》を取り出して弟子に述べた。「おまえたちがこれを竹篦と呼ぶなら、それはおかしい。これを竹篦と呼ばないなら、事実に反する。では、何と呼ぶか」と『無門関』。伝統的な禅の教育では、つまらない答えを出せば、竹篦で、ぴしゃりとやられる。

同様に、マイクロソフトの「厳密には公平ではない」問題も、厳密に新しいわけではない。この会社は、昔からあるクイズによる試練を、装いを新たに、現代風にしたのだ。マイクロソフトは、採否の決定にパズルを用いて、デジタル世代の魅力的な神話に沿った手を打っている――異端的な独立心と、既成の序列構造への懐疑だ。マイクロソフトの人々は、パズルは平等だと言う。どこの学校へ行ったか、前にどこに勤めていたか、何を着ているかは問題にならないという意味で。大事なのは論理であり、想像力であり、問題を解く能力である。

もちろんそれは、マイクロソフトが平等主義的能力主義の会社だからだ。自分たちが「上位一〇パーセントの中の上位一〇パーセント」と呼ぶものを採用することにかけては、この会社は容赦がない。マイクロソフトの面接は、「単に」有能なだけで、マイクロソフトの水準の競争への意欲や創造的な問題解決能力がない人を排除するよう、注意深く開発されている。面接日にレドモンドへ行った人のうち、採用になるのは四人に一人もいないと推定されている。謎をかけてくるスフィンクスの場合と同様、マイクロソフトの人事部相手に討ち死にする人は、たくさんいるのだ。

白紙

マイクロソフトは一筋縄ではいかないところだ。アメリカという企業の今の暮らしぶりの、いいところも悪いところも見せている。ビル・ゲイツとポール・アレンが創始したこのソフトウェア会社は、二〇世紀最後の四半世紀で最大級の成功物語だ。反トラスト訴訟も、その名声を完全に曇らせるにはいたっていない。むしろ逆かもしれない。マイクロソフトは今や悪だが、誰もが知っているように、悪は時として善になる。人々はマイクロソフトに不信の念を抱いている。野心家やイスラエル軍に対して抱くのと同様のものだ。人々はまた、マイクロソフトがそういう採用のしかたをしているなら、確かに倫理的な範囲を無理に踏み外しているかもしれないが、うまく行っているには違いないとも評価する。

マイクロソフトは、面接のやり方を広く変える、触媒の役割を果たした。業界を超えて、採用における優先事項の変動がなかったら、そんな効果はなかったかもしれない。下手な採用は今まで以上に高くつくようになり、面接試験には、これまで担ってきた以上の重みがかかるようになっている。

かつては、企業の面接試験と言えば会話だった。応募者は、過去の成果や将来の目標について話す。面接する側は、その目標が、会社にふさわしいかふさわしくないかを論じる。応募者が「言葉につまる」とすれば、人事部伝来の、信頼に足る、自分の最悪の欠点を述べてくださいのようなひとことくらいのものだった。

そうした、あまりプレッシャーをかけない面接は、多くの会社で消えつつある。理由はいくつもある。人物照会と言えば、かつては健全な雇用活動の確固たる基礎だったが、今の訴訟社会では絶滅しつつある。「悪い報告」をされた社員が一〇〇万ドルの訴訟を起こすかもしれないとなれば、雇う側には重荷になる。このことは、テキサス州の裁判所が、フランク・B・ホールという保険会社が、雇用していた外交員について照会を受け、遠慮なく「ゼロ」と評価したことで、この元外交員が名誉を毀損されたと裁定した、一九八四年以来のこととされる。法廷は損害賠償額に、独自にゼロをいくつか加えた（一九〇〇万ドル）[12]。

雇用に関する法律家は、それほどの賠償は、ほとんどヒステリー状態の人事部門が言うよりは稀なことだと見る。彼らは――理論的には――真実を述べた調査なら、法は保護するとも認める。ただ、吹っかけられた議論に反論するのは難しい。ヴィンセント・J・アプレイジズという、アメリカ法律家協会の労働雇用法部門の長をしたことのある人物は言う。「顧客には、照会にはかかわらないことだと言います。当該の人物が特定の期間雇われているかどうかを認めたり否定したりするだけにしなさい。それでおしまいにするようにと[13]」。

今日、雇う側にとっては、一律に肯定的な紹介状も問題をはらんでいる。訴訟を恐れて、社員が求めれば、無差別にそういう紹介状を出す会社もある。無能な社員を他の会社が雇っても、痛くも痒くもない。

紹介状があたりまえでなくなり、役にも立たなくなれば、雇用する側は、他に情報を求めなければならない。面接試験は、候補者を評価する方法として、いちばん直接的な手段だ。しかし面接の基本原則が、この何十年かで変わってしまった。アメリカでは、面接する側が、応募者の年齢、体重、宗教、政治、人種、配偶者の有無、性的嗜好、経済状況について聞くことは、法律で禁じられている。求職者に子どもがいるか、酒を飲むか、選挙に行くか、慈善活動をしているか、また（セキュリティに直結するような仕事は除き）前科があるかも、聞いてはいけないことになっている。これによって、決まって聞かれていたのに聞けなくなった質問も多い（「シアトルに引越すことになるのをご家族はどう思うでしょう」）。また、打ち解けるための世間話も、できない内容のものが多くなった。

雇用とは、安心できる水準が確立できるかどうかの問題だ。雇用する側は、応募者が社員として成果をあげることを、合理的に確信したい。それはふつう、人物をいろいろな面から多角的に測ることを意味する。今の応募者は、多くの点で白紙だ。相手はまっさらの人物として、過去をはぎとられ、社会的脈絡のない、現在の瞬間だけに存在する。それでは安心できない雇用者は多い。

経営学修士を採用するための人気ウェッブサイトのひとつは、「就職担当者のための社会保障番号解読方式」を提供している。最初の三桁で、応募者が社会保障番号が発行されたときに、本人が住んでいたところがわかる。[14] だからどうなのかと思うだろうか。それで、相手が過去について嘘をついているかどうかがわかる――雇用者側が直接に聞けなくても、矛盾をあぶりだす方法になるのだ。

二秒面接

アメリカの雇用方式について心配するのには、もっと深刻な理由がある。この一〇年、従来の面接試験は、雇用に関する、科学的と言われる研究から非難を受けてきた。面接の間違いやすさを指摘する文献が、どんどん増えている。

ハーヴァード大学の二人の心理学者、ナリニ・アンバディとロバート・ローゼンソールは、とくに効果的な実験を行なった。アンバディはもともと、教師を有能にするのは何かを調べたかった。非言語的な合図――しぐさなど――が重要ではないかと考え、それを確かめるために、ハーヴァードの教職兼務の大学院生について作成したビデオを用いた。無音のビデオクリップを人々の集団に見せて、教師の有能さを評価させることを計画した。

アンバディは、一人の教師につき一分のビデオを使いたかった。ところが残念なことに、ビデオが撮影されたときは、このことは目的にしていなかった。学生とやりとりするところを撮っていたのだ。学生が見えると、評価する人の教師に対する見方に、無意識のうちに影響を与えるかもしれないので、これは問題だった。アンバディはローゼンソールのところへ行って、うまく行きそうにないと言った。

その後アンバディはテープを見直し、学生が映っていない一〇秒のビデオなら作れると判断した。その一〇秒のクリップで研究を行なった。一〇秒だけに基づいて、評価者は教師を一五項目の性能リストについて、教師を判定した。

なるほど。誰かを一〇秒のビデオで判定しなければならないとすれば、できるわけだ。でも、そんな判断が何かの役に立つとは、誰も思わないのではないだろうか。

アンバディは同じ教師について、五秒のビデオを使い、同じ実験を繰り返した。評価をしたのは別の人々である。その評価は、統計的な誤差を見込めば、一〇秒のビデオを見た人々の評価と同じだった。そこでアンバディは、別の集団に、同じ教師の二秒のビデオを見せた。やはり評価は基本的に同じだった。

衝撃的なところはこれからである。アンバディはビデオによる評価を、同じ教師が半期の授業を行なった後の学生の評価と比べてみた。学生は、無音のビデオからわかるよりもずっと多くのことを、その教師について知っている。でもそれは関係ない——学生の評価は、ビデオだけを見た人の評価とよく一致していたのだ。教師を全然知らない人の、二秒のビデオに基づく意見が、半期の授業に出席していた学生の評価とほとんど同じだった。

人は人物について、二秒会っただけで即決の判断をするということらしい——その人物が言っていることによる判断ではない。最初の二秒の後に起こることが、判定者に第一印象を有意に修正させることはほとんどない。

けっこう。しかしこの研究で評価している人は、教師を評価する大学生のボランティアだった。どういう基準が用いられているのかわからないし、この作業を真剣にやっているかどうかもわからない。もっと新しい実験では、雇用の状況をもっと直接に扱おうとしている。ローゼンソールの別の学生フランク・ベルニエリ（現トレド大学）は、大学院生のネハ・ガダ＝ジャインと共同して、二人の面接担当者に定番の面接試験技法を六週間教え、そのうえで実験した。二人は、いろいろな分野の、九八人のボランティアを面接した。一人について一五分から二〇分で、どの面接も録画された。面接の後、訓練を受けた面接担当者は、相手を評価した。

別の学生、トリシア・プリケットは、面接テープを一五秒に編集した。一五秒のビデオは、応募者が部屋に入るところ、面接担当者と握手するところ、座るところが映っていた。それ以上の内容はなかった。想像はつくだろう——別の集団が、挨拶のビデオだけで応募者を評価しても、その見解は、訓練を受けた二人が、判断の材料にする面接を行なった上での見解と強い相関関係があったのだ。[15]

これは、悲劇でなかったとしたら、笑うしかないだろう。これらの研究からうかがえるのは、標準的な面接試験は、面接をする方も受ける方も、等しく、また互いに騙されている、作りごとではないのかということだ。面接する側は、受ける側が椅子に腰掛けるときには、もう決めている。外見、しぐさ、身なりに基づく判断かもしれない。志望者の頭の中にあることに基づいていないことは確かだ。その後の質問と答えは見せかけで、どちらの側も採否の決定には合理的な根拠があると納得する方法なのだ。実際には、判断はすでになされている。もしかすると、もっと表面的なところにあるかもしれないことに基づいて。

人事の専門家は、面接の質問を、在来型と行動型というように分類する。在来型の質問には、アメリカの求職者ならほとんど誰でも暗記している、古い標準的なことが含まれる。「五年後にはどうなっていますか」、「休みの日には何をしていますか」、「最近どんな本を読みましたか」、「いちばん自慢できることは何ですか」。

在来型の質問による面接は、隠したいことと見せるべきこととの間を綱渡りで進む。面接する側は志望者に、自分について「悪い」面を言わせようとすることが多い。それで相手がどこまで行けるか、見ようとする。こうした質問は、誠実さの問題に見えるが、実際には駆け引きの問題だ。いちばん自慢できるのは、コミック本のコレクションかもしれない。ただ、それは必ずしも面接する側が聞きたいことではないし、面接を受ける方もそれはわかっている。「何であれ、何かをうまくやることから得られる達成感」といった、安全な答えがある。困るのは、在来型の面接は、する側も受ける側も、知り尽くしているということだ。実際には、ほとんどの人が安全な答えを言う。面接する方は頷くが、一言も信じてはいない。

それが行動型の質問の登場につながった。これは志望者に、性格や仕事の技能に関係するような、過去の経験のことを話すよう求めるものである。こんな例がある（マイクロソフトの例）。「自分の生活の中で、問題に直面して、それと取り組み、うまくいった例を話してください」。こんなのもある。「締切りのある仕事があるのに、その仕事を完成する時間が足りなかったときのことを話してください」。行動型の質問をする根拠は、一言で答えるより、物語を立てる方が、答えにくいということだ。

残念ながら、在来型の質問も行動型の質問も、二秒撮影による判断に対抗できることは、ほとんど何もしない。これらは柔らかく、ファジーで、両義的な質問だ。答えをどう解すべきなのか、ほとんど顧みられない。それはほとんど本能的直観によっている。

こんなことを考えてみよう。在来型の面接の質問に対して、こうと言えば、その答えだけでその人を雇いたくなるような、そんな答えは考えられるか。逆に、雇いたくないと思わせるような答えはありうるか。

いかにも異常性格者であることがわかってしまうような、気になる答えは想像できると思う。逆に言えば、志望者は、誰もが予想する、用心深い、先を見越した答えを出すということだ。半分空虚、半分完全な論理で、どう答えても、やっぱり第一印象どおりだと思うために用いることができる。受け答えが第一印象に異を唱えることは、まずない。

おそらく、これで安心する面接担当者もいるだろう。それは人を雇うための最善の方法ではないかもしれない。在来型の質問も行動型の質問も、面接試験での限られた時間を使う方法としていいかどうか、明らかにはなっていない。

未来形

マイクロソフト式面接の要領は、ハイテク市場の圧力の産物だ。ソフトウェアはアイデアであり、組み立てラインではない。そのアイデアもつねに変化している。ソフトウェア会社の最大の資産は、才能ある労働力である。「われわれの仕事でいちばん重要なのは、すごい人を雇うことだ」とマイクロソフトの最高経営責任者、スティーヴ・バルマーは、一度ならず言明している。[16]

しかし、すごい人をどう識別するのだろう。才能を特定の技能群に置き換えるのは、これまで以上に難しくなっている。技能はほとんど一夜にして古くなる。事業計画もそうだ。今後五年、一〇年先の会社を考えられる人を探さなければならない。そのことを、マイクロソフトはよく知っている。

マイクロソフトの採用の焦点は、未来形にある。たいていの大企業以上に、マイクロソフトは、白紙としての志望者を、拒まないで受け入れる。表明されている採用の目標は、その人が何をしたかで採用するのではなく、何ができるかで採用することである。

プログラミングは登場してまだ間もない職業なので、マイクロソフトは大学からの採用が多い。採用を決める指針となる業務経験はない。マイクロソフトは、学校や学位にもあまり注目しない。「われわれは〔大学院が〕どれだけあやしいか、よく知っている」と言った幹部もいるという。[17] この姿勢は少し変わってきた——ハーヴァード中退のビル・ゲイツは、今では将来の社員に学位をとることを勧めている——しかしマイクロソフトは、しかるべき学校へ行っているからという理由で人を雇うようなところではなかった。

マイクロソフトはうぬぼれの強いところでもある。レドモンドではひそかに、サン、オラクル、IBMなど、他のコンピュータ会社は、マイクロソフトでは役に立たないでくのぼうだらけだと思われているらしい。「経験」と言っても、考慮されるのはマイクロソフトでの経験だけだ。だから、経験のある志望者であっても、力点は未来形にある。

一〇年間を仮定法未来に閉じ込めて、志望者が職場でどんな成果をあげるか、それを人事担当者に見えるようにするタイムマシンが、マイクロソフトにあるわけではない。未来の成績に関する予測は、他にあてがあるわけでもなく、おおむね、面接の質問に志望者がどれだけうまく答えるかをもとにする。

マイクロソフトの元開発担当者《デヴェロッパー》、アダム・デヴィッド・バーは、「マイクロソフトは、一時間の面接を四、五回すれば人物を判断できると、本当に信じている」と言い切る。[18] バーは、面接の手順を、全米フットボールリーグ（NFL）が毎年行なうドラフトにたとえる。大学での実績に基づいて判断するチームもあれば、大学の選手がもっと厳格に審査される、個々の練習場へ出かけるチームもある。マイクロソフトでは、最高幹部を迎える以外は、「練習場」——面接——が、雇用にあたっての主要因子なのだ。[19]

ではなぜ論理パズル、クイズ、「解けない問題」なのだろう。マクロソフトの面接の目標は、個々の能力よりも、汎用的な問題を解く能力である。マイクロソフトでは、また今日では他の多くの企業でも、パズルを解くために用いられる推論と、発明や変動する市場の現実の問題を解くときに用いられる推論とには、平行関係があると信じられている。パズルを解く人も、技術革新をする人も、最初は明瞭でない状況から、その根幹をなす要素を特定できなければならない。どういう推論が必要か、問題の正確な範囲はどうなっているか、明瞭な場合はほとんどない。それでも、解こうとすれば、分析を、その時々にふさわしい、うまくいく結論に持っていけるまで、それにくらいつかなければならない。

本書のすること

本書は五つのことをする。まず、パズル式面接の長い、意外な歴史をたどること。その中で、採用のための知能検査、シリコンバレーの由来、ビル・ゲイツの個人的なこだわり、ウォール街の文化に触れる。

その上で問題を立てる。レドモンドの面接は、言われるほど機能しているかということだ。雇う側はこの面接をもてはやし、求職者は不満を言っている。往々にして見逃される長所と短所について、バランスのとれた話をしてみたい。

そのうえで、マイクロソフトなどで用いられている、実際の問題例を広く提示する。就職がかかっていなければ、これらのパズルやクイズはとてもおもしろい。自分の機知を、レドモンドの頭のいい連中と比べて楽しめる読者は多いだろう。もっとやってみたい人のために、マイクロソフトのパズル、クイズ、ひっかけ問題のリストを4章に載せた（そのほとんどは、他の会社でも広く使われている）。他の会社で聞かれている、いちばん難しい面接パズルのいくつかは、別にまとめて7章に載せた。これらの問題とそれに答えるために用いる技法について、本文に詳述したものもあるが、本書の最後まで答えを示すのを控えたものもある——解答編は一九三頁以降にある。

最後の二章は、就職しようとする人と、採用しようとする側に向けたものだ。論理パズルには、論理的で容赦のない対戦者が、相手をだしぬこうとするというジャンルがあるが、これはレドモンド式面接のモデルとして絶好のものだ。8章は、面接でパズルを出された候補者の視点から書かれている。9章は反対側の、「罠」を見破るほど賢いかもしれない候補者に向かう、面接担当者の視点から書いている。それでも公正な評価を得るためのこつを列挙する。

これが逆説に見えるとすれば、それはただ、こうした面接が「準備」しにくい、あるいはできないと言ってもてはやされてきたからにすぎない。たいていの論理パズルは、頭の「罠」を利用しており、その罠になるものは、比較的少ない。その罠を知っていて、こうした面接を支配する言外の期待を知っていれば、志望者が全力を出しきる助けになるだろう。

逆に雇う側は、その点と、それに応じて面接の構造を意識する必要がある。レドモンド式面接のいいところも、それが行なわれる意地悪で抑圧的な雰囲気と、簡単に答えを覚えられる「ひっかけ問題」を使うことによって、台なしになることが多い。9章では、革新的な会社がどう面接すべきかについての案を出す。利用できる情報を雇う側に提供するという、その本来の目的にあらためて注目することによって、この種の面接を改善する方法を示すことにする。

2

知能検査とシリコンバレー

ビル・ゲイツは、不遜な有名企業家になりはじめた頃、ＩＱこそがすべてと言ったと、しばしば伝えられた。ＩＱとは、感情的な、古臭い、政治的に正当でない概念だ。ゲイツがそれを支持したのは、葉巻やマーティニや血のしたたる厚いステーキといった、当時の流行と同種のことだ。ゲイツの雇用哲学は、本人の説明によれば、頭のいい人物なら、教えればできるということだった。そういうことでマイクロソフトは、何よりも知能を評価し、技能や経験はそれほど重視しなかった。[20]

これは、今でもマイクロソフトの哲学だ。マイクロソフトの面接でも問われることのある、むしろ在来型の問いのひとつも、そのことをうかがわせる。それは「知能を定義してください。あなたは知能がありますか」という質問だ。

これに落とし穴はない（前半にいい答えを出していなければ、後半に対してイエスと答えても信用を失うだけだという点を除けば）。それにしても、知能とは何だろう。

ルイス・ターマンとIQ

知能を定義し、頭脳の評価を雇用の一部にしたことについては、スタンフォード大学の心理学者、ルイス・M・ターマン（一八七七〜一九五六）以上の人はいない。IQの概念を広めたのも、古典的な知能検査を生み出したのも、せっせと知能検査を宣伝したのもターマンだった。生徒と従業員は全員、知能を検査すべしというのが、ターマンの信条だった。ターマンの影響力が頂点に達した時期には、アメリカの学校と企業の大部分がそれを認めていた。

奇妙な歴史上の偶然の一致で、ターマンとその息子フレデリックは、シリコンバレーがハイテクの聖地になったことにも、IQは文化的に偏向していると信用されなくなって、雇用者側から棄てられたことにも関係し、さらに、ひょっとすると、今日知られているレドモンド式面接にも密接にかかわっているかもしれない。

ルイス・ターマンは、インディアナ州の農家の生まれで、とても頭がよかった。彼が一〇歳の頃、骨相も見た行商人がターマンの頭蓋骨の隆起を探り、ターマン少年の明るい未来を予言した。[21]

頭がいいために自分は浮き上がっていると思い、長じると、知能という考え方全般や、それをどうすれば測れるかに魅かれるようになった。いくつかの職を転々とし、結局西海岸までやってきて、一九一〇年、スタンフォード大学の教員の職を得た。その一九年前に創立されたリーランド・スタンフォード大学は、今日のような評判はまだなかった。何年もしないうちに、ターマンは大学でいちばんのスター教員という地位を固めた。ターマンはスタンフォードを、さらに言えば、大学がある杏の木が茂る谷あいを、知的世界の地図に載せたのである。

そうなったのは、ターマンの、知能検査に関する革新的な研究による。ターマンは、フランスの教育学者アルフレド・ビネーが考案していた、先駆的な知能検査を英訳した。翻訳にはつきもののことだが、ターマンは、ビネーの原本に別の意味をもたせた。

ビネーの検査は、パリの学校制度のために、知的障害のある子どもを特定することを意図したものだった。ターマンは、「才能のある《ギフティッド》」子どもの方に関心があった（この語を作ったのもターマンだ）。ターマンは、成人に使える検査も求めた。そこで、ビネーが用いていたのよりも「難しい」項目を加える必要があった。結局、ビネー式の検査の内容を修正し、拡張したものに達した。この検査を「スタンフォード増補改訂版ビネー知能尺度」と名づけ、それによって、自分のいる大学の名を高めた（今日では短縮して「スタンフォード－ビネー式」と呼ばれる）。初版が発行されたのは一九一六年のことで、大きく改訂されながら、今でも使われている。

ターマンは知能を、抽象的な推論の能力と定義した。それでは全体が捉えられていないと感じるかもしれない。それでもこれは、二〇世紀の知能検査関係の文献では、うやうやしく引用される。マイクロソフトの面接も、現代の知能の定義としてこれを満たすはずだ。ターマンが言おうとするのは、知能とは、いろいろと知っていることではなく、概念を操作する能力だということだ。

この能力を検査するためにターマンが使ったのは、ほとんどが、今日、知能テストと言えばこうと思われているようなタイプの質問だった。類似に関する問題があり、同義語と反意語の問題があり、読解の問題があった。わずかながら論理パズルもあった。

二〇世紀の最初の二〇年には、論理パズル、言葉のパズル、数のパズルは、今のメディアづけの時代にはおそらく理解できないほどの人気を博した。クロスワード・パズルが考案されたのもこの時代だ（一九一三年）。新聞に毎日クロスワード・パズルが載るようになるよりずっと前から、論理パズルの欄はあったし、『女性のための家庭の友《ウーマンズ・ホーム・コンパニオン》』のような雑誌にまであった。パズル欄の寄稿者（アメリカのサム・ロイド、イギリスのヘンリー・アーネスト・デュードニーが双璧）は、大衆文化の有名人だった。デュードニーの一九一七年の本には、パズルの大流行について、こう書かれている。

「私はこれまでパズルを解いたことがない」と言う人がいても、それがどういう意味か、なかなかわからない。頭を使っている人なら、毎日パズルを解いているからだ。不幸にして精神病院に入っている人は、まさにパズルが解けないから――推論の力を喪失したから、そこへ送られている。解くべきパズルがなければ、何かを問うこともないだろう。問うべき問いがなければ、この世はどういうことになるだろう。[22]

ターマンが知能検査にパズルを加えたのは、それをとっつきやすくしようとしてのことらしい――パズルは生活を表す象徴だという、どうやら誰もがとっていた見方を支持していたのだ。

最初のスタンフォード＝ビネー式検査は、口頭で実施された（面接とよく似ている）。ターマンの一九一六年の検査には、次の二つのようなパズルがあった。

お母さんが男の子に、川へ行って、水をきっかり七パイント汲んでくるように言いました。渡したのは三パイントのバケツと五パイントのバケツひとつずつです。男の子はどうすれば、七パイントの水を量って持って帰ることができるでしょう。この二つの容器以外は使わず、全部でどれだけ汲んだことになるかも考えません。最初に五パイントと五パイントの容器をいっぱいにすることから始めるといいでしょう。持っている容器は、三パイントと五パイントのものがひとつずつで、持って帰る水は、七パイントだけにしなければなりません。[23]

インデアンが生まれてはじめて町にやってきて、通りで何かに乗った白人を見かけました。白人が通りすぎるとき、インデアンは言いました。「白人は怠け者だ。座って歩いている」。このインデアンが「座って歩いている」と言いたくなった、白人の乗り物は何でしょう。[24]

最初の方の問題をターマンは自分で考えたと言うが、[25] それは明らかに、デュードニーやロイドの記事に出てくるような、類似の計量問題を脚色したものだ。このパズルについては、正解が何か、さほど疑問はない。二番めの方は、創造的な答えがいくつか出てくる。それが、知能テストをめぐる、人々の昔からの不満のひとつを浮かびあがらせる。ターマンによれば、二番めの問題の唯一の正解は自転車だという。よくある「不正解」のひとつは馬だとも記している。それが間違いになるのは、インデアンなら、当然、馬のことはよく知っているはずだからだ。それほど理由はわかりやすくないが、自動車、車椅子、さらに（型破り思考のおもしろい例だが）誰かの背中に乗っている人も退ける。

ターマンの検査が普及した理由のひとつには、得点が、人々の気持ちをそそる名の数値で表されたことだ。つまり知能指数《インテリジエンス・クオーシエント》、IQである。心理学者のウィリアム・スターンは、それ以前から、子どもの「精神年齢」を暦年齢で割ったものを、その子の頭がどれだけいいかを教える「精神指数」として用いることを提唱していた。ターマンはこの考え方を取り入れ、その商に一〇〇をかけて、それを知能指数と呼んだ。

この構想は、成人にはうまくいかない。三〇歳の人が五〇歳の精神年齢をもっているとはどういうことだろう――ハウス系の音楽が嫌いになり、物忘れをするようになるということだろうか。ターマンは、どんな年齢の人でも平均が一〇〇になるように得点の与え方を調整し、年齢の問題を解決した。

彼が行なった調整はそれだけではなかった。ターマンはIQの得点を集めているうちに、おもしろいパターンがあることに気づいた。ひとつは、女児の方が男児よりも得点が高いことだった[26]。また、白人の方が黒人やメキシコ人、また最近移民してきた人々よりも高かった。

ターマンは、前者は検査に欠陥があるということだと判断したが、後者は人間の実際の事実を表していると考えた。ターマンは元のデータに戻って、どの質問がいちばん男女差を示しているかを見た。女児に有利な質問を除き、男児に有利な質問を加え、男女差がなくなるようにした。この調整に不審はない。いい心理テストを作るためには、必要な作業の一部である。

人種間のIQの得点差は、男女差よりも何倍も大きかった。ターマンは、この差ができるだけ小さくなるように検査を調整しようとはしなかった。ターマンは白人男性で、検査で白人の方が頭がいいと出るなら、一九一六年当時のアメリカにいた人なら、ほとんど誰もが思っていたことを確かめただけのことだった。少なくともひとつの解釈としてはそれもありうる。別の解釈をすれば、人種差が「本当にある」とターマンが思いたかったのは、そうでないと、その差のせいで、知能を測定することが実はそんなにたやすくないことがはっきりするという、つまらないことになるからだ。知能検査は、何らかの作業やパズルが、教育や社会的地位や文化と無関係の、「真の」知能を量るという仮定の上に立っている。IQの得点に文化間で無視できない差があったということは、テストが不適切であることの証拠と見られかねない。

ターマンはそうは見なかった。アメリカのほとんどの人もそうは見なかった。スタンフォード‐ビネー式は、弱まったとはいえ今なお続いている、IQテストへの国民的な執着をもたらしたのである。

職場でのIQテスト

まもなく知能検査は、職場でも使われるようになった。ロバート・M・ヤーキーズという、動物行動学が専門のハーヴァード大学の心理学者が、陸軍を説得して、新兵（人間）の知能を検査させた。一九一七年、ターマンやヤーキーズらの、同様のことを考えていた心理学者がニュージャージー州ヴァインランドに集まり、陸軍の新兵に適したIQテストを作った。だいたいはビネーやターマンの検査をもとに作業をしていたので、今度のテストはわずか六週間で完成した。第一次世界大戦中に、およそ一七五万人の徴集兵がテストを受けた。陸軍の得点は、IQの点数ではなくAからEまでの級別で出された

（成績表や、『すばらしき新世界』に出てくるクローンたちの等級のように）。徴収兵は得点に基づいて、しかるべき担当が割り振られた。ヤーキーズは、知能検査が「戦争に勝つ手助けをする」と言ってはばからなかった。[27]

陸軍の実験は、知能検査にほとんど愛国的な権威を与えた。何年もしないうちに、アメリカの主だった学校はすべて何らかの知能検査を採用した。企業も、採用や昇進を決めるために、必ずIQテストを用いた。移民が最初に上陸するエリス島では、その移民がIQテストで新世界への歓迎を受けた。

これはほぼターマンの仕事である。彼は、五〇〇人、一〇〇〇人の社員をかかえる企業は、すべからくIQテストを管理するための専従心理学者を置き、それによって仕事を配分すべきだと論じた（これが「人的資源」の奇怪な始まりだった）。人と仕事とを合致させるために、どうIQの得点を用いるかに関しては、ターマンは非常に厳格な考え方をしていた。どんな職業にも、必要最低限のIQがあると思っていた。その最低限を定めるために、相当の努力をした。

ターマンらは、パロアルトへ出かけては、店員、消防士、浮浪者を、IQテストで質問攻めにした。一九一九年には、最適な従業員とは、必要最低限の知能があり、あまりありすぎない人だとしている。「理髪師の場合、八五を超えると、おそらく無駄が多すぎる」。仕事に比べて頭がよすぎる人は、「反社会的な陣営に流れ込んだり、共産主義の不平分子に加わったりしやすい」という。[28]

ターマンの夢は、アメリカを理想的な能力主義の国に変えることだった。頭の悪い人もいい人も、IQテストを介してふさわしい仕事に就けるということだ。ターマンの威信が高まるにつれて、スタンフォードも世界的な心理学科を築くことができた。この学科は、とくに心理測定《サイコメトリクス》で知られた——人間のいろいろな属性に、検査を通じて数を与えるのだ。何年かたつと、ターマンは知能検査で裕福になった。もちろん、IQの得点が学校や職場での成績をうまく予測するわけではないことを示す研究はあった。それらは人々の意識にはのぼらず、ターマンも意に介さなかった。ソ連のことがあって、スプートニク時代には科学教育へ力点が置かれ、アメリカ人の間にあったテストへの関心が停滞するのを防いだ。ベビーブーム世代は、学校でのIQテストの新しい流行に迎えられたわけである。将来の数学や理科の天才を早期に見きわめ、その子たちを能力のある子のための特別なコースに入れることが、ソ連との競争の手段として促進された。

フレデリック・ターマンとシリコンバレー

話はルイス・ターマンの息子、フレデリックに転じる。スタンフォードの建物のいたるところに「ターマン」の名が見られる。不滅になりつつあるのは、ほとんどフレデリックの方だ。この若い方のターマンは、スタンフォードの電子工学者で、教授、学部長、さらには学長代理も務めた。スタンフォードの今日の名声は、他の誰にも劣らず、この人によるところが大きい。

フレデリックのアメリカ文化への主な貢献は、父と同様、独自のものだった。学界と実業界との隔たりを埋めることを願い、大学に隣接するパロアルトに工業団地《インダストリアル・パーク》を立ち上げることを夢見ていた。一九三八年、自分のところにいた工学部の元学生、ウィリアム・ヒューレットとデヴィッド・パッカードを説得して、パロアルトのガレージにショップを出させた。二人の最初の製品は、オーディオ用の発振器《オシレータ》だった。ウォルト・ディズニーのスタジオが、アニメ『ファンタジア』のサウンドトラックで使うために、八台購入した。

ターマンはスタンフォードに対しても、パロアルトの空き地の一画を工業団地用にとっておくよう説得した。スタンフォードの他の学生や教授にも、工業団地に自分たちで事業を始めることを奨励した。そうすれば大学のためにもなるし、地元の産業界のためにもなるとターマンは論じた。これは、当時としてはまったく新しい考え方だった。

一九五六年、ターマンは特異な企業家をさらに連れてきた。ショックレーは、自分がベル研究所では評価されていないと思っていて、トランジスタ技術を商業化するために会社を興すつもりでいることを公言していた。ターマンは、ショックレーのアイデアの重要性を鋭く認識した。あらゆるつてをたどり、ショックレーにスタンフォードの近くで開業させた。ターマンは、ショックレーの採用も手伝い、見事に才能のある技術者集団が集まった。ほとんどは東部出身者だった。

ショックレーの伝記を書いたジョエル・シャーキンは、「ショックレーがもっと経営者として優れていたら、今日、世界でいちばん裕福な人の仲間入りをしていただろう。ビル・ゲイツなみになっていたはずだ」と言う。[29] 確かにショックレーも、ゲイツの有能な本能はすべて備えていたが、ゲイツの経営センスは持ち合わせていなかった。

ショックレーは情熱的で特異な関心の持ち主だった。そのひとつは蟻の飼育だった。子どもの頃に蟻を育てていて、中年になっても育てていた。蟻を訓練しようとしたのである。ショックレーの、技術会社の運営に関する考え方自体、蟻の飼育に似ている。重視されたのは、閉じこめてよく見えるようにすることだった。ショックレーは自分のところにいる社員を、あらゆる角度から監督できると信じる、人使いの荒い、細かい上司だった。

ショックレー式面接

それは面接試験のときから始まった。ショックレーは、志望者全員に知能検査を受けるよう求めた。東部の候補者には、ニューヨークの試験業者のところで検査を受けた人もいた。そうでなければ、ショックレーが会社で自らテストを行なった。候補者は、地元の新聞の求人欄を見て来たのではなかった。世界中の才能のある技術者や科学者を厳選した集団だった。ゴードン・ムーア（後に「ムーアの法則」〔マイクロプロセッサの処理速度が一年半で二倍になるという法則〕で有名になり、インテルの創立者の一人でもある）のような人々も、ショックレーが時間を計っている前で、これらのテストを受けたことをおぼえている。ショックレーは、ムーアの頭のよさを見て、雇えると判断した。

これらの面接には、論理パズルが含まれていた。これも制限時間つきで解かなければならなかった。記録によれば、ショックレーは、即答せよとがみがみ言うだけではなかった。結晶学者のジェイ・ラストは、ショックレー・セミコンダクタ社の面接のときに、自分の大学院での研究にふりかかっていた困った問題のことを話した。ショックレーはちょっと考えて、答えを告げた。正解だった。

ラストはベル研究所の面接も受けた。そこで彼は好意的な助言を受けた。「ビル・ショックレーのところに勤めたいとは思わないことです」と。

ショックレー・セミコンダクタ社に雇われるということは（ムーアやラストのように）、喜んでいいのかどうか、喜べたとしても一時のことだった。ショックレーの管理手法は偏執の域に達していた。会議は必ず録音し、時間が空いたときに聞きなおして不服従の兆しがないか探した。精神科の看護師だった妻のエミリーが、ときどき黙って部屋の片隅に座り、ディケンズの『二都物語』に出てくるドファルジュ夫人が編み物をしているように、メモをとっていた。

ある日、会社の事務員が、ドアの尖った小さな金属片で手にひっかき傷を作った。それでショックレーは、誰かが破壊工作をして、会社に仕掛けた罠があると思い込んだ。二人の成績不良の社員をどなりつけ、嘘発見器の検査を受けさせた。ショックレー夫妻以外は、誰もがそれはやりすぎだと思った。嘘発見器の検査は、二人の社員の潔白を証明した。

するとショックレーは、全員を嘘発見器にかけなければならないと断じた。技術者はきっぱり拒否した。その一人、シェルドン・ロバーツは、例の金属片を顕微鏡で調べた。それは丸い部分が取れた画鋲であることが判明した。

怒った会社の技術者が、一九五七年、大量に退社した。地域の不動産価値にとっては幸いなことに、彼らは遠くへは行かなかった。「八人の反逆者」とショックレーが呼んだ人々は、フェアチャイルド・セミコンダクタ社、インテル社など、初期のシリコンバレーの会社を設立したのである。

ショックレー社は、才能ある社員を失って衰えた。ヒット製品を出すことはなかった。ショックレーはその後、自分が夢見たことを、かつての社員が次々と成し遂げるのを見つめていた。彼らは半導体技術を何桁も引き上げた（シリコンなど、ショックレーが以前から唱えていたアイデアを使って）。アメリカ資本主義の中で、彼らは途方もないほどの個人資産を蓄えた。ショックレーには永遠に手の届かないものだった。一九六三年、ショックレーは実業界から身を引くことにして、スタンフォードで教職に就いた。そこで、お気に入りの主題である創造性と問題解決について教えた。

ショックレーは、ＩＱと人種に関しても姿を見せる。一九六四年以後、集団のＩＱの得点に違いがあることは、アフリカ系アメリカ人などの少数民族が、知能の面で白人に劣ることを証明していると言いだした。これは新しい考え方ではない。アメリカで早くから知能検査を支持していた人々の、すべてとは言わなくても大半は、今なら強硬派の白人至上主義者と呼ばれるような人々だった。ルイス・ターマンはそもそもの最初から、ＩＱの平均の得点が人種集団で異なることは、知能に実際に違いがあることを意味すると思っていた。ヤーキーズは、ろくに英語が話せない移民に英語で行なわれる検査でのＩＱが低いことを挙げて、ユダヤ人がアメリカに移住してこられないようにしたがった。[30]

しかし、一九三七年の改訂版スタンフォード－ビネー式ができる頃には、ルイス・ターマンはその種のことは言わなくなっていた。考えを変えたのか、単にそれを賢明にも——自分にとっても、ＩＱテストにとっても、スタンフォードにとっても——自分の個人的見解だと見きわめをつけただけなのかはわからない。ナチズムの台頭が、アメリカの人種的優越の「科学的」証明熱を下げていた。

ショックレーは時間をワープしていた。彼が言おうとしていたのは、ルイス・ターマンらが一九二〇年代に言っていたことで、ただショックレーは、それを一九六〇年代の公民権運動が高まる中でやったのだ。そのため、ショックレーのところへは記者たちが押し寄せた。ノーベル賞を獲っていることもあり、「変人」と言ってすませにくかったし、本人も脚光を浴びてうれしそうだった。宣伝にも長けていて、メディアが関心をなくしそうになると必ず、ニュースになるような目新しいことを提供しつづけた。あるときショックレーは、IQが低い人々が不妊手術を受けたら政府が報償を出すよう、ささやかに唱えた。報酬額は、一〇〇を一ポイント下回るごとに一〇〇〇ドルにしようという（しかし本当に頭が悪ければその計算もできないだろうから、IQが低い人々をその事業に参加させた人々に対する「報奨金」や、資金を寄付する信託基金も唱えた）。

優生学的バランスの反対側のことも忘れず、ショックレーは、カリフォルニアのある精子バンクに精子を提供した。そこは、ノーベル賞級の精子をしかるべき若い女性に提供することによって、天才を育てると謳っていた。女性はノーベル賞を獲っていなくてもよかった。

ショックレーが一九八九年に亡くなる頃には、人々の意識の中では、IQテストと人種差別とは同じことになっていた。彼は自分の遺伝的遺産を引き継ぐ人々も含め、彼を知る人のほとんどすべてを遠ざけた。疎遠になっていたその子どもたちは、ショックレーの死を新聞で知った。[31] ショックレーは死ぬまで、遺伝的劣等についての自分の発言が、繁栄を約束する、トランジスタよりも値打ちのある遺産であることがわかるだろうと信じていた。

IQの幻滅

ショックレー事件は、アメリカが徐々に知能検査に幻滅する中で、いちばん派手な一件だった。一九三〇年代からこのかた、学校も企業も、IQテストはターマンらが説いたような万能薬ではないことに気づくようになっていた。

一九六四年、ニューヨーク市は、私立学校での知能検査を廃止することにした。人種問題が大きな理由だった。教育者は、検査を作成する側がほとんど白人男性で、受検する側が少数民族だという文化のずれが、少数民族の生徒のIQを低くすると不満を言っていた。少数民族の子どもにIQが低いというレッテルを貼ることによって、知能検査の実害が出ていたのだ。必要もないのに特殊学級に入れられる子がでてくる。親が子にあまり期待をしなくなる。検査の得点が自己達成的予言になる。ニューヨーク市の動きに、他の地域が追随した。

企業も雇用の際の知能検査を廃止した。検査が不公平な差別に使われているという訴訟がいくつかあり、ついに一九七一年、連邦最高裁が、ほとんどの雇用形態でIQテストを禁止する決定を出した。それに応じてのことだった。

知能検査は「二〇世紀的」なもので、今やそれを脱け出ようとしていると思われるかもしれない——そうだろうか。それは違う。

知能検査はおそらく、教育の場でも職場でも、これまでと劣らず、広く使われている。もうそうは呼ばれないだけだ。規模が最大で、しかも利益を生んでいる例が、大学入学のための、学習能力適性《スコラスティック・アプティチュード》テスト(SAT)である。高等教育への適性といえば、知能でなくて何だろう。SATの由来は、第一次大戦のときの陸軍の検査にさかのぼり、SATはその直系の子孫だ。プリンストンの心理学者で、ヤーキーズ委員会の一員でもあったカール・ブリガムが、陸軍の検査をお手本にして最初のＳＡＴを企画した。ＳＡＴはこの国でいちばん成功した知能検査であるだけでなく、変わりようのない適性を測定するというふれこみの検査だというのに、それに備えて学生が対策するのを指導する、一大産業も育ててきた。

「雇用前の検査は合法ですか」――企業向け知能検査業者大手、ワンダーリック社のウェッブサイトにある、「よくある質問」のページの最初の質問がこれだ。それには短く「はい」とだけ記されている。ワンダーリック社のサイトは、雇用に用いられる検査に、公平で、妥当で、仕事に関係するものであることを求める、雇用機会均等委員会の指針を挙げている。ワンダーリック社は、提供する検査がこの三つすべてにあてはまると言う。いろいろな顧客企業がそのことに同意する。全米フットボール連盟（ＮＦＬ）でさえ、新人選手について知能検査をすることは大事だと思っている。しばらく前、報道機関が、ワンダーリックによるＮＦＬ用の人事検査の設問のひとつを暴露した。次のような数列が与えられる。

8、4、2、1、$\frac{1}{2}$、$\frac{1}{4}$

そのうえで、「この次に来る数は何ですか」と問われるのだ。サンフランシスコ・フォーティーナイナーズの代表カーメン・ポリシーは、「このゲームをプレーするには、選手は最低限の頭の能力を必要とする」と説明している。

ＩＱという数字（知能検査そのものよりもさらに疑わしい概念）は、今なお、アメリカの大衆文化のゆるぎない一部である。ＩＱクイズは、ウェッブでも雑誌でも、人気のある題材の中に入っている。ＩＱが高い人の集まりであるメンサ・クラブは、公称の会員数が一〇万と言われるが、南極以外のすべての大陸に支部が開設されている。ジョージ・Ｗ・ブッシュ大統領が就任したとき、アメリカの歴代大統領のＩＱなるものを伝える偽メールが流れた。ブッシュ大統領は最低とされた。人々はデマをまともに受け取った。漫画『ドゥーズベリー』で有名なゲアリー・トルドーのような、いかにもＩＱが高そうな人でさえ騙されて、そのことを漫画にした。

温度計とミス・コンテスト

他の多くの心理学のアイデアや道具と同様、知能検査の見方も、学者の世界と一般社会とでは異なる（ショックレーがやはり好んだ嘘発見器《ポリグラフ》もそうだ）。科学界でのＩＱの地位はとくに確立していたわけではなく、ターマンがそれを考案して以来、ずっと信頼を失ってきた。

ターマンにとっては、知能検査は温度計のようなものだった。温度計が発明される前は、温度はどこまでも主観的な概念だった。「熱いのは自分か、それとも天気か」。人が言う、主観的でしばしば矛盾する、温かさについての言葉と温度とは、区別できなかった。

温度計の発明で、それがすっかり変わった。どれだけ暑いか寒いかを語ることの根底に、物理的に実在する何かがあることを示したのだ。ジャックは「焼け焦げそう」で、ジェーンは「凍えそう」でも、どちらも温度計を見て、一〇度だということには合意できる。温度計は「暑い」とか「寒い」とかの言葉が意味することの理解も精密にしてくれた。「火を吹くような《レッドホット》」唐辛子のソースでも、温度計を突っ込めば、温度は周囲の気温と同じだということがわかる。唐辛子のかっかとくる熱さは、熱とは別で、むしろ熱さと錯覚したものだということがわかる。

ターマンは、ＩＱテストで、知能について同じことができればと思った。われわれのあやふやな印象すべての根底に、堅固で実在する何かがあることを示すはずだった。一九一六年当時には、それはもっともな推論だった。

ただ、実際にはそうはならなかった。知能検査は温度計というよりは、ミス・コンテストのようなものだった。確かに、ＩＱテストで点数がいい人なら、知能はある（ミス何とかは、みんなきれいだ）。ＩＱテストは、主観的ではあっても、広く共有されている何らかの知能の概念をまとめ、それによって知能のおおまかな度数を、それなりにうまく区分する——ミス・コンテストが美人度についてできる程度に。しかしＩＱテストは、それらすべての根底に単純で客観的な実在があることは見せつけられなかった。一世紀にわたって知能検査をしてきても、知能について新しいことはほとんど何も教えてくれない——一世紀にわたるミス・コンテストが、美について新しいことを教えてくれなかったのと同じだ。美や知能といった言葉は、自由に、またおおざっぱに使ってこそ、使えるのだ。

知能が本来的に曖昧なら、それを科学的に測定するという考え方そのものが成り立たない。心理テストを考える人々は、「妥当性」を気にしなければならない。測定できると言われていることを、このテストが確かに測定していると、どうやって証明するか。ＩＱテストがうまくいっていることを証明する唯一の方法は、そのようなテストで点数のいい人が、実際に、テストで示される程度に頭がいいことを示すことだ。しかしテストしないで、どうやって知能を定量的に測るのか。

人の脳にＩＱ計を当てて、数を読めるのならたいしたものだ。そんな測定装置があったら、ＩＱは何かの実在だということを見せつけることだろう。そのうえで、知能検査の得点が、ＩＱ計の出す数値とどれだけ相関しているかを評価できる。個々の質問（たとえば面接試験で問われる論理パズル）を、それでどれだけＩＱを予測できるか調べ、評価することさえできるだろう。さまざまな範囲の文化にわたっていても、同じＩＱ（ＩＱ計で測ったもの）の人は、ＩＱテストでも必ず同じ点をとれるようにすることで、文化的な偏りを取り除くこともできるだろう。

言うまでもなく、ＩＱ計は架空の話だ。知能に関してわれわれが手にしている唯一の定量的な測定法が、検査の得点である。歴史的には、ほとんどのＩＱテストは、その得点がターマンのスタンフォード－ビネー式の得点に一致することを示すことによって、「有効」とされてきた。統計学者でなくても、自分で自分の尻尾を飲み込むような話だということはわかるだろう。

知能検査の信頼性は、難しい問題に正しく答えられる人は、そうでない人よりも頭がいいという常識的な前提に依拠している。そのどこがおかしいのだろう。別におかしいことはない。ただし、知能検査を、輪郭のはっきりしない主観的な概念に関する、同じく輪郭のはっきりしない主観的な尺度――いわば「ミス・コンテスト」――なのだと認める気になればの話だ。困ったことに、ターマンをはじめ誰もが、知能検査をそれ以上の本物と考えてきた。それは科学的な測定として宣伝されてきた――まず、あの二桁か三桁のＩＱをはじめとして。一般に知能検査には、それほど常識的ではない、また誤っているかもしれない、多くの前提が他にも入り混じっている。

ひとつの前提は、テストの質問が、不適切な偏りを持ち込まないで、測定するとされることを測定するというものである。ターマンはその検査を、男女差が出ないように調節したが、人種間の違いについてはそれをしなかった。「人種的」な設問を書いたわけではなかったのだから、どうして検査法を変えなければならないのかと思ったのだろう。知能の客観的な尺度がないのだから、それが正当かどうか、確たることは言えない。他方、ターマンが、大きな人種集団は平均すれば知能は同じだという前提を出発点に選んでいれば、この検査は偏りが大きく、調整するか棄てるかしなければならないと判断しただろう。ショックレーの崩壊は、単なる不幸な「PR」なのではなく、知能検査をめぐる重要な理論的問題を浮かび上がらせる。知能は、問題を作る人が「誠実」に守るべき客観的保証がないまま、作る側がこうあってほしいというもの何にでもなるのだ。誰がその問題を作るかがものを言う。

IQテストは、知能について不正確な考え方を促進することもある。ターマンらの当時の多くの心理学者は、すべての有用な思考の根底には、ひとつの基本的な「汎用知能」があると思っていた（だからひとつの数字でそれを表せるのだ）。これを支持する統計学的な論拠には異論があり、多くの代替モデルが提案されてきた。広く宣伝されている一例だけを挙げると、一九八三年、ハワード・ガードナーは、知能には、言語、論理・数理、空間、身体、運動感覚、対人、内面《イントラパーソナル》、音楽の七種類あると唱えた。したがって、ダンサーは、優れた身体、運動感覚知能がありながら、SATの成績はひどいということも考えられる。

この理論はおそらく、ターマンの見方よりも、一般の経験と合うだろう（ひとつのことに秀でていても、必ずしもほかのことにも秀でているわけではない）。多様性の価値が言われる時代にあっては、ガードナーのモデルは、一枚岩の知能モデルより飲み込みやすいだろう。実際、最新版のスタンフォード－ビネー式は、総合ＩＱとともに、四つの分野別の得点を出すことで市場の意向を迎え入れている。しかしガードナーのモデルも、それに先行するモデル同様、確認も拡張もしにくい。多くの点で、知能を測定するのは、水面に絵を描こうとするようなものだ。

メンサの逆説

知能検査の誤謬を明らかにしてくれるのは、意外にも、メンサ・クラブである。一九四六年、イギリスで設立されたこのクラブは、入会希望者に、スタンフォード－ビネー式などの承認されている知能検査で、上位二パーセントに入る得点を出したことを示す、署名入りの、しかも公正証書のついた証拠を提出することを求めている。ところが、よくメンサの逆説なるものが耳に入ってくる。それは、この頭のいいクラブ会員を見ると、ありふれた仕事についている、平均的な人々だということである。

メンサのウェッブサイトは、「めぐまれた境遇のメンサ人、裕福なメンサ人がいます。メンサには、大学の先生もトラックの運転手も、科学者も消防士も、コンピュータのプログラマも農家も、画家も軍人も音楽家も工場労働者も警官もガラス職人もいます」[32]と伝えている。

メンサ会員といっても、たいした成功をしていない人がいることをからかう記事は、社会問題を扱う雑誌記事にはよく載る。その人たちがそんなに頭がいいのなら、なぜ金持ちでないのか（あるいは有名だったりノーベル賞をとっていたり、ともかく何かで今よりも成果をあげていないのか）。

ＩＱが高い人にも勝ち組ではない人がたくさんいるという説は、ＩＱテストと同じくらい古くからある。ルイス・ターマンは、ＩＱが高い子ども一五二八人を使った有名な研究を立ち上げて、それに反論しようとした。それらの子どもが、一部で考えられているような「奇形」ではなく、後に自然と一流になることがわかるはずだと期待したのだ。八〇年たって、ターマンの研究は、なお進行中である。スタンフォードの後継者が、ターマンの「天才児」たちを生涯にわたって追跡し、最後の一人が亡くなるまで続けることを誓っている。

ＩＱが高い研究対象者は、プール清掃、有罪の判決を受けた偽造犯、医師、弁護士、テレビの古典的ホームドラマ『アイ・ラヴ・ルーシー』の作家（ジェス・オッペンハイマー）というように、いろいろな職に就いている。皮肉なことに、子どもの頃のウィリアム・ショックレーもターマンの研究用に検査を受けたが、ここに残るほどの高得点は出していない。逆に、残った人の中にはノーベル賞受賞者は一人もいない。[33]

メンサの逆説は、ＩＱが高い人本人のことよりも、むしろ、われわれの社会が知能を過大に重視することを言っているのではないか。ルイス・ターマンからビル・ゲイツまで、われわれに知能が重要だと思わせようとしてきた。この信条がひっくり返るのが見られれば、いくばくかの喜びを感じないわけにはいかない。「メンサ会員足がつく」とは、ロンドンの『インデペンデント』紙に最近出た見出しである。「窃盗をはたらいたメンサ会員が、自宅玄関まで泥だらけの足跡を残して捕まった」[34]というのだ。

一九六八年には、ターマンの集団を使って、高い知能の人に成功しない人が多い理由を理解しようとする研究が行なわれた。メリタ・オーデンというターマンの弟子が、かつてのターマンの神童の中から、「いちばん成功していない」一〇〇人を特定し、「いちばん成功した」一〇〇人と比べた。もちろん「成功」は「知能」よりもさらに主観的だ。オーデンはそれを、有望な人の期待のされ方について定義した。成功した人とは、その知的能力を仕事に使って、広く価値が高いと認められていること（古典的なホームドラマを作り出すなど）を達成した人のことで、成功していない人とは、本人がもっている知的才能を利用しない仕事（プールの清掃など）に就いている人だという。オーデンの研究では、もともとＩＱが高い集団の中に、成功した側とそうでない側との間に有意なＩＱの差は見つからなかった。それを分けたのは、小さい頃の親の励ましだとか、自信や粘りなどの因子だった。

この発見にも、常識以上のことはほとんどない。とはいえ、メンサの逆説を説明する方向へ、いくらかは進んでいる。やる気のような因子は、知能とは別ではないかということである。どちらかがある人もいれば、両方ある人もいるし、両方ない人もいる。これについてパワーポイント（マイクロソフトの発表原稿作成用ソフト）でスライドを作れば、二つの円が重なったところで表すことになるだろう（あるいは実際には、二つの重なる輪郭のぼやけた円）。一方の円が知能のある人、もうひとつの円は自信があり、粘りづよく、やる気のある人である。「成功した」人々は、たいてい二つの縁が重なる領域におさまるというわけだ。

レドモンド式面接はＩＱテストか

レドモンド式面接は、われわれが暮らすこのＩＱ以後の世界への反動である。マイクロソフトの人々は、その面接の質問を論じるとき、知能という言葉を使いたがらない。この語には、人種差別や知能の高いプール清掃人のような、邪魔なものがつきまとうからだ。マイクロソフトの面接パズルは、幅広さ、創意工夫、創造的問題解決能力、枠にとらわれない思考など、もっと今ふうの、魅力的なことを測定すると言われる。レドモンド式面接は多様性を意識していて、とくにビジネスの世界では、知能検査のような落ちぶれたものよりもふさわしいといって、もてはやされる。

解釈はどうあれ、知能検査との類似は逃れがたい。マイクロソフトの面接には、三ガロンと五ガロンの容器で水を量る問題がある。元のスタンフォード－ビネー式にあるパズルとも、よく似ている。マイクロソフトの「反問」と呼ばれる面接技法（次章で論じる）は、元のスタンフォード－ビネー式にも出てくる。個別的なものを除けば、汎用的な、状況に依存しない問題解決能力を検査するという全体のアイデアは、ターマンの、抽象的に推論する能力という知能の考え方と同類だ。

私に言える範囲では、言葉にされている大きなねらいの違いは、やる気にかかわるものだ。マイクロソフトは自らを、ＩＱが高いだけの役立たずのいる場所ではないと見ている。レドモンド式面接に言われている利点のひとつは、やる気と粘りを調べることである。論理パズルなどのマイクロソフトの質問は、古典的な芝居のような、はじめ、中、終わりがある課題を出す。これらの問題に答えるということは、障害に遭遇し、それを乗り越えるということだ。うまく答えられる人は、頭がいいだけでなく、粘り強くもなければならない。その点で、論理パズルは、類推、同義語、文の完成課題などの他の知能検査項目よりも、職場での成果を予測するものとして優れていると言われる。

パズル面接はうまくいくか

シリコンバレーを創始したのは、ショックレーがパズルを使って採用した才能ある人々の集団だった。やはりパズルで採用された、才能ある人々の別の集団が、今日のソフトウェア産業の大部分を築いた。それがレドモンド式面接の人気を説明するが、決して皆がそれに納得するわけではない。マイクロソフト方式の面接は、ハイテク企業と社員とが意見を言い合う場になると、ほとんどどこへ行っても議論の的になる話題である。

ネット上のニュースグループkuro5hin.orgへ投稿したある人が書いている。「パズルは好きだけれど、パズルを解くわけでもない仕事について、それに就けるかどうかがパズルで決まるとなると、実際困るよね。FBIの捜査官は、ただ誘拐されたお姫様を助け出さなければならないときだけのために、必ずいつもスーパーマリオブラザーズで勝てる奴でなきゃだめだと言っているようなもの。ばかばかしい[35]」。

パズルはあやしげで不適切だというのが、いちばんよく耳にする不満だろう。マイクロソフトの面接問題専用のウェッブサイトを運営するクリス・セルズは、「一般的に言えば、論理パズルはひとつのことが得意だ——その人が論理パズルをどれだけうまく解くか、はっきりさせることだ[36]」と言う。ジョン・モンガンとノア・スオジャネンは、二〇〇〇年版の求職者用案内書『解明面接プログラミング』で、「パズル問題の成績は、数学パズルを解いた経験については多くのことを語るが、価値のある社員になるかどうかについてはほとんど何も言わない[37]」と言う。二人はマイクロソフト方式の質問は、「ほとんど何も明らかにしない、弱いものいじめだ」と断じている。[38]

これもよくある不満だが、パズル面接が「新入りいじめの儀式」になっているとも言われる。能力を測るのではなく、クラブ的な文化にどれだけうまくなじめるかを測るのだという。先のセルズは、「そこで働く人は皆、それらの質問に答えなければならない。そしてきっとその連中が、次の人にその同じばかばかしい質問に答えさせることになる」[39]と言う。

マイクロソフトの面接に対する姿勢は、確かに新人いじめに似ているところは多い。それをうまくくぐり抜けた人々の間では好意的だが、凍てつくとうもろこし畑をパンツひとつで歩きまわらされ、ついて行けなかった人々はそうではない。「奇妙なことだったけれど、それが好きになった」と、マイクロソフト・オフィスを作るプログラム・マネジャーのジーク・コッチは、自分のつらい九時間の面接について言う。「楽しかった。パズルを解いて、自分の足で立って考えなければならないような場に置かれるのはいい」[40]。

もちろん、これらの面接は、質問をすることになる側になった方が「楽しい」。マイクロソフトの元プログラム・マネジャーのジョエル・スポルスキーはそう認めている。[41]雇う側がレドモンド式面接を好む理由は明白だ。自分の判断の元になる情報が多くなるからだ。さらに、自分は快適な権力の立場にあって、他の人が苦労しているところを見ていられる。志望者の側には、レドモンド式面接をもてはやす理由はほとんどない。他の種類の面接よりも難しいからだ。実際には、試験を受けるチャンスも低いことが多い――毎週わずかな人数の候補者が降り立つマイクロソフトの場合、確かにそうだ。

「〔マイクロソフト式〕面接手順から、マイクロソフトの人々が、いかに自分が他とは違うと思っているか、実によく浮かびあがる。確かに自分たちの探している人物を得る傾向がある。大変人だ。成長する途上で、論理パズルに入れ込む時期を経て、頭の体操をした人々だ。それこそ、マイクロソフトが実際に求める人々なのだ。一定の考え方、一定水準の技術的専門性など、彼らの文化に溶け込むいくつかの資質だ」[42]と、セルズは言う。

一般に心理学者や認知科学者は、パズル面接には肩をすくめる。この面接は、知能検査と同様の、解決できない検証の問題を提起する。マイクロソフト式の面接手法の妥当性を証明する方法があるとすれば、企業が一群の人々を、パズルや仮定の質問の結果と無関係に採用することだけだ。プリンストンのフィリップ・ジョンソン－レアードはそう言う。[43]そうすれば、何年か仕事をさせて、パズルに秀でた人とそうでもない人とを比べることができる。ただし、各人がどれだけ仕事に「成果をあげた」かを定量的に決めるという、容易ならぬ問題が生じることになる。

ＩＱテストの場合と同様、レドモンド式面接の根拠は最初から最後まで、「当然……」だ。論理パズルが得意な人は、当然、頭がよく、仕事の上で生じる問題解決もうまいはずだ。少なくとも、そう思っている人は多い。ただ、そうは思っていない人に対して、それを証明する簡単な方法はない。

こうした科学的な反論は、的を射ているとしても、半分だけだ。ＩＱテストは科学的測定だという。そういうことなら、テストが正確でないことは、命取りの欠陥となる。レドモンド式面接は、ただ有効だといっているだけだ。これは主張が別で、それほど厳格なものではない。

面接技法がどうあれ、していることは、候補者を採用、不採用の二つの名簿に分類することである。

この二つの名簿のうち、採用側の方がはるかに重要だ。何かの面接技法がいい方法だと判定されるのは、ふつう、採用側に不適当な人がいないか、いてもほとんどおらず、実質上すべていい社員であることがわかったときである。

不採用側の名簿がどうなっているかは、ほとんどどうでもいい。誤って、有能ないい人材を不採用側に入れてしまう手法もあるかもしれない。それは必ずしも問題ではない。少なくとも、雇う側の視点からは、採用側の名簿に空席を埋めるだけの十分な人材がいて、その技法が雇用機会均等法の定める基準に照らして「公平」であれば、問題ではない。他方、志望者の方は、誤ってはねられる人が多すぎる技法なら、自分たちにとっては時間の無駄だと反論するかもしれない。

さらに、面接手法を本当にテストしようとすれば、それを他の面接手法と比べてみなければならない。採用は、どこをとってもとくに科学的な手順ではない。たいていの企業では、第一印象による直観である。マイクロソフトが志望者を、（一部なりとも）そのパズルやクイズの成績に基づいて判断しなかったら、他のことに重みを置かなければならなくなる――「もっと柔らかい」、在来型の行動に関する質問への答え、雑談、握手の力強さなど。それがどれだけ公平で有効な採用方法かは、なかなかわからない。「あなたを採用すべきだと思う理由を話してください」のような、在来型の面接で使われる質問については、ほとんど異論はない。こうした質問がなぜ「便利に使える《フリーライド》」かは、よくわからない。アンバディ、ベルニエリ、ガダ‐ジャイン、プリケットらは、それぞれに在来型の面接について研究しているが、その結果は、とくにこちらの方がいいと言っているわけではない。

モンガン、スオジャネン、セルズのようなプログラマは、プログラム能力を評価する最善の方法は、面接の際、志望者にプログラム演習をさせてみることだと思うものだ。おそらくそれは正しいだろう。直接プログラミング能力が評価できるのに、なぜわざわざ、パズルを解く能力とプログラミングの能力の相関という、議論の余地のある関係を立てることがあるのだろう。マイクロソフトはもちろん、開発担当者には、面接の際にコードを書かせている。

しかしパズルが課されるのは、プログラミング能力を、不可解にも間接的にテストしようとしてのことではないはずだ（たいていは実際にそうはならない）。論理と想像力によって問題を解くことに対する、しっかりした適性をテストするのが意図だ——たとえばプログラム・マネジャー、あるいは弁護士、投資銀行家、企業の管理職など、プログラムは書かない他の幾多の仕事で必要とされるものだ。

レドモンド式面接に対して当然出てくる疑問は、これで採用側の名簿に載せられた人が、他の面接手法で得られる名簿に載った人よりも、いい社員になるかどうかである。レドモンド式面接が、特定の技量を検査できないことを前提にしながら、それが問題を解くのが得意な人を特定する点で、在来型の面接よりも優れていると論じる人はあまりいないだろう。ただ、このことは、レドモンド式面接が有効かどうかよりも、在来型の技法がいかに無効かを言っている。レドモンド式に有利な最強の論拠は、他がもっと悪いということである。

多くの人がレドモンド式面接に対して感じる不安は、その手段よりも、そのねらいのせいだ。ショックレーの、ストップウォッチで時間を計られながらパズルを解く人を思い描くと、こう思わざるをえない。本当にそれでいいのか。面接をパズル解き競争に変えてもいいと思えるほど、できるかぎり頭のいい人を獲得することは、企業にとって大事なことなのだろうか。

これは、企業それぞれが、独自に答えなければならない問題だ。今日、会社を経営しようとしても、なかなかバランスはとりづらい。世界経済は、スリムで身軽な管理を命じる。同時に、企業は単なる資本主義機械ではない。人間的な面があり、社員や将来の社員がどう待遇されるかについての期待もある、ミニチュア社会である。技術革新に依拠する産業では、その人間的な面は企業の主たる資産である。それとともに、競争力を獲得するためには、社会的儀礼という従来の概念を疑ってかかる圧力も生じる。ビル・ゲイツのような人々が今日ものを言うのは、それらの人々が、われわれのいる、変動し、相互につながっている世界市場で感じている圧力（さらには猜疑心《パラノイア》）を、誇張された形で声にしているからだ。創業の厳しさを考えれば――いつも次の技術の船には乗り遅れることを恐れている、あの四〇〇〇億ドルの事業にしても――目的は手段を正当化する。これがレドモンド式面接の両義的な魅力であり、それにはやけっぱちの叫びの面もある。

レドモンド式面接前史

面接で論理パズルを使う歴史の始まりをたどるのは難しい。本書の取材で会った人々の大半は若く、組織としての記憶のほとんどない会社に勤めているか、そういう会社をインタビューした人だ。人的資源の専門家を含め、このアイデアの由来や始まりについて語れる人はいなかった。

明らかと思われることは、マイクロソフトがそのアイデアを「考案した」ことはありえないということである。ショックレーは一九五七年頃には面接でパズルを使っていた。それを除くと、私が遭遇して、しかも年代がわかっている中で、面接試験で論理パズルを用いた最初の例は、一九七九年のものだ。スティーヴ・アベル（今はソフトウェア・コンサルトタント会社のブライジング・ドット・コム社社長）が、その年、ヒューレット・パッカードで受けた面接で、論理パズルを解くよう求められたことをおぼえている。パズルを用いた面接がシリコンバレー現象なのではないかということかもしれない。

ヒューレット・パッカードでアベルに出された最初の問題はこうだった。「八枚の硬貨があります。一枚だけ他のより軽いものがあります。両皿天秤を二回だけ使って、軽い硬貨を特定してください」[44]。少し違うところはあるが、これは今でも、マイクロソフトが面接のときに使っている問題だ。一九七九年には、マイクロソフトは二三歳の青年が率いる、アルバカーキーの社員一五人の会社だった。ヒューレット・パッカードがマイクロソフトの採用慣行に何かの関心を向けたとは思いにくい。逆の影響関係の方が考えやすい。他のことでも同様だが、マイクロソフトは、すでにあるアイデアの価値を見抜き、それを有名にしたということらしい。

3

ビル・ゲイツとパズル文化

シアトルの法律家、ウィリアム・ゲイツ・シニアの一家は、お遊び大会《オーガナイズド・ファン》を大事にしていた。妻のメアリーは、家族でする寸劇を催したり、日曜の夜には、ブリッジやパスワードやトリビアなどのゲーム大会を開いたりした。父ゲイツは、「勝負はかなり真剣で、本気で勝とうとした」と『タイム』誌に語っている。[45] 息子のビルお気に入りの遊びのひとつは、リスクという、世界地図を盤面にしたゲームだった。目指すは各国を征服して世界支配を達成することで、彼が書いた最初のプログラムは、このリスクをするためのものだった。

夕食の席では、父ゲイツが、話題の問題を取り上げて分析し、家族に解説するのが習慣だった。息子のビルや妹たちに、わかっているかどうか確かめる質問をし、子どもは、しっかりした根拠のある答えを出さなければならなかった。子どもたちは、成績表のAひとつにつき二五セントもらえた。オールAなら、平日の夜にテレビを見てもいいという特典もあった。

誰に聞いても、息子ビル・ゲイツは、昔からずっとゲームやパズルが好きだったという。実に『市民ケーン』風なことに、ビルと妻のメリンダは、休みで何晩か家にいるときは、ジグソーパズルで過ごす。値の張ることの多い、珍しい木でできた手づくりの巨大なパズルだ。ゲイツ夫妻は、よく、どちらが先に完成するかを競うために、まったく同じパズルを一人にひとつずつ、合わせて二つ買う。

ディナー・パーティーのコース料理の合間には、出席している人全員に、食器の下に敷くマットの裏にアメリカの地図を描くよう求める。いちばん正確な地図を描いた人が勝ちだ。[46] スティーヴ・バルマーはこのゲームが大得意で、それを飛行機でもやる（一九二六年、ターマンの学生の一人、フローレンス・グディナフは、児童用に「人の絵」テストを考案した。絵の正確さはＩＱの得点と密接に相関するものと考えられた。これは一九四〇年代の間、いちばん広く用いられた心理テストのひとつだった）。

一九八六年、ビル・ゲイツは、ピュージェット湾のＵ字型の入江、フッド・カナル沿いに四棟の保養施設を買った。そこでゲイツ家やマイクロソフト社員は、あれやこれやの「マイクロゲーム」をする。勝ち負けを競う、奇抜な競争だ。そのひとつ「シングダウン」ゲームでは、言葉を出され、その言葉が目立つ歌を探さなければならない。あるとき、「海」がお題になった。長年のゲイツ家の友人アン・ウィンブラッドの記憶によれば、ビルがこのゲームの間、夜の海岸に出て姿を見せなかったことがあるという。しばらくして、おなじみの声が霧の中から聞こえてきた。「パフ、ザ・マジック・ドラゴン……」[47]〔ピーター・ポール・アンド・マリーが歌ったフォークソング。海のそばに住み、ジャッキー少年と海へ乗り出していくという、少年の想像上の竜、パフの物語を歌う〕。

マイクロソフトの社員が出張に出るときは、ぶらりと見物したり、出先の人としゃべったりする時間はほとんど見込めない。そのかわり、会社は彼らが同類とつきあい、真剣に勝負を競うゲームをするよう手配する。一九八九年にジュネーヴで行なわれたマイクロソフトの各国の代表者会議では、ごみあさりがゲームになった。各チームが馬車を与えられ、街じゅうを変わったものを探して回った。ゲイツも他の人々と並んで参加した。彼が思いついたことは、会社提供の馬車を脱輪させて、タクシーを拾うことだった。チームのメンバーはタクシー代を割り勘で払った。ゲイツのチームは三位になった。[48]

ゲイツが商売上のゲームに劣らず社交上のゲームでも負けず嫌いなのは、たぶん意外には思われないだろう。言葉当て《シャレード》では、ゲイツが他の参加者がずるをしたと言って終わる（ゲイツが負けそうになると）。[49]ウォレン・バフェットとのインターネット上でのブリッジは、突然終わった――「情けないほどの小さなずるで、負けるのを避けるために、コンピュータの電源コードを抜いた」[50]とは、バフェットの話だ。

数学キャンプ

同じような勝負へのこだわりは、マイクロソフトに行き渡っている。マイクロソフトの社員は、反トラスト訴訟で有名になった用語を使えば「筋金入り《ハード・コア》」だ。ゲイツをはじめ、マイクロソフトの幹部からのメールは、同業他社がこれまでずっと言ってきた内容を裏づける。マイクロソフトは、勝つことがすべてのヴィンス・ロンバード監督が率いるチームのようなところだ。目標はハード・コアになること、「聖戦《ジハード》」を戦い、競争相手の「空気の供給を絶つ」こと。ソフトウェア業は巨大なゲームで、金がスコアだ。ある競合するソフトウェア会社の幹部はこぼす。「基本的にマイクロソフトが目指すのは、世界中で一ビット転送するごとに税金を課すことだ。何かのビットが動けば、料金がかかる」[51]。

ある意味で、マイクロソフトは反トラスト訴訟以後変わった。マイクロソフトの社員は、その言葉に――もちろんそのメールも――以前より手を入れるようになった。社員は、みだらな言葉や「全容《フルコンセプト》」を入れるのは避けるように言われている。[52] 最高の才能をもった人の一部が、さまざまな度合いの幻滅を感じて退社する。ゲイツは日々の経営からは退いてしまった。

それでも高度に競争的な習俗《エトス》は残っている。マイクロソフトの内部でそれを表すための用語が、「数学キャンプ」だ〔元は、数学の得意な学生を集めて行なわれるマイクロソフト社員との研修会のこと〕。それは、高いＩＱの男性（たいていは）が、他のやつらはみんなばかで、自分だけがあらゆる問題に対する正解を知っていると主張するような場所のことを表している。もしかするとビル・ゲイツのいちばん有名な発言は、「そんなばかなことは聞いたことがない」[53]で、それに次ぐのが、「もうストックオプションは放棄して、平和部隊に参加したらどう」[54]かもしれない。

この、人を出し抜く精神は、パズル、ゲーム、いたずらによく表れている。逆説的なことに、こうした気晴らしは、商売のプレッシャーからの息抜きで、それがとくに濃厚になったものだ。休暇明けのマイクロソフトの社員は、自分の区画が巧みに破壊工作を受けているものと思っていい。区画は発泡スチロールの粒、半分水が入った紙コップ、一万本の缶コーヒーや缶ジュースの缶、マクドナルドの遊び場で使う色とりどりのボールで埋め尽くされている。端から端まで芝で覆われていた区画もあった。鶏、馬、丸々と太った豚などの本物の家畜のいる「農園」に変えられたものもある。[55] 床が窓の高さにまで上げられたものもあれば、トイレに変えられたところもある。おそらくいちばん想像力にあふれた運命が待ち受けていたのは、プログラム・マネジャーのジェイブ・ブルーメンタールだろう。休暇明けに出社すると、自分の部屋がなくなっていた。他の社員が壁板を塗って、ドアを「削除」していたのだ。

一九九八年、ゲイツは友人と旅行し、一行はカリフォルニア州カーメルで朝食つきの宿に泊まった。宿の支配人はゲイツを脇へ呼んで、問題があると言う。コロラドの夫婦が二〇年前にこの地で結婚して、二〇周年記念にまた来ると約束していたというのに、支配人はそのことをすっかり忘れていた。その夫婦が姿を見せたら、帰すにしのびないという。

ゲイツは大丈夫だといい、その夫婦を、会社の最高幹部の一行とテーブルを囲もうと招待までした。これが間違いだった。結婚記念の夫婦は、はた迷惑な人たちだった。男の方は酔っ払って、皆に出身地を尋ねた。マイクロソフトの販売・市場開発担当副社長ジェフ・レイクスは、ネブラスカ州だと答えた。

「ああ、犯罪者にフットボールをさせているところだ」と男は言った。さらにネブラスカのフットボールの監督トム・オズボーンがいかにひどいかに話が及んだ（たまたま、レイクスはオズボーンを崇拝していた。レイクスの四〇歳の誕生パーティのときの「思いがけない客」に来てくれたこともあった）。一行があわやこの男をぶん殴ろうとしたとき、夫婦は仮面をはずした。二人はゲイツのいたずらのために雇われた役者だと白状したのである。[56]

レドモンドの構内がまた驚異の場所で、ディズニーランドになぞらえられるのも、一理はある。ディズニーランド同様、広く、清潔で、総合的に計画された区域で、アメリカが提供しなければならない最高のものを代表すると言われる、細かく管理されたユートピアであり、いたるところに、無邪気と言われたその創始者の性格が浸透している。ディズニーランドとは違い、マクロソフトでは、ソフトドリンクとキャンディーは無料で、ゲームセンターのゲームが無料で遊べるようにセットされている。[57] 構内には八二棟の建物があり、延べ床面積は六〇万平方メートルにもなる。ルーヴル美術館の九倍で、ペンタゴンに匹敵する。マイクロソフト本社には二四のカフェテリアがあり、そのうち七つは、朝、昼、晩の食事を出す。輸送サービス、図書館、テレビスタジオ、博物館、社員用の商店、サッカー場、美術収集品もある。

社員には、仕事をちゃんとやるという前提で大幅な自由が与えられている。よそなら気恥ずかしくなりそうなことも、こちらではごくあたりまえだ。ヴィクトリア朝風の衣装で出勤してくるソフトウェアの検査担当者《テスター》もいる。開発担当《デヴェロッパー》のJ・アラード（Jは省略ではない）は、担当するXボックスのゲームで使われる「魂の大臣《ミニスター・オヴ・ソウル》」という称号を、正式の名称に準じる称号にして呼ばれている。[58] スティーヴ・バルマーは、デジタル化されたポルノを大量に秘蔵していると言われ、それがマイクロソフト社の社長らしくないと思う人はいない（ポルノは別の長年続いているいたずらにも登場する。コンピュータの電源を入れると、バルマーのポルノ画像が壁紙になって起動される。犯人はバルマーではなく、ある女性重役だ）。[59]

ハングリーでいる

その種のボヘミアンもどきの様式は、マイクロソフトだけのものではなく、ソフトウェア産業の風土だ。ハイテク産業の倣いで、マイクロソフトは変わった自尊心の場だ。その社員は飛行機に乗ればエコノミーだし、品のいい、それでいてあまり高くないホテルチェーンの宿に泊まる。重役用の食堂はないし、ほとんどの人が似たような九フィート×一二フィートの、実用的な調度つきの部屋にいる。ゲイツの部屋はそれよりは大きいが、そこを訪れた記者たちは、必ずそれがいかにも普通だと言う。大理石もなければ、高そうな外見もない。

マイクロソフトのストックオプションによって得られる伝説の富とはうらはらに、給与は比較的穏当だ。ソフトウェア開発担当者の初任給は、年俸およそ八万ドルで、ビル・ゲイツの給与はわずか三六万九〇〇〇ドル——他のワシントン州の社長と比べてもそう変わらない。[60] マイクロソフトは、サラダが終わると次はデザートになるようなところである。

マイクロソフト社会は、小さな田舎町のように、地元の重要な事件で年代を数える（小さな町とは違い、事件とは、電子メールの文書だ）。長年いる社員は、マイクロソフトのけちを決定づけた瞬間は、一九九三年の「小エビとウィンナー」文書だと教えてくれる。テクノロジー担当筆頭重役のネーサン・マイアヴォルドが、「このところウィンナーよりも小エビの方が多くなった」という感想を述べると、人事部長のマイク・マレーが、その高めの軽食に表れる愚かな浪費に反対する文書を出した。[61] マイクロソフトでは、小エビはＩＢＭのことであり、ローマの没落のことであり、軟弱になった他の大組織すべてのことだった。マイクロソフト創立二五年を記念する『インサイド・アウト』という豪華本は、この企業価値体系の一面を完璧にとらえている。

このことを忘れてしまう危険があるので一言すれば、時代に先駆け続けるこつは、「太る」ではない。

「ハングリーでいる」ことだ。創造力は、幾分かの制約なしには現れない。だから資源の賢い使い方は、マイクロソフト創業以来の事業の伝統なのだ。正直なところ、その当時は他に選択はなかったが。しかしそれは、今でもわれわれの習慣に残っている。理由は単純だ。自分の才覚で生きるのではなく、富にあぐらをかくようになれば、鋭さも失う危険があるのだ。[62]

この出版物は、さらに簡潔なモットーを掲げている。「過剰は成功をだめにする《エクセス・デストロイズ・サクセス》[63]」。

外部の人には、この軟弱になることへの心配は、マイクロソフト文化の中でもいちばん説明しにくい部類に入る。マイクロソフトを率いるこの人のお気に入りの主題は、昔も今も、この会社が間もなく崩壊するという予感だ。「われわれが間違った決定をすれば、この二五年にわたって築き上げてきたすべてが過去の歴史になりかねない[64]」と、ビル・ゲイツは創立二五周年記念式典で容赦なく警告している。著書の『思考スピードの経営』〔大原進訳、日本経済新聞社〕では、「いつか、意欲のある新興企業がマイクロソフトを業界から追い出すだろう[65]」と書いている。

これはゲイツの個人的な強迫観念ではない。スティーヴ・バルマーを見てみよう。「われわれの次の競争相手が、どこからともなく現れて、ほとんど一夜にしてわれわれを業界から追い出すかもしれない[66]」。ジェフ・レイクスは、「消費者のニーズとテクノロジーの進歩についていくための改革を続けなければ、いつでも、誰からでも、この座を追われるかもしれない[67]」。マイクロソフトは自惚れ屋かもしれないが、その自惚れのいちばんの対象は、自信過剰がないことだ。

外部の人はこの論法を本気にしない。マイクロソフトは巨大な風船だ。誰かがそこに穴をあけても、空気が抜けるまでには長い時間かかる。ただ、歴史的に見れば、ゲイツもバルマーも絶対に正しい。会社が業界のトップにいられる期間は短い。技術革新によって生きる会社は、技術革新によって死ぬのだ。

マイクロソフト文化では、とくに、ハーヴァード・ビジネス・スクールのクレイトン・M・クリステンセンが、ロックのスターなみの存在である。大事な会議に出るときには、急にどこかを引用する必要を感じるときに備えて、その『イノベーションのジレンマ』〔伊豆原弓訳、翔泳社〕を抱えていく人がいる。[68] クリステンセンの言おうとしていることは、会社を成功させる事業の展望が、一定の革命的変化についていけなくなる原因でもあるということだ。この「破壊的な」テクノロジーがあればこそ、新進のダヴィデでも、大会社ゴリアテをつぶせる〔旧約聖書の「サムエル記」上17章に出てくる物語〕。要するにこの本は、マイクロソフトが気にしていることに、完璧にはまっている。

『イノベーションのジレンマ』は、典型例として、ディスク装置業界の例を挙げる。一九七六年にハードディスク装置を作っていた一七社のうち、一九九五年の時点では、一社を除いて倒産するか買収された（唯一生き残ったのはＩＢＭだ）。[69] 人々が引用する逆説のつぼをこころえたクリステンセンは、失敗を良い経営のせいだという。失敗した会社は、顧客や投資家のニーズに合わせるあまり、決定的な技術の変化に反応できなかったというのである。

クリステンセンの本は、手がかりのない時代の福音である。彼が見抜くように、破壊的テクノロジーが出てくるさまを予言できるほど頭のいい人はいない。会社が学ばなければならないのは、破壊的テクノロジーの、自分たちの顧客に合わせた使い方だ。その過程は、コンピュータの世界の用語で言えば、大規模並列処理である。新しいテクノロジーのためのありとあらゆる応用が試され、当たるのは、そのうちわずかだけだ。

『イノベーションのジレンマ』は、なるほどと思える逸話を語る。ショックレーのチームがトランジスタを発明してほんの数年後、ベル研究所の親会社AT&Tが、ニューヨークの安宿に泊まっていた日本のビジネスマンから接触を受けた。そのビジネスマンは、トランジスタの使用権を求めていた。AT&Tははぐらかしたが、相手は食い下がり、とうとう取引を成立させた。使用権の合意書に調印した後、AT&T側の一人が、くだんのビジネスマンに、御社ではこのテクノロジーで何をなさろうとしているのですかと訪ねた。相手は小型のラジオを作るつもりだという。

「小型ラジオをほしがる人がいるんですか」とAT&Tの重役が聞く。

「そのうちわかりますよ」と相手は言う。相手の名は盛田昭夫。その会社がソニーである。[70] ソニーの携帯型トランジスタ・ラジオは、トランジスタを消費者向けに応用したものとしては最初のヒット商品になった。

トランジスタがどう使われるかを予測するときには、論理は限られた場面でしか使えない。音楽では、音質が何より大事だと想定する以上に論理的なことがあるだろうか。最初のトランジスタ・ラジオの音質はひどかった。すでに家の居間に据えつけられている、洗濯機なみの大きさのラジオから、もっと優れた音が得られるというのに、どうして、ちゃちな《スタティッキー》トランジスタ・ラジオをほしがったりするのだろう。

クリステンセンが言うように、「現に存在していない市場は分析できない。供給側と消費側がいっしょに市場を発見しなければならない。破壊的テクノロジーのための市場への応用は、開発時には未知なだけではなく、不可知なのだ」[71]。

テールランプを追いかける

クリステンセンはもちろん、実業家は論理を否定しろと言っているのではない。その意図は、パズルを解く人に言われる助言と似ている。たいていの場合にうまく行く推論のしかたも、状況によっては機能しない。そのことを認識する必要があるということだ。そういう場合には、論理によって方向を間違うことがある。一歩退いて、すべての選択肢を考慮し、体系的に進める必要がある。論理を、創造力や柔軟な精神と組み合わせる必要がある。いくつものありうる方向を、ブレーンストーミングで出し、あまり資源をかけることなく（たいていは失敗するから）試し、それから学んだことを元に、ゲームの構想を考える必要が出てくる。商売の改革も、パズルを解くのも、そういう動き方をしている。

創造性とか革新のような言葉は、マイクロソフトではきなくさい言葉だ。「マイクロソフトには大製品は作れない」という有名なラップがある（これはジェームズ・グリックが『ニューヨーク・タイムズ』に書いたものだ）。「天才のひらめきもない、転回のしかたも知らない、バグははびこりほうだい、そのソフトウェアは何だい、人間味のかけらもない[72]」。格言に曰く、「マイクロソフトに必要なのは、追いかけるべきテールランプだけ[73]」。

もちろん、マイクロソフトの社員は、こうした認識にはうんざりしている。公式の発言では、改革家として愛されることほど、マイクロソフトが求めていることはない（競合するネットスケープ社の「空気の供給を絶つ」ようなことをするだけでは、誰からも愛されはしない）。人が「われわれがここでやってきた改革的なことを、必ずしもすべて認識していないのは、それについて記者会見であまり話さないからだ」――採用部門の責任者デヴィッド・プリチャードは、『フォーチュン』誌でそう不満を述べている。[74]

マイクロソフトの――あるいは他のどの会社も――創造力や革新性は、それが雇っている社員の創造力や革新性である。マイクロソフトは、自分が引き寄せたいと思う人材について、とくに明瞭な思想をもって、そういう人を採用する資金のある会社なのだ。

開発担当、プログラム・マネジャー、検査担当

マイクロソフトは、ニューヨーク市のように、自分より小さな競争相手を前にして、大きすぎて困るという問題に直面するという名誉（？）を得ている。マイクロソフトでは、プログラマー――「開発担当《デヴェロッパー》」あるいは「ソフトウェア・デザイン・エンジニア」、つまりＳＥＤと呼ばれる――が、ずっと会社の中核にいた。長い間、彼らこそが会社だった。創業当初は誰もがコードを書いた。ビル・ゲイツは自ら採用に当たった。自宅で「採用パーティー」を催して、社員になりそうな人全員を面接した。彼はプログラマを評価するいちばんいい方法のひとつは、その人が書いたコードを見ることだと信じていた。

ゲイツはプログラマでない人間を採用したがらなかった。[75]会社の核を担う資産はプログラミングであり、いいプログラマを雇うことだと思っていた。ポール・アレンは、ハードウェア製造に手を広げたかった。ゲイツはそれを拒否した。スティーヴ・バルマーは、プログラマでない人々を雇おうとした。も

ちろん販売担当者のような人々だ。ゲイツは、「何だって？　僕を破産させようというのか？」と驚いた。

開発担当者を採用するのは博打の要素のある仕事だ。マイクロソフトの最初の製品は、趣味でキットから組み立てるコンピュータ、アルテア８８００用のプログラム言語ＢＡＳＩＣだった。マイクロソフトはすぐにそれを同社初の専売——アルテア８８００上で動くものとしては——にしたが、長続きはしなかった。アルテアの次のヒット商品、すなわち組み立て済みのコンピュータが出たことによって、ごみ箱行きになったのだ。

それとともに、プロセッサとその機械語は何年もたたずに次々と変わった。ソフトウェア開発に用いられる高級言語もそうだった。会社が別のプログラミング言語に切り替えかねないのに、開発担当者を、ひとつの言語について有能かどうかテストしても、その値打ちは限られていた。そのような環境にあっては、重要な属性は柔軟性だった。

マイクロソフトの採用にあたっての第一の目標は、「ビル互換機《クローン》」を採用することだ。これはゲイツと似た知能や強みをもった若い人を表す社内用語である。ただし、経験はないか、ないに等しい場合が多い。マイクロソフトの雇用担当者は、すでにいる人々よりも大きなことができる人間を見つけ出すかどうかが腕の見せどころだった。

マイクロソフトの社員とそうでな人々との間に通り抜けられない膜を生み出すのは、この採用哲学である。マイクロソフトは自らを、頭がとてもいい人々による会員制クラブだと考えている。このクラブの二つのしるしが、パズル面接とストックオプションである。公式には、レドモンドの敷地で働いている人が、すべてマイクロソフトの社員というわけではない。清掃、受付、警備、郵便の仕分け、カフェテリア、CD製造は、外部委託されている。これらの人々は、時計の針は一日に何回重なりますかというようなクイズに答えることは求められていない。ストックオプションも得られない。

マイクロソフトの社員採用は、ゲイツ本人同様、ずっと用心深かった。ゲイツは、採用される人間が皆、確実に、担当する予定の仕事に秀でているようにしたがった。プログラミングの候補者は、面接のときにコードを書くよう求められた。パズルを解くことによって、もっとざっくばらんに、自分の力を証明することも求められた。

かつては、ショックレーの知能検査と同様、奇抜なものだった。多くの応募者が、自分に求められているコーディングとパズルは、屈辱的に感じてきた(今もそうだ)。ゲーム番組を見た人ならわかるように、目の前に相当の賞金がぶら下がっていれば、人は相当屈辱的なことでもやるものだ。マイクロソフトの志望者がその厳しい面接にあえて耐えるのは、マイクロソフトの社員には、中年に達する前に何百万ドル、何千万ドルと稼ぐようになる人が多いことを、彼らが知っているからだ。マイクロソフトの影響力のおかげで、いまやコーディングとパズルは、ソフトウェア業界全体であたりまえになっている。

マイクロソフトの視点からすれば、パズルは知能だけでなく、本人の強みも検査する。商売やフットボール同様、論理パズルは世界を勝者と敗者に分ける。答えが出るか出ないかだ。上司や監督が言うように、勝てるかどうかは能力だけでは決まらない。ハングリーでなければならない。勝負にこだわらなければならない。

パズルの設定はたいていばかばかしく、どうでもいいものだ。パズルが提供しなければならないのは、難関だけだ。それで十分と言う人もいる。登山家と同じで、答えを探すのは、そこにパズルがあるからだ。うまくパズルが解ける人は、問題を知的に解決する能力があるだけでなく、自分にどんな難問が与えられてもそれと取り組む気があるとも思われている。

ソフトウェア製品が個人では扱えないほど大きくなったとき、危機が訪れた。MS-DOS 1.0は、設計、コーディング、コンパイル、デバッグを、おおむね、ティム・パターソンという一人の人物が行なった。ソフトウェア製品がもっと複合的になると、仕事を複数の開発者で分担しなければならなくなる。言うのは簡単でも、実際にやるとなると、そううまくは行かない。他人が書いたコードは、一行一行、頭にある意図とともに書いていなければ、融合させることはできない。いつも開発者どうしで話し合っていなければならず、そうすると、仕事の「正しい」しかたについての見解の相違は避けられず、それを解決する有効な方法がなければならない。話し好きやおっとりは、開発担当者の性格を語るときにはあまり使われる言葉ではない。開発担当者は、話をするよりは、一人で、真夜中にコードを書いていた。これは大問題だった。

この問題に取り組んだ人々の一人が、チャールズ・シモニーだった。シモニーは有名なコンピュータ科学者で、時として学者には懐疑的な、企業の世界で研究することにした。ゼロックスPARC社では、初のWYSIWYG〔画面で見たとおりの印刷結果が得られる〕ワード・プロセサを書いた。自分のいる研究所が考案したウィンドウとマウスによるインターフェースを、ゼロックス社がなかなか商品化しないことにじれったくなった。シアトルへ出張したとき、シモニーは予約もないままマイクロソフト社に立ち寄った。その当時の採用は、まだ少しゆるかった。ある社員（スティーヴ・バルマー）がシモニーの資料を見て、ビルに見せようと思った。ゲイツは会議中だった。時間が空く頃には、シモニーは帰りの飛行機に乗らなければならなかった。ゲイツは空港まで車で送ってくれた。二人の性格は、かちっとはまった。シモニーはすぐに誘いを受けてマイクロソフトに移った。

シモニーが考えた、複数の開発者の問題を解決する方法は、「マスター・プログラマ」という新しい職名の職を作ることだった。中世の職人に似て、「親方《マスター》プログラマ」は、プログラムを構成し、コードを書くことに全責任をもつ。親方の下で働くのは、助手の一団である。彼らの仕事はコードのデバッグと最適化だ。

このアイデアは大いに役に立った。また壁にもぶちあたった。開発担当者によくある特異な性格のせいだった。誰もがマスター・プログラマになりたがる。コード書きの奴隷にはなりたくない。助手はそう呼ばれたのだ。ひとつのプロジェクトには一人のマスター・プログラマしかいないのなら（そこが肝心なところだ）、開発担当者の大多数は、下働きをすることになる。

マイクロソフトお得意の機能拡張のおかげで、マスター・プログラマという構想自体がすぐに限界に達した。ソフトウェア製品が大きくなりすぎて、マスター・プログラマも一人ではすまなくなったのだ。もっと根本的な問題もあった。マスター・プログラマが必ずしもソフトウェア設計が得意なわけではない。ソフトウェアの手が込んでくれば、消費者側に立った設計の問題は、ますます現場のコーディングとは別になってくる。一人に両方を求めるのは、無理がある。中には、フットボール選手として優れていながら脚本家としてもすぐれているという人はいるかもしれない――とはいえ、ひとつのことをするために人を雇って、その人に別のことができると期待するとすれば、おそらくがっかりすることになるだろう。

「マスター・プログラマ」という用語はそれほど使われなかった。声の大きい成績優秀の男だらけの場所には、あまりにも上意下達的すぎた。語調を弱めて、男女も特定しない「プログラム・マネジャー」という語に変わった。この職位は、いまやソフトウェア業界全体で用いられている。しかし、今思い浮かべられるようなプログラム・マネジャーは、主に、エクセルを開発したジェイブ・ブルーメンソールが生んだものである。

マイクロソフトの多くの社員と同様、ブルーメンソールは相応のひと財産を作ってマイクロソフトを辞め、この人らしく多方面にわたるマイクロソフト以後の仕事についている。ブルーメンソールはカスケード山脈でパラグライダーの学校を経営し、自分の（ゲイツにとっても）母校のレイクサイド・スクールで高校の数学と物理を教えている。ブルーメンソールの偉大なひらめきは、プログラム・マネジャーがプログラムのしかたを知らなくてもいいということだった。プログラム・マネジャーには、製品が何をするかを構想し、その外見《ルック・アンド・フィール》をはっきりさせてもらうことにした。プログラム・マネジャーはコードを書くのではなく、構想を詳細に述べる製品仕様（スペック）を書く。そのうえで、開発者を監督し、スペックどおりに、納期までに形になるようにするのが、プログラム・マネジャーの仕事だ。

プログラム・マネジャーと開発担当者との関係は奇妙だ。開発担当者側から見ると、本当の、きつい、生産的な仕事をしているのは自分たちだ。プログラム・マネジャーは、「下等な生物[76]」で、給料が高すぎて、わけのわからないことばかり言っている馬鹿で、アニメのディルバートに出てくる、アトムみたいな髪形の上司のようなものだ。

プログラム・マネジャー側から見ると、創造的な仕事をしているのは自分たちで、開発担当者は、下請けの配管工のようなものだ。プログラム・マネジャーはフランク・ゲーリーのような建築家で、開発担当者は、ゲーリーが設計したグッゲンハイム美術館のチタンの建材に鋲を打っている人々の立場だ。

こんな認識のずれがあるのだから、プログラム・マネジャーの権威があやういのは当然だ。プログラム・マネジャーは自分の仕事のことを、含みをこめて、牧羊猫に対してすることだという。開発担当者（プログラム・マネジャーより数は多い）は、もっとあからさまにばかにしている。繰り返し使われる冗談にこんなのがある。仕事がプログラム・マネジャーの技量を必要とする水準になったときは、いつでもプログラム・マネジャーを呼びましょう――たとえばピザを注文するとか。開発担当者のアダム・デヴィッド・バーは、ある会議のとき、発表する人が、大型の映写幕に表示するスライドをなかなか出せないでいたときのことを思い出す。「プログラム・マネジャーの方はいませんか？」と誰かが声を上げた。どっと笑い声が上がった。「どうしたの？　しなきゃならないゴルフの試合でもあるの？」と誰かが聞いた。一同大爆笑になった。[77]

検査担当《テスター》もマイクロソフトでは重要な職だ。検査担当も、今日のソフトウェアの複合性を反映したものである。かつては、開発担当者が自分が作ったソフトを検査して、バグや使い勝手を確かめた。「ベータ・テスト」をする、社外の一般の人々がそれを支援した。完成した製品を割引価格で手に入れるのと引き換えに、発売前のソフトを試用してバグを探すのだ。今日、ソフトウェアのデバッグは、そのための専門家を必要とするような巨大な作業になっている。マイクロソフトは、一日中、他の人がすでに書いたソフトウェアを、試用してバグを探すことだけを仕事にしている人々を、何百人と雇用している。

検査担当は、ソフトをいじめるような検査をする。たとえば表計算のシートが壊れるまで列を加えるとか、おかしなことが起きるまで次々とウィンドウを開くとか、ウイルスやハッカーの作用を真似るなどである。プログラム・マネジャーとは違い、検査担当の方は、プログラミングは知っているものとされる。ソフトウェア製品を検査するのに使う、特殊目的のコードを書くことも多い。もちろん、そこで書かれたものが商品化されることはない。

プログラム・マネジャーと開発担当者の意見が一致する点がひとつある。両者とも検査担当を見下しているということだ。検査担当は、医者ばかりいる中にいる歯医者のようなものだ。しょせん「医学部に入れなかった」と見下されている。いずれにせよ、検査担当がしている掃除のような仕事にはあまり栄光はない。検査担当は自分が見つけたバグを直すわけではない。開発者が直せるように、そのバグを報告するのだ。

わかった。仮に、検査が他の仕事ほど頭を使わないとしよう。それでどうなるのだろう。マイクロソフトでは、競争的な雰囲気のせいで、自分の方が頭が良くないとか、何であれ自分の方が下だというのは、誰にも受け入れられなくなっている。検査担当は自分の地位については敏感で、マイクロソフトは、これら極端に違う職位の差については、公式にははっきりとは言わない。アダム・デヴィッド・バーは、「たとえ曖昧にでも、検査担当は開発担当やプログラム・マネジャーほどの技能を要しないととれるようなことを言おうものなら、総すかんを食らうだろう」と言う。[78] 管理職や人事部はあくまで、開発担当も、プログラム・マネジャーも、検査担当も、頭のよさ、創造性、やる気、いずれも同等だと言う。むげに否定できない不平等に説明をつけてしまえる神話も育った。この神話の要点は、三種類の仕事には、それぞれに特殊な才能があるということだ。それぞれの才能は異なるが、不可思議の符合で、同等に重要なのだ。これは社の方針だとバーは言うが、そう言う本人がそれを「まったくのまやかし」だと言う。[79]

いちばん手が込んでいるのは、検査担当の神話だ。エクセルをクラッシュさせる生まれついての才能というのは、どう規定されるだろう。副社長でオフィスの検査をするグラント・ジョージは、それをこんなふうに言う。「成功する検査担当は、ひたすら開発担当やプログラム・マネジャーと違う考え方をする。われわれはいろいろな角度から批評し、あるいは少なくともわれわれが日常生活の中で目にし、触れ、遭遇し、用いるものすべての質についての意見をもつ。批評して、改善するために生きている。この業界とマイクロソフトに感謝だ。何万何億という人々が使う製品を目に見えるほど改善するのだから、品質への情熱の立派な使い道ではないか[80]」。

こんな見方をしているのはグラントだけではない。それはこんなふうに要約できるかもしれない。「検査担当には意見があり、他の人々はそうではない」。

この進化する分業のせいで、マイクロソフトの採用は変わらざるをえなかった（あるいは変化が加速された）。最初からプログラム・マネジャーや検査担当を目指して大学へ行く人は多くはない。これらの職にある人がすべてコンピュータ科学を専攻していたわけではない。将来のプログラム・マネジャーに面接のときにコードを書いてみろとは、必ずしも求められない。プログラム・マネジャーの中には英語学専攻の人もいる。

すると、プログラマではない人が「ビル・クローン」であるかどうか、どうやって知るのだろう。ひとつの方法が、パズルやクイズ、仮定の問題を出題することだ。プログラム・マネジャーと検査担当にとっては――販売担当、マニュアル担当など、やはり採用される人々にとっても――パズルは才能を評価する重大な手段となった。

その多くは古典的な論理パズルだ。他の面接の質問は、志望者を特定の職へ割り振るためのものという意図で行なわれる。外部の人から見れば変わっていると見える質問（「五〇州のうち除くとすればどれ?」とか、車のドアので、「鍵はどちら向きに回るのがいいか」とか）は、この類型におさまる。それは主に、志望者が何かの判断に達し、そのことを言葉で説明できるかどうかを調べている。

ジェイブ・ブルーメンソールは、プログラム・マネジャーになりそうな志望者には、家を設計するよう求めるのを好んだ。ホワイトボードに向かって正方形を描く志望者もいた。

ブルーメンソールの評価では、それはよりにもよって最悪のことだった。家はどうにでもなれる。誰がお金を出し、どれだけ出し、面積はどれだけで、かけられる時間はどれだけあるか、そうしたことを聞かないことには、家は建てられない。こうした問題に立ち入らないで家を描き始めた志望者は、たいてい不合格になる。

そのような質問では、大事なのはアルゴリズムだ。アルゴリズムは、コンピュータ・プログラムの根底にある、厳格で、一歩ずつ進む方法だ。志望者が、複合的で、答えのない問いに取り組む方法を調べる面接問題だ。このような質問に対するいい「アルゴリズム」は、志望者がまず、面接担当者から詳細を引き出すことだ。

それができない人は減点されるものと思っていい。ブルーメンソールの同僚の一人、ジョエル・スポルスキーは、正方形を描く人を遮ることにした。平面図の最後の仕上げをしているところへ、「実は、あなたはこれを聞くのを忘れています。この家は、身長が一四メートルで目が見えないきりんの家族の家だったんですが」[81]と言うのだ。

頭は良くても何もできない

スポルスキーのもっとささやかな成果のひとつは、「M&Mチョコレートをどう作るか」という、マイクロソフトの面接問題を考案したことだ。今は、ニューヨークにあるフォグ・クリーク・ソフトウェア社の最高経営責任者をしているスポルスキーは、マイクロソフトの面接手法の暖かい支持者であると同時に批評家でもある。

スポルスキーから見ると、採用実務で最大の関門は、頭は良くても何もできない人と、何かはするが頭は良くない人とを特定することだという。競争力が問われる業界にある会社は、これら両種の人を避ける必要がある。

「頭は良くても何もできない人は、博士号を持っていて、大会社に勤めていても、実務能力がまったくないので、誰にも言うことを聞いてもらえない」と、スポルスキーは言う。[82]「何かはするが、頭は良くない人は、ばかげたことをして、そのことについて何も考えていないらしく、他の人が後で尻拭いをしなければならなくなる」。

これら二群の人々を、採用したい人々、つまり頭がよくて、しかも何かをする人から識別するのは難しい（頭が良くなくて、何もしない人はあまり問題にならない。そういう人は識別しやすいからだ）。

論理パズルと設計に関する質問が役に立ちうるのは、それが技術革新を要する会社ならどこでも直面する問題を、小型化して提示しているからだ。ソフトウェア業界では、アイデアをたくさん生み、どのアイデアを残すべきものか決め、そのアイデアを仕上げ、最後に製品を送り出さなければならない。スポルスキーが面接の答えで求めているのは、決着だ。「志望者が、行きつ戻りつして、決定を下せなかったり、難しい問題を避けようとしたりすることがある。難しい決定には答えを出さないままにしておいて、先へ進もうとしたりする場合もある。いずれもよくない」[83]。

面接の質問に基づくブレーンストーミングの後、志望者は最強のアイデアを選ぶよう求められる。それこそが、分かれ目になる判断のテストだ。そのうえで、選んだアイデアを完成した答えにするのに必要な細部や仕上げを加えることを求められる。無視できない食い違いを埋め、重要な矛盾を片づけて結論を出すことが重要なのだ。

「いい志望者は、人が後ろに引き戻そうとしても、自然にものごとを前に進めようとする傾向がある。話が堂々巡りを始めると、そういう志望者は、『このことを一日中話すことはできるけれど、仕事もしなければならないから、Xという判断で行こう』とかその類のことを言う。それはいい兆しだ」とスポルスキーは言う。[84]

死人が歩くぞ

木曜日、カール・タシアンがやってきたとき、シアトルは雨だった。マリオット・ホテルが経営するベルヴュー・コートヤード・ホテルには、長いけれども次々とさばかれる、チェックインを待つ行列があった。タシアンの番になってフロントに向かうと、自分の名を告げた。受付係がその名を名簿から消し、鍵を渡してくれた。エレベータまで歩いていこうとすると、別の人がある名前を言い、鉛筆で線を引いて同じ名簿からその名を消す音が聞こえた。

タシアンの部屋には、「マイクロソフトとマリオットからのお礼」というカードがあった。マイクロソフトは有料ビデオ以外の費用はすべて支払うことになっていた。

翌朝、タシアンは、マイクロソフトがつけた朝食を、マリオット・レストランでとった。二〇人ほどの若者が、タシアンの行こうとしているところに向かっていて、彼のまわりにいた。マイクロソフトは服装はどうでもいいと言う。たいていの人は安全策をとって、まじめなネクタイや、会社用のスーツを着ていた。

タシアンが一九号棟で最初に会ったマイクロソフト社員は、受付係で、整ったナイキのロゴが入ったナイロンのスポーツウェアを着ていた。

タシアンはロビーで三〇分ほど待たなければならなかった。会社には面接を受ける同類が一五人ほどいるのがわかった。応募者の頭をはたらかせておくために、「探索《エクスプロア》！」という大きな標識のついた、コンピュータ用のスポットがあった。ディスプレイには何も映っていなかった。画面には付箋紙が貼ってあり、「故障中」とあった。

マイクロソフトNBCに合わされたテレビにも付箋紙が貼ってあり、「チャンネルを変えないでください」とあった。

タシアンの担当者は二〇代の若い女性で、この女性が手順を説明した。面接は四回あるという。最初の面接担当者の名と、彼が取り組むことになっている試験課題プロジェクトの暗号名が教えられた。「これについては他には何も教えられません。それが何を言っているか、知らないからです」と担当者は言った。

最初の面接は6号棟であった。タシアンは、無料キャンディーを出すので有名な、マイクロソフトの連絡バスに乗った。

「ビル・ゲイツは単純な車に乗るそうだね――トヨタのレクサスとかそのあたり」と、連絡バスの運転手は言った。

「どうしてリムジンに乗らないいんですか」と誰かが聞いた。

「運転するのが好きなんだと思うよ」と運転手は言った。

タシアンの、何だかわからない名の試験課題の最初の面接を担当したのは、開発担当者だった。東欧出身の男で、髭を剃っておらず、ナイロンのスポーツウェアを着ていた。今度はアディダスのロゴが入っていた。散らかったその区画は、煙草とじゅうたん用の清掃器具のにおいの混じった臭いがした。社交的儀礼に会社の時間を浪費することなく、男はタシアンに乾くと消せるマーカーを渡し、告げた。「最初に簡単な問題を出します。b個の箱と、nドルあります。私が0ドルからnドルのどんな額を言っても、ぴったりその額になるよう、0個からb個の箱を渡さなければなりません」。

そうなるためには、お金をどういうふうに箱に分配すればいいか、またbとnにはどんな「制約」があるかと聞かれた。

タシアンは少し考えて、いい答えを出した。

相手はそれが正解であることを「数学的に証明」するよう求めた。

タシアンは中学のとき以来、数学の証明は書いたことはなかった。ソフトウェアを考えるのに、数学の証明が関係するようには見えなかった。

タシアンはそのことをちょっと聞いてみた。面接担当者は乗ってこなかった。「それは等差数列ですか、等比数列ですか」と相手は聞いてきた。高校数学の大ファンだったのだ。

タシアンは、その語を定義してくれませんかと求めた。

「だめです」。

重箱の隅にもつつくものが何もなくなった頃、タシアンはその質問への答えがまずかったと思った。答えは正しかったのだけれども、その問いへの答え方は失敗していた。面接担当者に気に入られなかったのは確実だ。

それに比べれば、二番めと三番めの面接は楽なものだった。二番めの面接担当者は気安く、時間をかけて今いるチームのプロジェクトの目的を説明してくれた。この担当者が問題を出し始めるときには、二人の間に一種の人間関係ができていて、質問はずっとスムーズに進行した。高等研究所でならどう証明するかをめぐって議論することもなかった。この面接は時間を延長して、レッド・ロビン・レストランでチーズバーガーの昼食を取りながらのものになった。

第三の担当者の質問は、ばかにしているんじゃないかと思うほど易しかった。この面接は、最後の面接までロビーで待っているようにという指示で終わった。

待たなければならない一五分で、タシアンは自分の予想を見直した。今度は勝ち目があるように思った。最後の面接で決められれば、最初の結果は見逃してくれるかもしれない。タシアンは待っている間に応募用紙の記入も済ませていた。使えるペンは、インクが洩れる、ほとんど使い切ったビックのボールペンだった。記入欄を埋めた。走り書きの、インクの洩れた文字で、幼稚園児が書いたものみたいだった。

少し後で、タシアンは見知った顔を見た。三番めの担当者だった。タシアンに、最後の面接をする予定だった上司が、今日は仕事に来られないことを教えた。四番めの面接はないことになる。タシアンは帰ってもいいと言われた。[85]

マイクロソフトの面接の特異な構造は、「三幕の芝居」[86]と呼ばれたことがある。第一幕は振り分けのための面接だ。人事部の担当者が志望者に電話をかけて、三〇分ほど話をする。電話での話では、在来型のことが聞かれ、難しいパズルが入ることはめったにない。時に「食卓塩の容器をどうやって試用しますか」のような質問が混じることはある。電話での志望者の答えは、その志望者に出発点《フライバック》、つまりレドモンドなどのマイクロソフト社への費用はすべてマイクロソフトもちの旅行をさせるかどうかを決める。地元のマリオット・ホテルでの待遇は心地よいが、マイクロソフトが迎え入れる人数を考えると、このフライバックは相当の投資だ。

面接には一日かける。まず、マイクロソフトの面接担当者に、個々の志望者を面接する人員のリストが配られる。志望者がこの名簿を見ることはない。ふつう、面接担当者は六人いる。たいていの場合、最後の二人による面接はない。名簿の最後の名には、「該当の場合」というしるしがつく。「該当の場合」の面接は、それまでの評価が高く、採用がほぼ確実の場合にのみ行なわれる。「該当者」面接を担当する人――新採用の責任者である場合が多い――が最終決定を下す。

マイクロソフトの面接担当者は、進行中ずっと、ひそかに成績を電子メールなどで比較する。面接をした人が、志望者を次の担当者のところへ送り届けるのが通例だ。引渡しのときに、親指を立てたり下げたりして合図を送るのもならわしだ。いずれにせよ、どの担当者も「回答《フィードバック》」を書かなければならない。これは志望者に関する即決の電子メールでの評価で、他の面接担当予定者それぞれに送られる。感想メールが面接のさなかに届くことも多い。

この評価メールには規則がいくつかある。見出しは「採用」か「不採用」いずれかにするものとされる。評価は厳密にデジタルで、0か1かだ。

面接をした人の印象は、実際にはもっとアナログ的なものが多い。アダム・デヴィッド・バーが回想するように、担当者が実際に言いたいことは、たいていの場合、「他の人がみんな採用でないかぎり、不採用。他の人全員が採用の場合には、その採用を止めるつもりはない」だ。[87]

その類のずるい言い方は好まれない。面接担当者は、電子メール本文で、決定の理由を説明するものとされている。説明は、聞いた質問やパズル（こうして六人に達する面接担当者は、人気の質問が重なるのを、「魔法のように」回避できる）、それに相手がどう答えたかを書かなければならない。評価は、採用されなかったことに腹を立てた志望者側から、提出を命じられてもいいように書かなければならない。

レドモンド面接の指針は、ヒポクラテスが言ったとされる、「害をなすな」のようなものになる。マイクロソフトは、ふさわしい人が間違って不採用になることがあっても、間違った人を採用するのを避けようとする。その根拠は、社員一人を採用し、管理し、万一の場合には解雇する費用は、前に増して高くなったからだ。

「間違った不採用《ネガティヴ》はよくないが、それで会社にダメージがあるわけではない。間違った採用《ポジティヴ》は会社にダメージになり、それを除去するには時間がかかる」[88]と、ジョエル・スポルスキーは言う。用語の意味が明々白々とは言えないかもしれないので念のために言っておくと、間違った不採用とは、面接の過程で、いい社員になるはずの人がはねられることであり、間違った採用とは、能力がない人を採用してしまう場合である。

間違った採用問題の議論は、時として気にしすぎに見えるほどの構えになる。「競争相手を有利にする最善の手は、下手な採用をすることだ。でくのぼうを大量に採用したら、それで会社はだめになる。それを除くのには時間がかかるからだ。組織にはびこって、自分より質の低い人を採用しはじめる」[89]と採用責任者のデヴィッド・プリチャードは言う。

したがって、強い不採用の意見が一つあるだけでも、志望者の可能性をなくすこともありうる。安全策で、「不採用」が一人だけの志望者が採用されないことは、めったにない。ただ、悪い報告は自己増殖する。実に悪い感想が関係者にメールで送られた後では、他の面接担当者は、アメリカ本土の三大ネットワークがすでに当選者を放映した後で投票しようとするハワイの有権者のような感じだ（時差で投票時間帯がずれてしまう）。様子見の人に対しては、良心のとがめなく「不採用」と言うお墨付きを与える。二人が「不採用」といえば、「採用」と言う意味はほとんどない（使えない新人が入り込むことに「甘い」という評判は、誰しも得たくはない）。

＊　＊　＊

「みんなの時間を無駄にするのをどうやって避けようかという問題がいつもつきまとう。マイクロソフトでは、採用されるのは、実際にはるばる会社にやって来た六人のうち一人だからだ。多くの人に、あまり時間を無駄にかけさせたくはない。逆に、志望者をレドモンドまで呼び出して、一度の面接だけで、『はい、ご苦労様』ではすまない。だからみんな少なくとも三回は面接を受けたのだと思う」と、スポルスキーは解説する。[90]

　そんなこんなで、午後の面接が全部取りやめになった。このことは、志望者に対して、交通事情、飛行機の乗り遅れ、ずる休み、個人的な急用などが奇怪に組み合わさって提示される。社交的な弁解が一般にそうであるように、理由は後になってみると奇妙に思えることが多い（タシアンの三番めの面接担当者は、上司が午後遅くならないと出勤してこないのを知らなかったのだろうか）。

　いちばんつらい状況にタシアンが遭遇したのは明らかだ。最初の面接をした人が、どういうわけか、タシアンを嫌ったのだ。その電子メールが送られたとたん、タシアンは「死人が歩くぞ《デッドマン・ウォーキング》」（これから刑を執行される死刑囚のことを他の囚人が見て言うとされる〕になった。

その後は、失敗ブラインド・デート〔テレビのお見合い番組〕だ。一方は、これはだめだと思って、相手がふられたことがあまり明白になりすぎない程度に、引き伸ばす。奇妙なことに、それが明白になる時点はたいてい食事だ（チーズバーガーを買って、社交辞令の言い訳をして、それでおしまい）。

マイクロソフトで面接を受ける人は、ふつうこの筋書きがどのくらいの頻度で上演されるかは知らない。マイクロソフトのウェッブサイトには、面接のこつが元気よく並んでいて、それがわからないようにしている。「時間がたつにつれて、それぞれの段階でどうなっているか推定したくなるものですが、そうしないようにしましょう。特定の質問でうまくいかなかったんじゃないかと、くよくよ考えるのはやめましょう。実際の進み具合と、自分の認識との間には相関はないかもしれません（自分では全然だめだと思っていた試験のときのように――実際にはうまくいったこともあれば、できたと思っていてだめだったこともあるでしょう）。自分を見失わないように――私たちがお目にかかってお話したいのは、そういう人です[91]」。

タシアンの境遇の逆もありうる。「優等生」タイプのある志望者は、面接を楽々とこなし、「該当者」にこぎつけた。相手はカレン・フリーズである。フリーズはマイクロソフトの大物だ。ユーザーが面倒なことをしなくてもすむように案内する「ウィザード」と、それほどヒットはしなかったが、他はともかく、試用テストの人とビル・ゲイツには受けた、今は採用されていないアニメのアシスタント「ボブ」を考えた人物である。フリーズは際立って魅力的な女性だ。「優等生」の頭には突然、本当の面接はもう終わっていて、成績がよかった「ご褒美」に、この美女だか受付だか何でもいい、この人とおしゃべりさせてくれるのかと思ったほどだ。この志望者についてのフリーズの電子メール評価は辛辣で、気分が悪くなる電子メールには事欠かないこの会社で、今なお古典として奉られている。「優等生」は採用されなかった。[92]

一般に、マイクロソフトで採用になるかどうかはわかりやすく、その可能性に比例した感触を与えてくれる。採用予定の志望者は、レドモンドを出るときには、じきに採用通知が来ると予感している。マイクロソフト側から明瞭な好感触がなければ、一般に採用はされない。

「きつい」面接担当者がいるという神話がある。これは（基本的に必ず）男で、雑談はしたがらず、志望者を落ち着かせるようなことは何もせず、並外れて難しい質問をし、異様に高い割合の志望者を「不採用」にするという。バーが言うには、「ステータス・シンボルのようなものだ。誰でも通すわけではないということを意味しているが、裏目に出ることもある[93]」。

スタンフォードの学生のとき、ノア・スオジャネンはレドモンドに乗り込み、一日仕事の難関面接をやり通した。六回めの後、また19号棟のロビーで次の面接を待つよう言われた。

最後の面接担当者が姿を見せ、「やあ」と言った。その人物が言ったことはそれだけだった。そのとき自己紹介もせず、その後もしなかった。二人はまた窓のない、やはりホワイトボードのある部屋に入った。担当者は込み入った問題を出した。スオジャネンは当然のようにマーカーを取り上げ、計算を始めた。

その最中に、担当者は突然、ちょっと失礼と言い、立ち上がると部屋を出た。

相手は部屋に戻ってこなかった。スオジャネンは再びその人と会うことはなかった。何分もたって、スオジャネンはどうしようかと思案した。誰それさんがどこにいるのかと聞くこともできない。その誰それさんの名を知らなかったからだ。身体的特徴でもいえるだろうか。シャツの色だけが、担当者の外見でかろうじて印象に残っていた（紺青色《ロイヤル・ブルー》）。ブルージーンズと全然合っていなかったのだ。

結局、スオジャネンはマーカーを置いて、立ち上がり、建物を出た。[94]

こうしてマイクロソフトは、すでに数人の面接を受けて好感を得ていた社員候補を失った。たぶん、マイクロソフトの人事部門は、そういう取りこぼしを嘆いているだろうが、そういうことは、ある程度は避けられない。

マイクロソフトの、「通常の」――人事の専門家ではなく――社員に、自分のチームに入るかもしれない志望者の面接をさせる習慣は、業界紙誌では一般にたたえられてきた。同輩による面接は士気を高め、現場では明らかに利点があることには間違いはない。

マイクロソフトの人事部は、社員に面接手順について教える講習を定期的に行なっている。大部分は、差別訴訟を起こされかねないような質問は避けるなどの、基本事項に関することだ。どういう質問をすべきかとか、採用するに「足る」人物をどう見分けるかとかは教えない。こうした講習では、「きつい面接担当者」の問題の解決にはならない。そういう人はそもそも一匹狼で、そういうところに出て来ないからだ。マイクロソフトの文化では、しばしばそれがほめられるのだが。

4

マイクロソフトの面接問題

マイクロソフトの面接問題は秘密とされているが、その問題の秘匿性が完全ではなかったことは、すぐにわかった。「ねえ、面接はどうだったの?」と聞かれれば、聞いてきた人が大事な人でも誰でも、世界にピアノの調律師は何人いるかという問題があればそう言うだろう。

マイクロソフトの面接担当者は、本書の主題となる問題以外にも、いろいろな種類の問題を聞いてくる。他で行なわれる面接同様、在来型の質問も行動型の質問も使われる。スティーヴ・バルマーは、「楽しみは何ですか」と聞くのが好きだ。マイクロソフトの面接で出たと言われる在来型の質問は、「職場の同僚が不正なことをしているのを見たら、それを上司に言いますか」、「一度に何件くらいの案件を処理できますか」、「仕事を手早く片付けるのと、完全に仕上げるのと、どちらが大事ですか」

開発担当者は、いろいろなプログラミング問題を出され、実際にコードを書くよう求められる。いちばん知られているのを二つ挙げると、「リンクされたリストを逆に並べなさい」とか、「アスキー文字でも漢字でも動くバックスペース関数を書きなさい」である。コンピュータ業界に特有で、もっとソフトな仮定の問題を出す担当者もいる（「自分のおばあさんにエクセルをどう説明しますか」、「マイクロソフトが、あなたが選んだ事業の立ち上げに五〇〇万ドル投資しましょうと言ったら、どういう事業を立ち上げますか」）。こうした質問は、プログラミングの外には「移植可能」ではないので、本書には含めない。マイクロソフトのプログラミングの問題をもっと見たい人は、参考文献に挙げたウェッブサイトで見ることができる。

ここでは頭の体操問題、ひっかけ問題、工夫のテスト、曖昧で答えの出ない、仮定に基づく問題だけを出す──言い換えれば、マイクロソフトの面接でいちばん目立つ、刺激的な部類の問題ということだ。そうした問題の多くが、他の会社でも広く使われるようになっている。

マイクロソフトはどこからパズルを仕入れるか

マイクロソフトの頭の体操パズルは、細胞核のＤＮＡではなく、ミトコンドリアのＤＮＡと言えるかもしれない〔ミトコンドリアは、細胞核の外の細胞質に存在し、核にあるＤＮＡとは別の遺伝子をもっている。それが母親の卵細胞の細胞質を通じて子に伝わる。つまり両親から引き継ぐ「正規の」遺伝子とは別に、それを受け入れる側が独自に用意しているものがあって、それが伝えられることのたとえ〕。上から与えられる公式のリストはない。マイクロソフトの社員は自分がほしい面接問題を何でも自由に出していい。

本書に挙げる問題の半分ほどは、「論理パズル」だ。かつては論理パズルといえば、言葉で表され、数学はほとんどない、娯楽用の問題なら、ほとんど何でも入った。面接で使われるパズルは、16号棟のカフェテリアでとる、昼食のときのおしゃべりに出てくるものだ。マイクロソフトの競争精神では、「新しい」、使えそうな問題に遅れないのがかっこいいとされる。マイクロソフトにとって「新しい」とは、必ずしも自作とはかぎらない。

マイクロソフトのパズルには、その誕生に関する伝説がついているものがいくつかある。こんな話が伝わっている。スティーヴ・バルマーが別のマイクロソフトの重役とジョギングしているとき、マンホールの蓋を見かけた。「どうしてマンホールの蓋は丸いんだろう」とバルマーが聞いた。「それ、面接で聞くといい問題になるんじゃないか」[95]。

この話自体は本当かもしれない。しかしマンホールの蓋問題を最初に出したのがバルマーではないことは、ほぼ確実だ。一九七〇年代の『サイエンティフィック・アメリカン』に収録された数学パズルを集めた、マーティン・ガードナーの一九八三年の本に出てくる[96]。ガードナーは、自分がこのマンホールの蓋問題を考えたとは言っていないし、おそらくそうではないだろう。パズルの作者をつきとめるのは、冗談を考えた人を探し出すのと同じで、望みはない。

冗談と同じで、パズルは繰り返し語られるうちに進化する。新しい枝葉をつけたり、細部を忘れたり、パズルから不要な部分を除いて全然別のものに換えたりする。パズルはだいたい口づたえで伝えられるので、おぼえやすいものが優先される。パズルを巧妙に単純化する人は、最初の形を考えた人と同じくらいに、そのパズルが不朽のものになるのに貢献しているかもしれない。パズルはたいてい、多くの人の手で磨き上げられるものだ。

そういうわけで、何もしないで本当に優れた自作の論理パズルを考えられるとは、なかなか思えない。

おそらくマイクロソフトの社員には、そんなことをしてみる時間もないだろう。マイクロソフトの論理パズルの事実上すべては、装飾を追加したり削ったりはあるにしても、パズル本や、インターネットのパズル専門サイトに出たことのあるものだ。「解けない問題」など、想像力を試す答えのない問題は、それよりははるかに作りやすい。これらはマイクロソフトの自作のものらしい。

解答編は一九四頁以下にある。

問題編

?秤を使わないでジェット機の重さを量るとしたら、どうしますか。

?マンホールの蓋が四角ではなく丸いのはなぜでしょう。

?鏡が上下でなく左右を逆転させるのはなぜでしょう。

?車のドアの鍵を開けるには、鍵はどちらに回るのがいいでしょう。

?ホテルでお湯の栓をひねると、すぐにお湯が出てくるのはなぜでしょう。

?Ｍ＆Ｍチョコレート〔糖衣でくるんだ粒チョコレート〕はどうやって作りますか。

?ボートに乗って、トランクを船外に放ると、水位は上がるでしょうか、下がるでしょうか。

?世界中にピアノの調律師は何人いるでしょう。

?アメリカにガソリン・スタンドは何軒あるでしょう。

?ニューオーリンズを流れるミシシッピ川の一時間の流水量はいくらでしょう。

?アイスホッケーのリンクにある氷の重さは全部でいくらでしょう。

?五〇ある州のうち、一つだけ除いていいとしたら、どれにしますか。

?南へ一キロ、東へ一キロ、北へ一キロ歩くと出発点に戻るような地点は、地球上に何か所ありますか。

?時計の長針と短針は、一日に何回重なるでしょう。

?マイクとトッドは二人で二一ドルもっています。マイクはトッドよりも二〇ドル多くもっています。それぞれいくらもっているでしょう。答えに端数《フラクション》が出てはいけません。

?マンハッタンの電話帳で特定の名前を見つけるには、平均すると何回開かなければならないでしょう〔解答編にある補足（訳者注記）――面接で「開く」と言われているのは、電話帳を無作為に見開き二頁に開くということ（アルファベットに従って、それらしいところを開こうとしないということ）。求める名が、見開きの中のどこかにあれば、見つかったこととする〕。

?長方形のケーキ、誰かがすでに一部を長方形に切り取っているとき、二等分するにはどう切ればいいでしょう。切り取られたケーキの大きさや向きはどうでもよくて、次に切れるのはまっすぐに一回だけです。

?ビル・ゲイツの浴室を設計するとしたらどうしますか。

?コンピュータ制御の電子レンジを設計するとすればどうしますか。

?.ビデオデッキの制御装置を設計するとすればどうしますか。

?.ブラインドのリモコン装置を考えなさい。

?.盲人用のスパイス置きの棚を考えなさい。

?.食卓塩の容器［トースター、やかん、エレベータ］の試用をするとすれば、どうしますか。

?.大きな図書館で特定の本がどこにあるか、どうやって探しますか。分類方式もわからず、手伝ってくれる司書もいないものとします。

?.国税庁の役人になったとします。初仕事は、あるベビーシッター斡旋業者が税金をごまかしていないかどうかを見抜くことです。どうしますか。

?.ビリヤードの球が八個あります。そのうち一個は「欠陥品」で、他のよりも重くなっています。天秤を使い、重さを二回計るだけで、どの球が欠陥品か見分けなさい。

?.錠剤が入った瓶が五本あります。そのうち一つだけ、すべての錠剤が「汚染」されているものがあります。汚染された錠剤を判別する唯一の方法は、重さです。通常の錠剤の重さは一〇グラムで、汚染された錠剤は九グラムです。秤があって、一度だけ重さを量ることが許されています。汚染されている瓶はどれか、どうやって見分けますか。

?蟻が三匹いて、正三角形の三つの角にいます。それぞれの蟻が辺の上を別の角に向かって移動しはじめます。どちらの角に向かうかは無作為に選ぶとします。どの蟻も衝突しない確率はいくらでしょう。

?犬が四匹いて、それぞれが大きな正方形の角にいます。それぞれの犬が時計回りに隣の犬を追いかけます。犬はすべて同じ速さで走ります。必ず時計回りの隣の犬にまっすぐ向かうように、走る向きを調整しながら走っています。それぞれが隣の犬に追いつくのに時間はどれだけかかるでしょう。また、そうなる位置はどこでしょう。

?ロサンジェルス発ニューヨーク行きの列車が、時速一五マイルという一定の速度で出発します。同時にニューヨーク発ロサンジェルス行きの列車が、同じ線路で出発します。こちらは時速二〇マイルの速さです。さらに同じ時刻に、ロサンジェルス駅から鳥が飛びたち、線路沿いに時速二五マイルで、ニューヨークへ飛んで行きます。ニューヨーク発の列車に出会うと、直ちに方向を逆転します。速さは換えないで、ロサンジェルス発の列車に出会うまで移動し、出会うとまた向きを逆にし、以下同様とします。鳥は双方の列車が衝突するまで行ったり来たりを続けます。鳥はどれだけの距離を移動したことになるでしょう。

?.定数が二六個あり、それぞれAからZとします。A＝1とし、他の定数の値は、アルファベットの中での文字の順番の数を、一つ前の定数乗したものとします。つまり、B（二番めの文字）＝$2^A=2^1=2$, C＝$3^B=3^2=9$のように続きます。そのとき、次の式の正確な数値を求めなさい。$(X-A)\times(X-B)\times(X-C)\times\ldots(X-Y)\times(X-Z)$

?.マイナス二進法で数を数えなさい。

?.瓶が二本とビー玉が一〇〇個あります。五〇個は赤で、五〇個は青です。瓶のうち一方を無作為に選びます。瓶からビー玉を無作為に一個とります。赤を引く可能性を最大にするにはどうすればいいでしょう（ビー玉はすべて瓶に入れておかなければなりません）。その場合、赤いビー球を選ぶ可能性はどれだけあるでしょう。

?.三リットル入りのバケツが一個、五リットル入りのバケツが一個あります。水はいくらでも使えるものとして、正確に四リットルの水を量るにはどうすればいいでしょう。

？あなたの会社の社員の一人が、給料を、金の地金で、日払いで払うよう求めています。あなたは、この社員の七日分の給料に相当する値段の延べ棒をもっています。棒はすでに七等分に切れ目が入っています。延べ棒を二か所だけ切断してよく、一日が終わるごとにこの社員と精算しなければならないとして、どうすればいいでしょう。

？箱がb個とn枚の一ドル札があります。お金を箱に封入し、どの箱も開けずに、0ドルからnドルまで、求められた総額を出せるようにしなさい。bとnにはどんな制約がありますか。

？赤、緑、青、三色のジェリー・ビーンズの入った容器があります。目を閉じて、容器を手探りして、同じ色のジェリー・ビーンズ二個を取り出さなければなりません。同じ色のものが二個、確実に得られるようにするには、何個のジェリー・ビーンズを取り出さなければならないでしょう。

？果物の入ったお弁当箱が三個あります。一つにはりんご、一つにはオレンジ、一つにはりんごとオレンジが入っています。箱の中の果物は見えません。どの箱にもラベルが貼ってありますが、どれも間違っています。どれか一つの箱から目を閉じて一つの果物を取り出し、それが何か見ていいと言われます。それぞれの箱に何が入っているか、はっきりさせるためにはどうしますか。

？五〇組の夫婦のいる村の男全員が、不貞をはたらいています。村の女はみな、自分の夫以外の男が不貞をはたらけば、即座にそれがわかります（何せ小さな村ですから）。でも、自分の夫が不貞をはたらいてもわかりません（知らぬは何とやらばかりなりです）。村の厳しい姦通に関する掟では、自分の夫が不貞をはたらいたことを証明できる女は、その夫を即日殺さなければならないとしています。この掟に逆らおうなどと思う女はいません。ある日、決して過ちを犯さないことで知られる女王が、この村を訪れます。女王は、少なくとも一人の夫が不貞をはたらいていると宣告します。どうなるでしょう。

?ある悪魔が、何人とは特定できませんが多くの小人をとらえます。小人一人一人を、入国審査の面接をするごとに、その額に赤か緑の宝石を埋め込みます。悪魔は新しく登録するごとに、額に赤か緑の二度と抜けない宝石を埋めたこと、悪魔はどちらの色かは教えず、他の小人も教えないこと（小人は話すことを固く禁じられています）、色の一方は、あわれな産業スパイを示し、もう一方の色はあわれな産業スパイでさえない、とくに不運な捕虜を示すこと、悪魔はどちらがどちらかを教える気はないし、これからもずっと教えないことが伝えられます。それで入国審査は終わりです。

毎日小人が整列して並び、悪魔が小人の数を数えられるようにします。脱走した者がいないことを確かめるためです。

ある日、悪魔は小人に飽き、解放することにします。悪魔は、小人全員が自分の宝石の色を推測できたら自由にしてやろうと告げます。ヒントとして、赤い宝石をつけた小人が少なくとも一人いて、緑の宝石をつけた小人が少なくとも一人いると教えます。全員の自由を勝ち取るためには、小人は毎日の整列のときに無言で悪魔に合図をしなければなりません。赤い宝石をつけた小人全員が一歩前に出て、緑の宝石をつけた小人は後ろにとどまります。それが正しければ、小人全員が自由になって、炭鉱にある我が家に帰れます。正しくなければ、その場で殺されてしまいます。

小人は自分たちの宝石の色をはっきりさせるために、いくらでも時間をかけてかまいません。小人はみな論理的で、全員が家に帰りたくてたまりません。小人はどうすればいいでしょう。

？四人の人が夜、崩れそうな橋を渡らなければなりません。欠けている横板も多く、橋が支えられるのは一度に二人だけです（二人を超えると、橋は崩れてしまいます）。旅人は足元を確かめるために懐中電灯を使わなければなりません。そうでなければ、欠けた隙間で足を踏み外し、落ちて死んでしまうのは確実です。懐中電灯は一つしかありません。四人の人の歩く速さはそれぞれ違います。アダムは一分で橋を渡れます。ラリーは二分、エッジは五分、いちばん遅いボノは一〇分かかります。橋は一七分後には崩れます。どうすれば四人は橋を渡れるでしょう。

反問

マイクロソフトの面接でも、他の多くの会社の面接でも使われている密かな「テスト」がある。それは「反問《チャレンジ》」と呼ばれることが多い。スポルスキーは言う。「友人の一人がマイクロソフトに採用されなかった。面接の後、その友人と食事に出かけると、そいつは、『ちくしょう、あの野郎［面接担当者］はいやなやつだ。ばかで、ペアノ数のいろはも知らないくせに。俺はそいつで卒業論文を書いて、何でも知ってるんだぞ。あいつはでたらめばかり言っていた』と言った。彼はこのことで怒り狂っていて、面接がうまくいかなかったのは、担当者が特定の話題について不当に間違っていたからだと思っていた。

「後でわかったのは、彼が応募したのはプログラム・マネジャの職だった。ソフトウェアの設計が仕事で、プログラムをする職ではなかった。たとえばこの職の人は、やたらと説得をしなければならない。論理的ではあっても、社交的な技能には欠けている傾向のあるプログラマを説得しなければならない。これはとても特異な才能だ。とくにプログラム・マネジャーに求めることの一つは、あることが正しいとわかっているときに、そのことを人に納得させられる能力があるかということだ。一日中そうしていなければならないわけではないし、攻撃的に、怒ってしなければならないわけではない。忍耐づよく、優しくしなければならない。この特定の職に求めることには、そういうことも入っている」[97]。

「反問」の一つの形態は、もともとの、口頭で行なわれるスタンフォード－ビネー式ＩＱテストに出てくる。試験者はこんなパズルを出すとされる。

水は中に入れた魚を浮かせることはもちろん知っていますね。では、問題です。水を入れたバケツがあるとしましょう。このバケツを秤に載せると、水の重さはちょうど四五ポンドあることがわかりました。今度は水の入ったバケツに五ポンドの魚を入れます。全体の重さはどれだけになるでしょう。[98]

たいていの成人は、四五ポンド足す五ポンドで五〇ポンドと答える。問題を出す人は、そこで、「それでいいですか。だって、水は魚を浮かせるんですよ」と尋ねるものとされる。ターマンは、「被験者が答えを変えたり、重さは五〇ポンドになると思うけれど、確かではないと言ったりした場合は、得点を与えない」[99]とする。出題者が次々と返す反問に対して、自分の正解を論理的に擁護してはじめて、答えは正解とされる。

これが知能を計るのか、図太さの類を計るのかはわからない。このひっかけを面接で用いる会社では、図太さも重要なのは疑いない。マイクロソフトのスポルスキーによれば、それはこんなふうに機能する。「面接の間じゅう、絶対的に、明瞭に、議論の余地なく正しいことを言う志望者を探す。それから『ちょっと、ちょっと待ってください』と言って、二分ほど、悪魔の側の演技をする。志望者が正しいとわかっていても、議論する。

「弱い志望者は崩れる。不採用だ。強い志望者はこちらを説得する道を探すだろう。こちらに議論で勝つための、弁論術の技法をいくらでも知っているものだ。『もしかしたら、おっしゃることを誤解しているのかもしれませんが』とは言うだろう。それでも自分の立場を守るなら、採用[100]」。

暴露

マイクロソフトは、その面接問題が暴露されることについて、おそるおそる、徐々に緊張を解いてきた。本書は、少なくともウェッブが盛んになってから続いてきたことの、遅れてきた例にすぎない。何人もの人が、マイクロソフトのパズルを収集し、ウェッブに掲載している。

一九九〇年代のはじめ、クリス・セルズはデヴェロップメンター社という会社で面接をしていた。面接の最後に、会社の創立者の一人が告げた。「いいでしょう。採用します。でも、マイクロソフトが聞く質問を一つしてみたいですね」。質問は当然、「マンホールの蓋はなぜ丸いのでしょう」だった。

セルズは答えた。「お安いことです。こちらの質問に答えていただけたら、その質問に答えましょう。『消防士はなぜ赤いサスペンダーをしているのでしょう』」。

その創業者は全然答えられなかった。[101]

この体験は、セルズがいつかマイクロソフトで面接を受けるかもしれないと漠然と思いながら、パズルを収集するきっかけになった。一九九六年五月、友人や、友人の友人から聞いた、マイクロソフトの問題を掲載するウェッブサイトを始めた。

USCの学生、キラン・ボンダラパティの友人の何人かが、マイクロソフトで同時に面接を受けた。ボンダラパティは自分で問題を集めて、マイクロソフト「面接問題集成《インタビュー・クエスチョン・バンク》」を始めた。マイクロソフトの面接問題を集めたウェッブサイトには、4guysfromRolla.comの「マイクロソフト面接問題」や、マイケル・プライアーの「専門面接問題」（マイクロソフトに限らず、広い範囲のパズルを集めている）がある。どれも人気のあるサイトらしい〔巻末の参考文献を参照のこと〕。

マイクロソフトは問題をもらす人に不快感を抱いていると思われるかもしれない。実際はもっと微妙だ。ボンダラパティもセルズも、マイクロソフト人事部は、新入社員がどんなことを聞いていいかわからないと言うときは、これらのサイトを教えていると聞いたことがある。マイクロソフトで聞かれる問題の、確固とした記録を提供しているのは、非公式の、外部の編集物なのだ。

もちろん、面接を受ける側も、受験勉強のためにこれらのサイトを使えるし、実際に使っている。セルズとボンダラパティのサイトは、答えをほとんど出していないという意味で、比較的穏やかだ。ボンダラパティのところに、友人の友人から、せっぱつまった電話がかかってきたことがある。その人は面接前日でマリオットにいて、ボンダラパティのサイトを印刷したものを前にしていた。答えがなかったので、それを知りたかったのだ。

意外なのは、他の会社の反応の方だ。セルズのところには、「マイクロソフトのような採用」をしたがっている、他の会社の面接担当者からの電子メールが次々と届く。何が問題なのだろう。彼らはセルズのサイトでは省略している解答がほしいのだ。「答えがわからないなら、そういう質問はしない方がいいでしょうと答えることにしています。相手を怒らせることも多いですけど」とセルズは言う。[102]

5

手がかりがないのが手がかり

前章のパズルには、立ち往生するものもあったかもしれない。解き方がわからない問題をつきつけられたとき、どうすることが求められているのだろう。

人はずっとその問題に答えようとしてきた。それはある意味で、人工知能（ＡＩ）の分野の核心をなす論点だ。

ビル・ゲイツなど、マイクロソフトのほとんどの人は、人工知能、つまり人間のように考え、判断を下し、問題を解決するようプログラムされた機械を夢見て大きくなった。昔からあるＡＩ研究の一つは、人の問題の解き方を調べることだ。人間が問題をどう解くか、段階を追って詳細に理解できれば、コンピュータにそれができるよう、プログラムが組めるかもしれない。

問題を解くのが得意な人は、どう解いているのだろう。こまごました話では必ずしも明らかにはならない。天才は、自分がしていることは不可解だと思っていることが多い。物理学者のマレー・ゲル－マンは、カリフォルニア工科大学での授業で、同僚のリチャード・ファインマンの問題の解き方を実演していた。ゲル‐マンは、複合的な問題を黒板に書き、それを黙って何分か見つめ、それから正解を書いた。ゲル‐マンの冗談まじりの趣旨は、ファインマンの天才や、一般に創造的な過程は、言葉にできないということだ。[103] ルイ・アームストロングが言うように、「まあ、『それ何？』と聞かなきゃならないことは、絶対わからないだろうね」。

とくに困るのは、問題を解くとき、「論理」が関係しているように見える段階が少ないということだ。難問は、突然、直観的に見通せて解けることが多い。あるところで行き詰まっても、次の瞬間、この見通しが頭に浮かんでいる。順にたどれる段階を追った論理ではない。

ＡＩ研究で用いられる問題は、パズルやゲームのことが多い。それらは現実世界の複合的な問題よりも単純で、明瞭な定義もしやすい。それらには、現実の問題にもつきまとう、論理や見通しや直観の要素も含まれる。もちろん、マイクロソフトにもＡＩをせっせと研究している人は多く、人によっては異様に見えることもある、ばかばかしくてささやかなパズルが現実世界に関係しているという彼らの何よりの確信も、そのことで説明がつくかもしれない。

解空間、手がかりのない高原

現代の問題解決研究の創始者は、経済学者にして多才のハーバート・サイモン（一九一六〜二〇〇一）である。サイモンは、一九七八年にノーベル経済学賞を受賞し、その経歴の大半をカーネギー・メロン大学という、コンピュータとロボット工学の有力な課程がある大学で過ごした。コンピュータによるモデルを利用する、当時多くいた経済学者の一人である。

サイモンはコンピュータが好きで、人が問題をどう解くかを調べ、コンピュータに同様の作業をさせるためのプログラム手法を探る手段とした。アレン・ニューウェルと書いた『人間の問題解決』（一九七二年）という本には、実験への参加者が、いろいろな数や言葉のパズルにどう取り組むかを調べた結果が発表されている。後に『科学的発見』（一九八七年）に収められた論文では、歴史的な解説を通じて、いくつかの有名な科学上の躍進の背後にある、個々の推論を再構成しようとしている。

サイモンはささやかにパズルを解くのも、科学上の大進歩も、根本から不可解なことは何もないと見た。筋の通ったひらめきをとらえて、検証できる仮説にし、何度か間違ってもそれを処理し、最後には「正解」にたどりつく。パズルを解くのも、科学上の躍進も、不意に襲ってくる「霊感」に何から何まで依存することはない。

サイモンらは、今では広く使われる用語をいくつか世に出した。一つは解空間である。おおまかに言えば、問題に対する解になる可能性があるものすべての集合のことだ。コンピュータがチェスを指すときは、「解空間」を探っている。いちばん有利な手を見つけるために、ありうる手をすべて調べる（さらにはそれに応じる手、さらにまたそれに応じる手と、実用性の範囲で先へ進む）。

サイモンは、解空間を探ることが、人がパズルを解き、さらには、ケプラーやプランクのような科学者が大躍進を遂げたときのモデルになると思った。解空間という概念は、大きな影響力があった。コンピュータに問題を解くようプログラムしようとするときには、とにかく解空間を特定することが求められる。

このやり方には、いくつもの制約がある。多くの問題には、天文学的に大きな解空間があり、どんなに高速のコンピュータでも、力ずくの探索はできない（コンピュータは、いくら人間の名人を負かしても、「完璧な」チェスは指せないというのは、そういうわけだ）。やはり困るのは、解空間が定義しにくい、あるいは不適当である可能性だ。解空間は、人間が実際に問題を解くときのようすとは関係ないことが多い。「車のドアの鍵はどちら向きに回るのがいいでしょう」。狭い意味では、解空間は二種類の答えから成ると言われるかもしれない。「時計回り」と「反時計回り」だ。これではこの問いの肝心なところをはずしてしまう。マイクロソフトのささやかなクイズは、実は自分の答えにちゃんとした理由をつけることを求めているのだ。鍵を時計回りに回す理由、反時計回りに回す理由は、二つではすまない。ありうる理由の総体《アンサンブル》が本当の解空間だと言う方が、現実には合っている（そしてこの総体は、なかなか数え上げられない）。

一般的に、パズルやクイズの解空間は、なかなか定義しにくい。問題の成り立つ範囲、正当と言える解の種類もすぐには明らかにはならないし、ましてやどれが正しいとも言えない。だからＡＩは、あれほど困難な企てなのだし、もっと身近に言えば、だからこそ面接試験のとき、答えを出しにくい問題があるのだ。

認知心理学では、最近の研究の多くが、合理的に問題を解くというサイモンの楽観的な見方からは、少々距離を置くようになった。問題の解き方は解いてしまうまでわからないということだと思われる分析もある。サイモンの解空間とは対照的に、ハーヴァードの心理学者、デヴィッド・パーキンスは、

「手がかりのない高原《クルーレス・プラトー》」[104]を言っている。見渡す限りの光景がありうる解の空間で、向こうに見える大きな高原のどこかに正解があるとすれば、その高原全体を探さなければならない（どこから手をつければいいか、手がかりはない）。

パーキンスは、パズルを解くのを、カナダのクロンダイクで金を探す山師になぞらえる。金がどこにあるか、筋道も何もないのだ。山師の仕事は純然たる運だと言われるかもしれない（「金が見つかってラッキー」というわけだ）。もっと深く分析すれば、山師にも上手下手がある。上手な人は「無作為性」を認め、それとつきあう。彼らの金の探索が無作為なのではない。無作為的に存在する何かの地質学的な手がかりを感知しやすいのは、筋の通った探し方をしているときだ。

問題の解き方についてのこの見方は、マイクロソフトのおかしなパズル（あるいは逆パズル？）にしっかり捉えられている。図書館で本を見つける方法を聞く問題だ。禅の達人、久松真一は、公案（禅のクイズ）は、実はすべて、「どんな手も使えない。どうするか」に行き着くと言う。この問題は、そのマイクロソフト型だ。本の位置を調べる方法はない——どうやって本の位置を調べるか。この問題でとまどうのは、それが難しい問題だからではなく、論理の手がかりがほとんどないからだ。

もちろん、「十進分類方式をおぼえたことがあります。その本は左へ三つめの通路の19番の棚にあります」の類の答えではだめだ。本の名は教えられていないし、その図書館は十進分類を用いていないかもしれないし、そうだとしても、棚の並び方はどうにでもできる。本の位置を導き出す方法がないのだ。できることは、「解空間を」——図書館そのものを——できるだけ効率的に「探索する」ことだけだ。

未確定部分と選言

パズルが難しいのは、解空間が大きくて「手がかりがない」からだけではない。いいパズルには、たいてい、落とし穴、つまり解こうとする人を不利にする心理的な仕掛がある。この仕掛が、一見すると単純な問題（面接試験で問われる多くの問題を含む）の多くが難しいと思われる、その理由を説明する。

人は、パズルの未確定部分や、情報の欠落を処理するのは、得意ではない。次の簡単な例は、心理学の研究で試され、広く議論されてきたものだ。テーブルに四枚のカードがあり、どのカードも一方には数字、反対側には文字が書かれている。当然、上になっている面しか見えない。

問題はこうだ。「カードの一方に母音が書いてあれば、裏には偶数が書いてある」という規則を確かめるために、めくらなければならないカードはどれか、特定しなさい。

ヒントを出そう（実験のときは、ふつうは出ない）。

ヒント1　これはひっかけ問題ではない。たねも仕掛もない。見たままの単純な問題だ。

ヒント2　あなたの答えは、たぶん間違っている。

ほとんどの人は、Aのカードと答えるか、Aと2のカードと答える。確かに、Aは母音で、その裏にどんな数が書いてあるかわからない。Aの裏に奇数が書いてあるかもしれない。そうなれば、規則は成り立たないことになる。Aのカードをめくって、それを確かめなければならない。正当なことだ。

では2のカードはどうだろう。2は偶数で、規則では、一方の側に母音が書いてあれば、裏には偶数があるはずだという。しかし偶数になるのは母音のカードだけとは言われていない。2のカードの裏に、Cと書いてあったとしても、規則が成り立たないことにはならない。母音だろうと子音だろうとかまわない。2のカードは無関係なのだ。

だから正解は、Aのカードだけをめくることになる。それでいいだろうか。違う。7のカードもめくらなければならない。7の裏側に母音が書かれているかもしれない。そうだとしたら、規則は成り立たない。

したがって正解では、めくらなければならないのは、Aのカードと7のカードだ。この種のパズルは、ウェイソン選択課題と呼ばれる。一九六六年にこのことを論じた、ピーター・ウェイソンという心理学者の名による。この種のパズルを用いる研究では、報告されている正解率は、二〇パーセントあたりからゼロの範囲になる。

これがどうしてそんなに難しいのだろう。パズルの場合には、ブール論理学の精密な使い方を知らないからだと思われるかもしれない。この点に着目した研究もあり、それが問題なのではないということがわかっている。実験する側が、7の裏側に母音があるかもしれないと言えば、ほとんどの人が、7をめくらなければならない理由を理解する。2をめくらなくてもいい理由も理解する。

「論理パズル」としては、これ以上ないほど単純明瞭で、ほとんどパズルとも言えないくらいだ――パズルと言うには、あまりにできない。五人のうち、少なくとも四人は間違うのだ。

難しいのは、こういうことらしい。人は確実なこと、テーブルで、すでに上を向いているカードから始めて推論するということだ。未知あるいは未確定のことについては、推理を控えてしまう。

Aは見たままで正解だ。「もし」も、「だから」も、「しかし」もない。適切な論理的結論を、素直に引き出せる。2も見えているので、2をめくらなければという、間違った結論にとびつく人も出てきやすい。

難しいのは、未確定のものから始める推論だ。7の裏にも文字があることはわかっているが、それは見えない。それは子音か、母音か、いずれかでありうる。論理学では、これは選言《ディスジャンクション》という。二つ以上の、相反する可能性のうち、一つだけが真であるような、「あれかこれか」の状況も選言だ。問題が選言を提示しているときには、すべての可能性を列挙して、それぞれの可能性から推論を始める必要がある。「見えていない文字が母音だとすると、どうなるか」、それから、「見えていない文字が子音だとすると、どうなるか」。

本来、そうすべきものなのだ。実際には、目に見えていないものは、しばしば眼中になくなる。とくにこのパズルでは、頭に正しく考えさせようとするのは、暴れ馬に鞍を載せようとするようなものだ。容易には乗り越えがたい、根の深いものが抵抗する。頭が選言を受け付けないことは、「認知的錯覚」と呼ばれたこともある。光学的な錯覚のように、頭で考えれば理解できるようになっても、実は決して抜けない性癖なのだ。

選言効果を裏づける研究結果は、広い範囲にわたっている。心理学者のエイモス・トヴァースキーとエルダー・シャファーは、スタンフォード大学の学生を、次のような仮定の状況について調べた。「大事な試験を受けて、合格したかどうか、わからないとします。いっぽう、近くに予定されているハワイ旅行は楽しそうですが、申し込みは明日までです。成績は、その翌日にならないとわかりません。ハワイ旅行の料金を払い込みますか」。

学生の大半は、旅行には行かないという。大事な試験の結果を待ちながら、はめをはずして遊ぶ気にはならないらしい。今度はこんな質問にする。「合格したことがわかっているとしましょう——旅行に参加しますか」、「不合格がわかっているとします。旅行に参加しますか」。

こういう聞き方だと、たいていの学生は、いずれの場合でも、旅行に参加するという。合格していれば、お祝いに参加する。不合格とわかっていれば、残念会として参加する。ところが未確定の状態で聞かれると、車の前に飛び出した鹿のように動けなくなる。それどころか、試験の結果によって違う判断が出るわけではないことを、予想できなくなる。[105]

同じ研究者が、株式市場でも同様の結果があることを唱えている。[106]市場はふつう、大統領選挙が近づくと停滞する。投資家の多くは、選挙結果がわかるまで、金を出すかどうかの判断を延期する。選挙後、市場は大きく動く。奇妙なことにその値動きは、誰が選ばれたかで決まるわけではない。一九九二年の選挙では、大口投資家の大半は、共和党のジョージ・ブッシュ支持だった。ブッシュが当選したとたん、相場は急落した。『ニューヨーク・タイムズ』は、ある業者が、「部屋に入って画面を見たときは、デュカキスが勝ったのかと思った[107]」と伝えた。

この発言は、デュカキスが勝っていれば、相場は下がったという見方を反映している。選挙前の投資家は、まだ確定していない結果の「後を考える」ことができない。未確定部分が確定して行動できるようになるまで、待たなければならないのだ。

「選言効果」は、おそらく、たいていの論理パズルに登場する。蟻が時計回りか反時計回りに動いている……でも、どちら向きかはわからない。箱にはりんごか、オレンジか、その両方かが入っている……でも、いずれかはわからない。赤い宝石は一個かもしれない、二個かもしれない、三個かもしれない、一万個かもしれない……でも、そのうちのどれかはわからない。遅い旅人が橋を渡るのは、最初かもしれないし、二番手かもしれないし、最後かもしれない……でも、どの順番かはわからない。

「先延ばしして、どうなるか見てから、どうするかを決めよう」と言うのは、人間の本性だ。論理パズルでは、欠落した情報は誰も与えてくれない。こう考えなければならない。「何か欠けた情報がある。ありうる筋書きを展開しなければならない。そうすれば、欠けた情報があっても明瞭な結果に達せるだろう」。

「解けない問題」は、とくに選言の事例が集中している。世界中にピアノの調律師は何人いるかと聞かれれば、当然、必要な情報がすべて欠落していると感じるだろう。うまくいく考え方は、「Aはわからないが、BとCさえわかれば計算できるし、Dがわかっていれば Bは計算できる……」と推理することだ。これらの問題にうまく答えるのは、自分の知っていることから知らないことにいたる、いちばん直接的な道筋をたどるかどうかの問題だ。検索サイトのヤフーが、二地点間の道路地図を生成してくれるのと似たところがある。

なぜ人は、未確定の前提から推論しにくいのだろう。一つには、時間や手間が無駄になるのを恐れることが考えられる。未確定のこと一つを見て、それで別のことが未確定であることがわかり、それがさらに……ということにもなりかねない。

実生活では、それはわからない。論理パズルでは話は別だ。それは見つかる答えが得られるように作られた、遊びの問題だ。

パズルがパズルなのは、二つのことがあるからだ。一つに難しいこと、二つに正解があることである。最初の選言を越えて進まなければならない（虎穴に入らずんば虎児を得ず）。そこがパズルを解ける人とそうでない人との分かれ目だ。選言をくぐり抜けてみれば、ほとんど必ず、状況は思ったよりも単純であることがわかる。可能性の分岐はどこまでも続くわけではない。あらゆる道が解につながる。ほとんどすべての論理パズルは、そういうふうにできている。

たいていの人が苦手とする選言推理は、それこそコンピュータが得意とするところだ。ツリー探索と経路探索《パスファインディング》には、効率的なアルゴリズムがある（ヤフーが道路地図を返してくる速さを考えてみよう）。いいソフトウェアは、そういうアルゴリズムをおおいに利用する。そういうわけで、ソフトウェア開発者は、この種の推論になじんでいなければならない。

ロボットがすぐやられるのはなぜ？

テレビでロボットが戦うのは見たことがあるだろう。他のロボットを破壊することだけが目的のロボットを作り、闘技場に出して、どうなるかを見る。この競争は、少なくとも一つのことを明らかにする。ロボットはすぐにやられるということだ。

すぐにやられるのは、ロボットのふるまいが厳格だからだ。「大きな構図」は見ないで、「枠《フレーム》から出た思考」はしない。火炎放射器で身を守るロボットがあったとしよう。他のロボットが一〇フィート以内に近づくと、ぶわっと火を吹く。

相手は、一一フィート先からガソリンを噴霧する——その上ですばやく後退する——ロボットを作ればいい。さっきのロボットが火炎放射器を使ったとたん、自分が火に包まれることになる。人間ならもう少し頭がよくて、「ありゃ、燃えやすい液体まみれになってる。今は、火炎放射器を使わない方がいい」と思う。ロボットは、それほど頭はよくない。

これはAI研究者が「フレーム問題」と呼ぶものの例だ。フレーム問題とは、何が問題なのか、正確に知るという問題である。ロボット、あるいは知性を備えているとされる存在なら何にせよ、それが目下の状況に適切なことを、どう知ると考えられるだろう。無視しても大丈夫なことを、どうやって知るのだろう。

これはAIでいちばん厄介な問題の一つだ。それこそがAIの問題点だと言う人もいる。すぐに思いつく対策は、効果がない。くだんのロボットが自ら火に包まれるのを見れば、反射的には、身のまわりで注目することを多くし、行動したり、しなかったりしたときの、論理的帰結をもっとたくさん考える、新しい、改良型ロボットを作ろうと思ってしまう。これは立派な目標だ。ところが、半導体チップとプログラムの世界では、これを実施するとなると大変なことになる。ロボットの「関心」の範囲を広げるということは、ロボットの頭脳がしなければならない計算が、指数関数的に増大するということだ。ロボットが考える帰結が多くなるほど、反応が遅くなる。動作ののろいロボットほど、無力なものはない。

人間は、フレーム問題については、今日のＡＩ装置よりはずっと優れている。われわれは、遭遇する問題のほとんどについては、何が関係し、何が関係ないかを見分ける、立派な本能をもっている。ただし、その本能が間違わないわけではない。多くの論理パズルは、この間違いやすさをついている。人が問題を考え始めるときには、関係があることとないことを見分ける生得の前提群を使う。パズルはたいてい、その生得の前提のいくつかが間違うように作ってある。

パズルを（さらに、それがモデルとなる、もっと大きな問題を）効率的に扱うには、同時に複数のレベルで動作する必要がある。ある意識の筋道では、問題に取り組み、別の、もっと高いレベルでは、その過程を監視する。いつもこう問い続けなければならない。この進め方はうまく行っているか、この進め方でどのくらい時間を使ったか、それでもうすぐ答えは出そうか、他に試してみるべきことはあるか。

この自己意識は、問題を解くのがうまい人の特徴だ。どんな分野でも、面接試験が得意な人にも、これが見られる（質問に答えるだけでなく、面接相手のしぐさも気にしなければならないし、それを言うなら、自分の髪型が変じゃないかも気にしなければならない）。こちらの進め方がうまくいかなければ、そちらは切り上げて後戻りし、大きな構図全体を見て、これまでとってきた前提のいくつかを疑問視してみよう。後戻りの手順にも、多くの段階が入っていることがある。どんな状況にも、多くの前提がはたらいている。これらの前提すべてが間違っていることは、あったとしても、ごくまれだ。パズルで行き詰ったとき、自分の前提を列挙して、それぞれの前提が間違っているとしたらどうなるか、想像してみるという手を使う人もいる。

汚染された錠剤の例を考えよう。錠剤の瓶が五本あって、一本は汚染されている。どの瓶が汚染されているか、一回の計量で見つけなければならない。行き詰まって、それ以上先へ進めない。どんな前提を使っているのだろう。

たいていの人にとっては、問題になる前提は次のうちのどれかだろう。

1　瓶を開けてはならない。

2　計量する錠剤は、同じ瓶のものでなければならない。

3　計量すれば、二つのことのうちいずれかがわかる。調べたものが正常な重さか、しかるべき重さよりも軽いか。

これら三つの前提は、いずれも迷路に迷い込む元だ。意図された答えに達するには、これらすべてを退ける必要がある。一般に、どの前提を取り除くかの判断を、どうつければいいのか。この問題が難しいのは、このパズルについて考えるときに立てられている前提は、右記の三つだけではないからだ。以下に他のをいくつか挙げると、

4　錠剤を砕いて、かけらの重さを計ってはいけない。
5　瓶の重さを手ではかり、軽そうなものを区別してはいけない。
6　錠剤を化学的に分析して汚染を見つけてはいけない（この場合は、そもそも重さも計らないことになる）。
7　どの瓶が汚染されているか、誰かに聞いてはいけない（あるいは賄賂を出して教えてもらってはいけない）。

これらの前提はすべて、このパズルには妥当なものだ。それらは、意図された解答につながらない方向に迷い込むのを防いでくれる。残念ながら、そのことは、最初はわからない。答えがこの後半のリストで禁じられていることだったというパズル、クイズ、ひっかけ問題、実社会の状況もある。これらにしても、状況によって必要になれば捨ててしまえるはずの、ひとまず妥当という程度の前提である。

どんなパズルでも、解くための鍵を握るのは、それがどの種のパズルかに関する手がかりに敏感になることだ。その手がかりは、いろいろな形で現れる。パズルの言葉づかいから、それを出す人の口調、自分自身の前提そのものについての推論まで、広い範囲にわたる。

沈みかかった船にいれば、まず、いちばん重くて値打ちの低い積荷を捨てる。もしかしたら間違っている前提を見抜く方法も、たいていは枝葉から根幹へ移ることだ。右記の最初の前提（瓶を開けてはならない）で悩む人は少ない。パズルには、瓶を開けてもいいと明示的に言われてはいないが、開けてはいけないとも言われてはいない。問題は、汚染されている瓶はどれかと聞いていて、どの錠剤かとは聞いていない。自信のない人も、いちばん優美な解を探す完璧主義者も、瓶全体を計量する答えから探し始める。そのことは、問題への最初のとっかかりとして、間違っているわけではない。

もう少し考えてみると、この前提は自壊する。たとえば2番の瓶を計って、一〇二七グラムあったとする。そのうち瓶の重さはどれだけあるのだろう。それはわからない。瓶が何グラムあるかは言われていない。瓶の中に錠剤は何個あるのだろう。それについても言われていない。もしかしたら、少しだからすぐ数えられるのかもしれない。でなければ、瓶の中にビー玉が何個あるか、当てたら自転車を買ってやろうと言われて、それを当てようとする子どものようなことになる。そもそも、それぞれの瓶に同じ個数の錠剤が入っているのかどうかさえ、わかっていない。

したがって、これは真先に捨てていい前提なのだ。パズルにある言葉から、はっきりとした根拠が得られるわけではない。この前提を採用したら、問題を解くための十分な情報が得られないことがわかったということだ。計量すべきは錠剤であって、瓶ではないことは明らかだ。

同様のことは、前提2、つまり「計量する錠剤は同じ瓶のもの」にもあてはまる。人には、問題を単純にしてしまうという、時としてあてにならない傾向がある。すべての錠剤が同じ瓶のものである方が、状況は考えやすい。しかしその制約（これまた問題では言われていない）を受け入れてしまうと、パズルは解けなくなる。

この前提があやしいことは、すぐに納得できる。計量する錠剤が同じ瓶のものであれば、可能性は二つだけ、汚染された錠剤を計量するか、正常な錠剤を計量するか、いずれかだ。3番の瓶の一〇錠を計ってみて、汚染された錠剤の重さ九〇グラムになったら、運がいい。3番の瓶、ピンポ〜ンだ。困ったことに、他の四つの瓶の一つを取り上げる可能性がある。そうだとすれば、一〇〇グラムという、正常な錠剤一〇錠分の重さが得られる。選ばなかった四本のうち、どれの錠剤が軽いのか、確実なことは言えない。一本の瓶から試料を抜き取るなら、どんな構想であれ、この問題に行き当たることになる。そのことから強く言えることは、正解で計量する錠剤は、一本の瓶のものではないということだ。

マイクロソフトの面接を受けて、前提3でだめだったという人は、何人か出てくる（プログラマでない人を悩ませることは、めったにない）。情報で考えるのに慣れている人は、一錠であれ、同じ錠剤の集団であれ、一回の計量では、白黒のつく結果だけが返ってくると推論しがちだ。重さは正常な重さか、汚染された重さか、いずれかなのだ。それが一ビットの情報である。プログラマなら誰でも、一ビットでは五つのうちの一つを特定できないことを知っている。三ビットは必要だ。

もちろん、この計算が邪魔になる。それは前提2に含まれている。白黒のつく結果は、すべての錠剤が同一だ――つまり同じ瓶のものだ――という前提で、はじめて得られることだ。

パズルを解く準備のためにあれこれ考えていると、できないということが「わかる」場合も多い。いいパズルは、できもしないことをさせるような仕掛になっているはずだ。見方を変えれば、不可能だということが役に立つかもしれない。ある前提から始めると、このパズルは解けないことが証明されるなら、前提か、推論か、いずれかが間違っているということだ。

このパズルの答えに達する最善の道筋の一つは、前提3を認めて、それを頭の中でひっくりかえし、どうして不可能だということになるのかを考えることだ。できないとなれば、前提3を退けることになる。どうにかして、白黒をつける結果以上のものを、一回の計量で得るほかないということだ。すると問題は、計量のしかたをどう工夫すれば、計量結果に五本の瓶の一つを特定するだけの情報が書き込まれるようになるかということになる。これが難問になるかどうかは、解く人の腕や素養による。ほとんどすべての人にとっての最大の難関は、問題の枠組みがこれほど明瞭になるところまでたどりつくことだ。

問題の立て直しの技能を試す方法は、論理パズルだけではない。「ロサンジェルスにガソリンスタンドは何軒あるでしょう」。面接試験でこんな問題を出されたら、期待されている答えがどういう類のものか、まず、それをはっきりさせなければならない。ありうる反応をいくつか挙げてみると、

◆ええ？　そんなことを知っていなければならないのか。知らないよ。

◆これは冗談だ。こんなことを知っている奴なんかいないよ。ここは笑っておこう。

◆これは「テスト」だ。知らないことを聞かれたときに、どう反応するかを見たがっているんだ。ごまかすよりは、「全然知りません」と言うべきだろう。

◆他のテストかもしれない。それを推定させたがっているんだ。答えがぴったり正解でなくてもいい。

最初の三つを捨てて、四番めに落ち着いてはじめて、面接する側が期待するような答えを考えられるようになる。誰もがすぐにそれがわかるわけではない。ジョエル・スポルスキーは言う。「それほど頭のよくない志望者は、あわてふためいてしまう。こちらを火星人か何かのように見つめている。だから手助けをしてやらなければならない。『ロサンジェルスほどの大きさの新しい街を建設するとしたら、そこには何軒くらいのガソリンスタンドを配置しますか』とか。ささやかなヒントを与えてもいい。『ガソリンを満タンにするには、どのくらいの時間がかかるでしょう』とか。それでも、あまり頭のよ

くない志望者については、ばかみたいに座って、助けてくれるのを待っているところを、あれこれ引っ張ってやらなければならない。そういう人は問題を解けないから、仕事をさせようという気にはならない」[108]。

「正解のない」質問は、いくつかの点で、いちばん危険な問題だ。「五〇ある州のうち、一つだけ除いていいとしたら、どれにしますか」というのは、確かにばかげた質問だ。どの答えでも同等にいいというのではない。この問題に答えるときには、何度も問題そのものを立て直すかもしれない。この質問は「どの州がいちばん政治的に『不要』か」と解すべきなのか、それとも、「個人的にどの州が嫌いか」と解すべきなのか、それとも、「地図上でおさまりが悪そうなのはどの州か」なのか。判断するための唯一の基準は、出せる答えの良し悪しだ。たとえばデラウェア州が嫌いだとする理由について、説得力のある筋書きがあれば——そしてそれを語ったがために、こいつは凝りかたまったデラウェア州嫌いで、これでは使えないと思われなければ——たぶんそれがいい進め方なのだ。そうでなければ、別のことを試した方がいいかもしれない。

この種の問題と論理パズルの重要な違いは、ぴたりとはまる正解の有無だ。パズルなら、正解に行き当たったとき、それが正解であることはふつう明白で、それ以上の答えは探さなくていい。それほど構造化されていない質問は、できの悪いキーボードのようなものだ。手ごたえ《フィードバック》がない——ちゃんとキーが押せたかどうかがわからないのだ。構造化されていない問いは、一つのパラダイムに落ち着くまで、いろいろなパラダイムをいくつも探るよう促す。

パラダイム変動

パラダイムは、マイクロソフトの語彙の中ではおなじみの語だ。ビル・ゲイツは、テクノロジーのパラダイム変動があった後も支配力を維持できた企業は、これまでなかったと断言する（したがって、大きくて成功したマイクロソフトは、いつも台頭する新興企業からの脅威にさらされている）。自分の目標は、マイクロソフトにその規則を破らせ、パラダイム変動があっても繁栄する方法を見つけさせることだと、ゲイツは言ったことがある。

「パラダイム変動」とは、誰もが使うものの、誰も理解していない語のひとつだ。科学史家のトマス・クーンが一九六二年の『科学革命の構造』〔中山茂訳、みすず書房〕で出した語である。そこでクーンは、学問としての科学はパズルを解くようなものだと唱えた。クーンは、科学者がしていることを、クイズやクロスワードパズル、ジグソーパズルの動きになぞらえた。ときどき、いつものパズル解きの範囲を超えるような、難しい科学上の問題が出てくることがある。科学者は基本的な前提を問い直し、新しい視点をとらなければならない。これをクーンはパラダイム変動と呼んだ。

批判派は、クーン本人が、「パラダイム」という語を首尾一貫して使ってはいないと責め、クーンもそれを認めている。クーン自身は、パラダイムという語を、J・S・ブルーナーとレオ・ポストマンが書いた、「不一致の知覚について。ひとつのパラダイム」という、一九四九年の学術論文から借りてきたらしい。

この論文は、驚くほど単純な心理学の実験のことを述べたものだ。一群の人々が、トランプをちらりと見せられて、それが何のカードだったか当てさせられる。ほとんどのカードはふつうのものだ。そこへ何枚か、ふつうとはマークの色が違うカードも混ぜておく。たとえば赤いスペードの6とか、黒いハートの4などだ。

参加者は、カードをさっと見せられたときには、変わったことにはまったく気づかなかった。赤のスペードの6を何分の一秒か見せられても、それを「スペードの6」とか「ハートの6」と、自信をもって——しかも間違って——判断した。

変則カードをもう少し長く見せられると、躊躇するようになる。何か変だと言うようになる。何か説明はするが、必ずしも正しい説明ではなく、「スペードの6だけれど、黒いところに赤い縁取りがしてある」といったことを言う。

最後に、変則カードをもっと長くさらすと、仕掛に気づく。赤いスペードは赤いスペードと言えるようになる。色が違っているカードもありうることがわかってしまえば、その後は変則カードへの答え方はずっと良くなる。黒いハートの4をちらりと見せられても、そのカードも、その間違った色も言える。

同様の心理的な作用が、多くのパズルや実世界の問題にもはたらいている。答えは、「目の前にある」が、それが見えないのだ。それは、現実が豊かにも複合的すぎて、頭におさまりきらないからだ。一群の既成の概念や前提にすんなりおさめるために、分解しなければならない。問題について考えるとは、実はこの頭にあるモデルを操作することである。しかし、実験やパズルが予想に反するとしたら、この頭にあるモデルが間違っている可能性が高い。葛藤が生じる。状況の新たな要素が、あるときは段階的に、またあるときは一足飛びの見通しで確認されると、モデルが否定される。

ブルーナー‐ポストマン実験への反応は、パズルへの反応と同様、個々別々だった。頭の態勢を変動させられない参加者もいた。間違った色のカードを、ふつうはカードを特定するのに十分な四〇回という回数見せられても、見たことを正しく記述できない人である。「マークが何かわからない、いったい何なの。トランプにさえ見えない。今度は色がわからない。そうじゃなくて、スペードなのかハートなのかがわからない。スペードってどんな形だっけ。もういや」と、ある被験者は文句を言った。[109]

6

ウォール街とストレス面接

一九九〇年になると、レドモンド式面接はあちこちに転移していた。パズル、ひっかけ問題、落とし穴、あるいは単なる変な問題が、シアトルからシリコンバレーに至る線以外のところでも顔を出し始めた。面接パズルの大きな中心地は、ニューヨークの金融界だった。

レドモンド式面接は、ウォール街の文化にはうってつけだった。そこも競争が熾烈で、市場の占有率もあてにならない。大型の金融取引は、ソフトウェア産業に似てきた。金融派生商品《デリヴァティヴ》など手の込んだ金融装置は、長時間労働をいとわない数学好きの仕事の虫によって開発・整備される、「ソフトウェア」だった。それでなくても投資銀行界は、以前から、東部ではいちばんきつい面接試験をすることで知られていた。

「ストレス面接」は、何らかの反応を引き出すために、志望者を不安にさせようとする。昔からある「黙殺」の場合には、志望者はまず、面接を受けるために、ウォール街の誰かの部屋に案内される。五分から一〇分、相手は何も言わない。何もない。こちらは自己紹介し、手を差し出す——無反応だ。面接担当者は、新聞を読んでいたり、こちらの履歴書を読んでいたりする。それでも一言も発しない。眠ったふりをする担当者もいる。冗談に思えるが、よくある戦術で、求職者のためのウェッブサイトを運営する新米《ウエットフイート》ドットコム社は、ありうる応じ方を論じる必要があると思った。このサイトは、「お目にかかれて楽しかったです」というメモを書いて、担当者の机に置き、立ち上がって帰ろうとするのを薦めている。ドアのところへ行くまでに相手が止めてくれるのを期待するのだ。[110]

こんなストレス面接技法もある。会議室に案内され、「お好きなところに座ってください」と言われる。どこかに座ると、面接担当者は「どうしてそこに座ったのですか」と尋ねる。会議室の机はたいてい長方形か、楕円形だ。「テーブルの狭い側」に座るか――それとも狭い側は選ばないか。[111] 狭い側に座るのは狼で、長い方の側に座るのは羊ということになっていて、ひとまず狼の方が有利だ。

マイケル・ルイスによるウォール街回想録、『嘘つきのポーカー《ライアーズ》』〔東江一紀訳『ライアーズ・ポーカー』角川書店〕は、レーマン・ブラザーズ社の面接担当者が、志望者に窓を開けるよう求めることで有名だと伝えている。これはさりげない要望で、担当者が、別室で電話をするからと言って席をはずすときに、何気なく行なわれる。レーマン・ブラザーズ社の面接は、摩天楼の窓の開かない部屋で行なわれる。ルイスによれば、ある志望者は、四三階の窓を、椅子を投げつけて「開けた」という。[112]

マイクロソフトのおなじみの問題も、今やウォール街の面接ではあたりまえになったものも多い。たぶん、ハイテク企業を調べるアナリストの中に、パズル面接のことを聞きつけた人がいて、そのアイデアを東部に持ち帰ったのだろう。ゴールドマン・サックス社（マイクロソフトが一九八六年に行なった、はじめての株の公募を手がけた）は、八個の球から重いものを一つ見つける方法のパズルを出す。スミス・バーニー社は、三ガロンと五ガロンの容器を使って四ガロンの水を量る方法を聞く。マンホールの蓋問題や、「解けない問題」もよく出る。

ビームしてくれ

経営コンサルタント業界も、レドモンド式面接を早くから取り入れた。よきコンサルタントは、「のみこみが早い」人でなければならない。そこで、パズルやクイズが、「状況によらない」知能を判定する方法と見られた。よく出る問題は、本（多くの本）に載っている、いちばん古い論理パズルの埃を払ったものだ。

？正面に二つの扉があります。一方は面接室で、もう一方は出口です。扉の脇に相談できる人がいます。この人は当社の人間かもしれませんし、競合会社の人かもしれません。当社の者なら、必ず本当のことを言います。他社の人は、必ず嘘をいいます。どちらが面接室に向かう扉かを判断するために、この相談役に、一回だけ質問をしてもかまいません。何と尋ねますか（解答は二八五頁）。

この種の問題は、「想定問題《ケース》」という名札をつけられることが多く、たいていは、簡単に「想定」と呼ばれる。それが出す中で特徴的な問題は、MBAならおなじみの、仮定の経営問題だ。「A社は、韓国市場への進出を考えていますが、あちらでは、政府の支援を受けたX社と競合することになります……」の類だ。昔から、想定問題はなまなましく、ぴんときやすい。さらに、それはすぐに考えこんでしまう問題になっていく。「スタートレックの転送装置が発明されたところです。これは輸送業界にどう影響しますか」というふうに。就職ウェッブサイトのヴォールト・ドットコムは、そういう面接の台本を示している。

志望者　その装置はどのくらい普及しているんですか。ふつうの消費者にもすぐに使えるようになるんでしょうか。価格はどのくらいですか。

採用者　当面、転送装置は高価で、一台一〇万ドルほどします。

志望者　そうなると、家庭で使うというわけにはいきませんね。使うための費用はどのくらいでしょう。

採用者　転送にかかわる追加の費用はほとんどゼロと考えてください。コストといえば、転送装置の時間ですが、これは比較的に小さいものです。

志望者　装置は安全ですか。発明されたところとおっしゃいましたが。

採用者　場合によっては異常な事故があるでしょうが、安全です。[113]

志望者は、装置の値段が高いので自動車市場には影響しないが、航空業界には影響するだろうという結論を出した。宅配便業者のフェデックス社は、何台か購入して、荷物を光輸送《ビーム》するための特別料金を設定すればいいと言っている。

研修面接

ストレス面接は、ウォール街の専売特許ではない。ハイマン・G・リッコーヴァー提督は、海軍の核ミサイル潜水艦乗組員志望者を、必ず自分で面接するという。士官は核のボタンに手をかけることになるかもしれないし、その仕事の責任と重みに耐えられるかどうかは、きわめて重要な点だった。リッコーヴァーは、必ず面接が始まるとともにストレスがかかるようにした。椅子の脚を二本、短く切り、椅子がぐらぐらするようにしておいた。志願者は、面接の間じゅう、この椅子に座っていなければならない。「これは難しかった。ぴかぴかの椅子で、ずっとぐらぐらするのだから」と、亡くなる直前に出たテレビ番組『六〇分《シクスティ・ミニッツ》』で、司会のダイアン・ソーヤーに語っている。[114] 志願者の答えが不満なときは、掃除道具入れの中で立っているように命じた。「そこに二時間、三時間と入れておいて、考える時間をたっぷり与えた」という。その目的は、「本人の中に潜在的にあるものを引き出す」ためだそうだ。[115]

今日、軍でいちばん有名な、いちばんマイクロソフト的な面接は、ヴァージニア州クワンティコにある士官候補生訓練学校のものだろう。学校とはいうものの、実際にはそんなものではない。一〇週間の「授業」は、誰かに何かを教えるようには作られていない。その目的は、必要なものをもっていない新兵を取り除くことである。言い換えれば、一〇週間、一日二四時間、週七日続く面接なのだ。クワンティコの士官候補生は、肉体的にきつく、頭の体操的な論理も要する課題をこなすことを求められる。海兵隊員は、四人の人がどうやったら橋を渡れるかを計算するだけではなく、実際に負傷兵を、ロープと板だけを使って、爆雷が敷設された川を渡して運ばなければならない。よじのぼれそうにない壁をよじのぼるという問題もある。教官が脇から観察している。[116]

これは、研修面接《イマーシヴ》［原義は面接づけといったところ］と呼んでもいいかもしれない。私企業でも、人為的な、完結した環境に人を放り込んで、そこでの様子を見る手法をとるところがある。費用がかかるので、研修面接は、すでに社員になった人に限られるのがふつうだ。訓練という体裁をとりながら、その隠れた目的は、一般に、取り立てるべき人物を決める補助にすることだ。

マイクロソフトは管理職を、ロールプレイング・ゲームとも、「実録番組」ともつかない研修に送り出す。たとえば、一四人のマイクロソフトの管理職がコッド岬にある、僻地の村に送られる。そこで無作為に、エリート、管理職、移民の三つのチームに分けられる。「移民」はただちに財布と携帯電話を差し出さなければならない。携行を許されるのは、着替え用の下着一組が入った紙バッグだけだ。「移民」は、寮に入れられ、ソーセージと豆だけを食べる。「管理職」は一軒の家に合宿し、もう少しまともなものを食べられ、エリートは広々とした施設を与えられ、ロブスターとワインの食事ができる。[117]

こうした研修面接は、小さいながらも一つの産業に成長している。ピッツバーグにあるディヴェロプメント・ディメンジョンズ・インターナショナル社（ＤＤＩ）は、この会社がまじめな顔で「能力準拠採用」[118]と呼ぶもので、一五〇〇万人の採用を支援してきたと豪語する。ＤＤＩに仕事をさせてきた会社の一つがユニシス社だ。ユニシスで管理職の仕事に応募する人は、パイロットという名の架空の会社を管理するよう求められる。志望者は、すでに管理職として採用され、最初の出勤日のことを報告しているところという設定で、偽の会社（実際はＤＤＩに設置したセット）に入れられる。志望者は、電子メールと電話のメッセージが次々と入ってくるのを前に座らされ、そのメッセージをできるだけ早く処理しなければならない。ＤＤＩの心理学者が、並んだテレビモニターで、志願者がどれだけ仕事をこなせるかを見ている。ＤＤＩの創立者、ウィリアム・バイアムは、こう説明する。「管理職が一年の間に体験しそうな危機をすべて取り上げ、それを一日に詰め込んでいます[119]」。

不条理面接

予算の制約がある中で採用しようとすれば、「能力準拠採用」のいちばん安価な形態は、やはりパズルやクイズだ。面接パズルは、好きではないが頭から離れない、流行の曲のようなものだ。面接パズルは、耳を引き、おぼえやすく、採用の世界にどんどん浸透し続け、業界の範囲も広がっている。クリス・セルズは、レドモンド式面接の流行を、「流行のダイエット」になぞらえている。「これまでやった六つは失敗したけれど、今度のはよさそう[120]」というわけだ。

ダイエットと同様、やりすぎて、リバウンドが来る傾向もある。マイクロソフトの面接について、人々が一般に持って帰る印象は、二つに一つだ。面接はおかしいか、面接はきついか。その結果、他のところでの面接は、もっとおかしくなるか、もっときつくなるかである。レドモンド式面接は、今なお変貌しつつあるが、必ずしもいい方へとはかぎらない。

レドモンド式面接はダダイズム人事だと見る人もいる。何でもあり――そこではみんな、いたずら好き。ブレア・テレヴィジョン社（ニューヨークのテレビ広告会社）の面接担当者は、机に手をつっこんで、手榴弾を投げ渡して面接に刺激を加える。将来のセールス担当者に、「そんなに立派なことを言うなら、これを私に売ってみて」と言うのだ。[121]

「緑色を定義してください」のような、なんだかよくわからない謎をかける会社もある。表面的には、マイクロソフト風の問題をもっとひねったような感じもする。ひねっていようとそうでなかろうと、マイクロソフトのよく知られた問題はどれも、少なくとも一つは妥当な答えがある。先方は、どう「緑色を定義」することを期待しているのだろう。問題同様、気に障るほど偉そうに見られないで。

　面接のばかばかしさという点では、今はないボストンのある会社がずば抜けている。ゼファー社は、二〇〇一年につぶれたドットコム顧問会社だった。この会社の評判でいちばん長く残るのは、面接試験かもしれない。候補者はレゴ・ブロックを一組与えられる。五分で何かを作らなければならない。これが面接の第一部で、第二部は、作ったものを説明する。ゼファー社の「敏腕副社長」、スーザン・ペリーは、レゴ試験は「人々に問題を投げかけ、興味を抱かせて、立派な会話と洞察」を触発すると言う。[122]

7

超難問面接試験

4章に挙げたマイクロソフトの問題のほとんど、あるいはすべては、他の会社でも広く使われている。パズル面接が増え、他にも多くの問題が目録に加えられてきた。時間の制約がある中で解ける人がいるとは思えないほど、驚異的に難しいものもある。一歩でも前へ出るための方策かもしれない（マイクロソフトがそんなことを出すなら、こちらはもっと難しい問題を出して、もっと頭のいい人を採ろう）。以下に、相当に広い範囲で使われている面接問題で、いちばん難しいものをいくつか挙げる。解答は二八九頁以降。

?.ビールの缶の上と下が細くなっているのはなぜでしょう。

?.富士山を動かすのに、どれだけ時間がかかるでしょう。

?玄関に三つのスイッチがあります。一つは、玄関の間の奥にある部屋の照明を操作するものです。その部屋に通じる扉は閉まっていて、その部屋の照明がついているかどうか、わかりません。三つのスイッチのうち、どれがその部屋の照明を操作するか、特定しなければなりませんが、部屋に一回行くだけで、確信をもってこれと言えるには、どうすればいいでしょう。

?このゲームは、もう一人の参加者といっしょに行ないます。最初は何も置いていない長方形のテーブルで、百円玉が何個でも使えるものとします。二人はそれぞれ交互に、百円玉をテーブルの好きなところに置いていきます。規則はただひとつ。自分の百円玉が、テーブル上にある他の百円玉に触れてはいけません。二人は順番に百円玉を置いていき、テーブルが百円玉でいっぱいになるまで続けます。すでにテーブルにある百円玉に触れないで、新たに置くことができなくなった方が負けです。自分が先手として、どんな戦略をとりますか。

?ある島にいる五人の海賊が、一〇〇枚の金貨をもっていて、それを分けようとしています。獲物は次の規則で分けます。上位の海賊が分け方を提案し、全員で投票をします。少なくとも半分の海賊がその案に賛成票を入れれば、金貨はその分け方で分けます。賛成票が足りなければ、当の上位の海賊を殺し、やり直しです。いちばん上位の（生き残った）海賊が、自分の分割案を出し、同じ規則で投票し、獲物を分けるか、その海賊を殺すかします。一つの案が認められるまでこの手順を続けます。自分が上位の海賊だとしてください。どんな分け方を提案しますか（海賊はみなきわめて論理的かつ貪欲で、みんな死にたくはありません)。

?:ある高校では、終業式の日に以下のような行事があります。生徒は廊下に出て、扉を閉めた自分のロッカーの横に立ちます。最初の笛の合図で、生徒はすべてのロッカーを開けます。次の笛の合図で、一つおきにロッカーを閉めます(2番、4番、6番などが、ばたんばたんと閉じられます)。さらに次の笛の合図で、二つおきにトグルします。トグルとは、開いていれば閉じ、閉じていれば開くという意味です。3番、6番、9番というふうにトグルするわけです。第四の笛の合図で、ロッカーを三つおきにトグルし、第五の笛の合図で四つおきにトグルします。以下同様です。話を簡単にするために、この学校は小規模で、ロッカーは全部で一〇〇台だけとしましょう。一〇〇回目の笛の合図では、一〇〇番のロッカーについている生徒が(この生徒だけが)、自分のロッカーをトグルします。この結果、何個のロッカーが開いているでしょう。

?:導火線が二本あります。どちらもちょうど一時間で燃えきります。ただ、導火線は必ずしも同一のものではなく、一定の割合で燃えるわけではありません。燃え方が速い部分と遅い部分とがあります。この導火線とライター一個だけを使って、四五分を計るには、どうすればいいでしょう。

?:あなたは完全な円の形をした湖の、ちょうど中心にあるボートに乗っています。湖の岸には鬼がいます。その鬼はあなたに悪さをしようとしています。鬼は泳げませんし、ボートももっていません。

岸まで行き着けば——そこに鬼が待っていて、あなたをつかまえなければ——陸では必ず鬼をふりきって、逃げることができます。そこで問題です。鬼はボートの最高速度の四倍の速さで走ることができます。視力も完璧で、決して眠らず、とことん論理的です。あなたを捕まえるために、できることはすべてするでしょう。どうすれば、この鬼から逃げられるでしょう。

8

レドモンド式面接の切り抜け方

プレッシャーがかかる中で、ひっかけの、底意のある、「厳密に公平ではない」問題に答えるのは、きつい。一九九八年の記者会見では当のビル・ゲイツが、遠慮のない質問を受けて、「自分の商売のやり方について質問した人々に対する怒りと侮蔑をぶちまけた。ある質問は『フェアではない』と退け、また別の質問は『不誠実』と言った。ある人にはいらいらして『いい加減にしろ』と言い、少し後では、また別の人に『ちょっと休憩させて』と言った」と、『ワシントンポスト』は伝えている。[123]

就職試験を受ける側も同じことを思っている。好むと好まざるとにかかわらず、今度受ける面接では、きつい、仕掛のある問題を出されるかもしれない。それにどう備えておけるだろう。何か対策はできるだろうか。

これまでに記したように、マイクロソフト流の面接を批判する人々は、よく、パズルを解いても、パズルを解く能力、あるいは前に同じ問題を見たことがあるかどうか以外のことはわからないと責める。これは一面では正しい。論理パズルは、一つのジャンルとして、歌舞伎と同様、様式が決まっている。

約束事を理解しなければ、大きく不利になる。同じことは、「解けない問題」、設計問題などにもあてはまる。われわれがほしいと思う他の多くの能力同様、パズルを解く能力はきっと、生得の才能と学習した技能とが組み合わさっている。これまでのパズル経験が少なければ、パズルの仕組みについて勉強して、力をつけておかなければならない。

面接に関する記事やウェッブサイトは、よく、レドモンド式面接用の戦略を提案している。助言の多くは一般的すぎて、あまり使えない。危険も伴う言い逃れ方を含むこともある。こんなのがある。とくに難しいパズルを出されたときは、「正直に申しますと、その問題は聞いたことがあります」と言いなさい。運がよければ、担当者は別の、もっと易しい問題を出してくれるだろう（あなたの「正直」をたたえつつ！）。

多くの仕掛と同様で、この手は繰り返しては使えない。状況は、これを試す人にとって不利だ。面接する側は、志望者が相手を見ている以上に、志望者を見ている。平均的な志望者がこの手をおぼえる前に、平均的な面接担当者の方は、この手のことを知っているものだ。面接者が賢ければ、こちらが困ったことになる。かまいませんから、答えを言ってみてくださいと言われるかもしれない。

面接問題そのものにある「仕掛」を見抜く勉強をする方が、ずっと生産的だし誠実でもある。これらの問題は、表面的には呆然とするほどの多様性を示している。よく見ると、たいていのパズルが、わずかな認知的な「罠」を、装いを変えて使ったものであることがわかる。とくに、先に触れた選言効果とフレーム問題である。そのことを知れば、合格への足がかりになる。

1　まず、どういう答えが期待されているか、はっきりさせる（頭の中で、あるいは対話で）

難しい面接問題は、たいてい、問題とどう取り組み、正解あるいはうまい解に行き着くかを説明する、言葉での作業を必要とする。聞かれていることが、独力の思考を要するか、対話を要するかで分類する必要がある。

論理パズルはふつう、独力で考えること求める。意図的に限られた量の情報を与えられ、自分で解にたどりつくものとされる。面接担当者に、意図的に除かれている情報を求めてあれこれ言うのは、いい形ではない。

それは妥当なところだが、面接する側が、まったく別の規則群を用いる別の問題を用意していることも多い。多くの設計問題、想定による問題については、情報をもっと求めることが期待されている。それを一人でやろうとすると、減点されるかもしれない。面接担当者の性格もひとつの因子だ。「きつい面接担当者」は、質問をして、表情を変えずに座っている。志望者を会話に誘いたがる担当者もいる。

設計問題（「スパイス棚を設計しなさい」）では、正解はひとつではない。だからと言って何でも正解というわけではない。ジョエル・スポルスキーは言う。「あまり頭のよくない志望者は、設計を絵のように考えている。白紙をもらい、何でも好きなことができるというわけだ。頭のいい志望者は、設計とは、難しい、一連のやりくりだということがわかっている」[124]。

いい答えからは、やりくりが存在することの自覚がうかがえる。志望者は、面接する側が与える気でいる関係の情報を、できるだけ明らかにしようとする。この問題を何度も出したことのあるスポルスキーは言う。「たいてい、志願者が子どものころから覚えているスパイス棚の絵を描き始めることになる。そこで、『そうじゃないんです。お母さんのスパイス棚の絵を描いてくれというのではなくて、スパイス棚をどう設計しますかと聞いているんです』と言う。それから、相手が、この棚を誰が使うのかとか、それをどこに置くのかを求めるようになるかどうか、そういうことを調べる。相手がそうしてきたら、『ああ、聞いてくれてよかった。これは料理学校で使う予定です』などと言ってやる。それでいろいろなことがわかる。料理学校で使われるのなら、いろいろな種類のスパイスが要るとか。延々と会話が続くこともある」。

答えのない問題（「五〇州のうち、どれを除くか」）には、ほとんどロールシャハ・テストのようなものもある。こうした問いは、意図的に構造が不明瞭にされている。どんな種類の問題もそうだが、とくにこの手の問題では、「問題の趣旨は、三〇分の会話を生むことだ」とスポルスキーは言う。「会話を基にすれば、相手がどのくらい頭がいいか、わかる[125]」。

問題がよくある論理パズルであることが明らかでない場合には、対話が求められているものと想定するのがいい対策だ。「対話」とは、会話の大半を志望者が行ない、面接担当者に頭のいい質問を自由にしていいということだ。

2　最初に考えたことは、どれも間違っている。

パズルやクイズについては、ふつうの人の頭にまず浮かぶ、答えかなと思うものは、たいてい正解で、はない。それで正解になるくらいなら、あまりパズルとは言えない。

こうした問題は、難しいものと想定されている。だから「頭の体操」なのだ。錯視、手品のたね、詐欺と同様、パズルは、こちらの基本的な日常の頭の能力に依拠して騙しにかかる。手品のたねについて、いちばん疑ぐり深い観客は子どもであり、脳に障害がある人の中には、錯視を経験しない人もいる。また、正直な人間を儲け話で騙すことはできない。パズルをすぐに解けないのは、こちらの頭が想定されているとおりに動いているということだ。だからパズルになる。

すぐに言うべきことを思いつかないとき、あせってしまう人は多い。求められている話を語り始めるのにいちばんいい出発点は、「わかりやすい」答えがなぜ間違いかを説明することだ。それは「無駄な空白」を埋めるだけでなく、問題を理解するための、立派な方法だ。

3 習った微積分は忘れよう。

論理パズルはこれだ。企業で普通に用いられる面接パズルは、ふつう、微積分は必要ない。パズルにテレビのクイズ番組程度の知識以上のもの——受けている面接の職種とは関係ない分野で——が必要だと思ったら、おそらく何か間違いをしているのだ。

単純な、微積分を要しない解をもつ、微積分風の問題というジャンルがある。必ず単純な答えの出し方をすること。微積分を使って解いて正解を出しても、木を見て森を見ずというマイナス評価を得るかもしれない。

（言うまでもなく、投資銀行の面接を受けていて、ブラック＝ショールズ偏微分方程式を計算するよう求められているときは、微積分を使うことになる。今の話は論理パズルだけにあてはまることだ）。

4　大きくて複雑な問題には、ふつう単純な答えがある。

これを「いちかばちか《ジェパディ》！」効果と呼ぼう。クイズ番組の司会者が、「ヴォルテールが『神聖でも、ローマでも、帝国でもない』と記した国はどこ」と聞いたら、答えが「神聖ローマ帝国」だと考えても大丈夫だ。ヴォルテールや神聖ローマ帝国について、何も知らなくてもわかる。クイズ番組は、視聴者の大半が、「自分ならわかったのに」と言えるように、問題を作っている。

パズルやクイズも、同様の仕組になっていることが多い。論理パズルは、よくある問題ではないし、よくある難問でもない。単純な答えのある、難しい問題なのだ。これは、大掛かりな、複雑な設定の問題の場合（「悪魔と小人」、「一〇〇個のロッカー」）、とくにあてはまる。

5　単純な問題は、複雑な答えを求めていることが多い。

「なぜ鏡は左右を逆転するのか」とか、「ビールの缶の上下が細くなっているのはなぜか」のような、ひとことの問題は、比較的に長い、ややこしい答えを求めていることが多い。この手の問題は、必ず、よく考え抜くこと。答えで大事なところをはずしていると思われると、減点要因になることがある。

非常に短い問題が、設計や検査に関するものである場合（「ビル・ゲイツの浴室を設計しなさい」とか「エレベーターの試用をどう行なうか」）、面接担当者に、他の情報を求めて質問することが求められている場合が多い。

6　「完全に論理的な」存在は、ふつうの人間とは違う。

多くの論理パズルには、「完全に論理的な《パーフェクトリー・ロジカル》」存在《ビーイング》（ＰＬＢ）が出てくる。不貞の村や、金貨を分ける海賊の話がその例だ。「完全に論理的」というのは符丁で、その意味は、パズル・ファンにはおなじみでも、そうでなければよくわからない。この手の言い回しを耳にしたら、人間の心理について知っていることは、事実上、すべて忘れてしまいなさいと言われているものと考える。次のような前提に立つことが求められている。

◆ＰＬＢには、単純な、一次元的な動機がある。ＰＬＢの関心は、最大限稼ぐ、あるいは鬼から逃げる、あるいはばかげていても規則に従う、あるいはその類だけだ。それ以外のことはどうでもいい。その結果、ＰＬＢは「友人」をひいきしない。それぞれがそれぞれにＰＬＢである。

◆ＰＬＢは即決で考える。すべての論理的帰結をすぐに察知する。迷うことはないし、間違うことはないし、忘れることもない。

◆ＰＬＢは、他のＰＬＢの心理（言わば）を理解し、自分の頭の中で、相手の行動について、正確な結論を引き出す。他の何にも増して、これがパズル・ファンでない人を困らせるところだ。人間の行動は、いつもどこかに不確実なところがある。PLBの行動はそうではない。そのため、これらのパズルで意図されている解は、ひどく非現実的だ。Aはしかじかと考えるとBは考えているとCは考えているとDは考えている……という形をとるのが一般的だ。現実の世界ではそんな動き方をするものはない。現実の人間の動機には、わずかに不確実なところがあっても、それがカオス的に膨らんで、先のような入り組んだ推論を無価値にする。しかしこうしたパズルでは、それはない。

これをヒントにすることができる。「完全に論理的な」存在と言われれば、解には、必ずと言っていいほど、他のPLB（あるいは、「この状況でどうしますか」と問うパズルでは、解答者本人）に関する、その存在の推論が含まれる。

7 壁にぶつかったら、自分の立てている前提を列挙しよう。その前提ひとつひとつについて、それを捨てればどうなるか、順に考えること。

すでに触れたように、この対策は、言うは易いが行なうは難い。巧妙なパズルほど、問題の前提は自然で、それを「前提」と意識することは、まずない。それでもやってみる価値はある。リストをたどり、それぞれの前提の反対を順に前提するのだ。それで何か有望なところへ行けるだろうか。運がよければ、前提のひとつを排除すれば、答えにつながることがわかるだろう。

それがうまく行かないときでも、面接する側は加点してくれるかもしれない。枠組みを変えることが、問題を解く重要な部分であることは理解していることがわかるからだ。

8 論理パズルで決定的な情報が欠けているときは、可能性のある筋書きを展開しよう。きっと、問題を解くには欠落した情報は不要であることがわかる。

論理パズルと呼ばれるほとんどすべては、同じ仕掛を使っている。つまり、たいていの人は、情報が欠落していると思うと、身動きできなくなってしまうことだ。

パズルに選言——どちらでもいい未知の項があって、どちらになるかはわからない——があるとき、可能性のある事態のそれぞれを、筋道立てて推論できなければならない。Xであるとして、そこから引き出せる結論を見なければならない。Yであるとして、どんな結論がありうるか、見なければならない。必ずと言っていいほど、この種の推理が突破口を開くことがわかるだろう。パズルを解くには、欠落した情報は必要なかったということがわかる。

それをこんなふうに考えよう。橋がなければ泳がなければならない。幸い、そう長いこと泳がなくてもいい（橋をかけるのは、川のいちばん狭いところだけだ）。

9 可能なときは、相手が聞いたことのない、いい答えを出すこと。

これはとくに、「正解のない」、自由記述式の問題にあてはまる。面接する側は、よくある答えは、何度も耳にしたことがある。スポルスキーが、あるマイクロソフトの志望者に、「目の見えない人のためのスパイス棚を設計する」よう求めたところ、その志望者は、目の見えない人なら、壁の胸や顔の高さに掛けるスパイス棚よりも、カウンターの高さにある方がいいだろうと判断した。そちらの方が簡単だ。探りあてるには、そのあたりにあることがわかっている棚を手探りして、手を伸ばし、おそらくびんの上にある点字を読むか、カウンター上を、点字のラベルが貼ってある引き出しまで手をすべらせるか。こうした作業効率にかかわる問題を思いついた志望者は、他にはいなかった。見事なことに、この志望者は、てきぱきと問題を定義しなおしたのだ。「スパイス棚」は、他のものにする理由があれば、棚でなくてもいいのだ。スポルスキーは言う。「その答えだけで、他にマイナス因子がなかったので、その志望者を採用した。その人は、エクセル・チームでいちばんいいプログラム・マネジャーになった[126]」。

いろいろな話を聞くと、面接では、独特のいい答えはただ評価されるのではなく、過大評価されることもあると思いたくなる。退屈の因子もあるかもしれない。つまらない志望者にかぎって、相手の関心を引こうと、実に派手な履歴書を送ろうとする。それはまずうまくいかないが、こうした面接では、正解ではないが創造的な答えは目立つ。それが正解だと確信しよう。

9

革新的企業はどう面接すべきか

レドモンド式面接の根底には、いい考えがいくつかあるのに、仕掛、罠、駆け引き、目くらましとごっちゃにされている場合があまりに多い。最も有能な人を採用するという目標が、面接する側によって、しばしば危うくなっている。

いい考えの方から始めよう。レドモンド式面接は、気持ちのいいものではない現実を二つ認めている。それは、

◆テクノロジーが日々足元で変化しているときには、特定の、すぐに陳腐になる技能を見て人を採用するのは、あまり意味がない。難しくても、一般的な問題解決能力を見て採用しようとすべきだ。

◆採用の判断が悪いために会社が受ける損害は、いい判断から受ける利益を上回る。何よりも、悪い採用を避けたい。

第一の条件は、急速な変化のさなかにある会社なら、どこにでも存在する。もちろん、すべての会社や組織がそうだというのではない。結婚式場、外科医、タクシーの運転手、スターバックスのカウンター担当者を採用するために頭の体操を出しても、ほとんど意味はない。こうした人を採用する理由になる技能は、明日も立派な理由になるし、一〇年後もそうだろう。職能の変化が、社員の平均在職期間に比べて速くなったときに、それまでの面接技法が成り立たなくなる。

第二の、採用が下手だと代償が大きいという条件は、ほとんどの会社にも言える。いい社員を採用し損ねても、別のいい社員が来て、その位置を埋めてくれるだろう——その地位が、あまりよくない社員ですでに埋まっていないかぎり。どんな分野でも、能力のない社員を抱えておくのも、それをやめさせるのも、ひと苦労だ。

レドモンド式面接は、現実主義的に、マイナスの障壁と考えられている。ふさわしくない人を雇わないですむようにする方法であって、「天才」を見分ける方法ではない。この保守的な取り組み方は、下手な採用をした代償が大きい場合には、意味をなす。

今日の企業の多くでは、雇用はインターネット同様に中心がない。マイクロソフト流の同僚による面接は、組織構造が平坦な（ピラミッド構造ではなく、ホットケーキ構造になっている）会社ではしばしば用いられる。これは、雇用が専門でない人の肩に大きな責任を負わせてもいる。

面接の質問や進め方を評価するときには、何を求めているかを明瞭にすることが大事だ。ジョエル・スポルスキーは、「絶対的に情報量がないまま、その場に臨むことになる。時間もないので、たいした情報も得られない[127]」と言う。

最優先の目標は、使える情報を得ることにしなければならない。質問と、得られそうな答えは、採否の判断をする上で役に立つことを教えてくれるだろうか。面接する側には、わざわざそれを考える人は、ほとんどいない。

いいパズルこそいい面接問題だと考えている人もいる。これは必ずしも成り立たない。次の二つの例を見よう。いずれも面接試験で用いられるものだ。

?太陽は必ず東から出てくるでしょうか。

?マッチ棒が六本あります。それを使って四つの正三角形ができるように並べてください。（解答は三二一頁）

最初の問題は、「ひっかけ問題」だ。単純で、巧妙な解がある。それこそが問題だ。一度その巧妙な答えを聞いてしまえば、ずっとそれをおぼえておける。このクイズは、口コミ、本、インターネットを介して、何年も前から、広く流通している。志望者が、このパズルとその答えについて耳にする機会は、いくらでもある。志望者が前に聞いたことがあるかどうか、どうすればわかるだろう。もちろんわかりはしないし、考え方を口に出させたところで、とくに有益なことがわかるようなクイズでもない。

マッチ棒のパズルについても同じことが言える。こちらにはさらに問題がある。面接試験では、難しすぎて聞けないのだ。面接する側の目的は、必要な能力が高い専門的な仕事をさせるための、とても頭のいい人物を採用することなのに、どうしてそれが障害なのかと思う人もいるだろう。しかし面接は、スーパーIQをもった人を選ぶメンサ・クラブの問題ではない。何か値打ちのあることを教えてくれそうなことすべてを聞く時間はない。それを聞くことが何かの役に立つと言えるような時間内では、このパズルを解ける人が少なすぎるのだ。

　このマッチ棒問題は、パラダイム変動にかかっている。マッチ棒六本をテーブルに広げて、それを考えられる何通りもの並べ方で並べることになるという、もっともな想定をした場合には、論理的に、また手際よく続けてみても、問題は解けないし、そのパラダイムの可能性をつくせないこともありうる。やってみるべき可能性はたくさんあるので、必ずしも煮詰まったとは思わない（そうならないと、正解に必要なパラダイム変動が促されないではないか）。

　これがとくに成功したパズルと考えられるのは、解が単純で大胆だからだ。しかし、パズルが難しく、答えが単純となれば、志望者は、本当に面接のときに解いたというよりは、おぼえることによって「解いた」可能性の方が高い。それでこの問題は、面接には役に立たない。

　志望者に何か質問をする前に、自分で次の質問について考えてみよう。

◆この問題にいい答えを出すからという理由で、人を採用したくなるか。

◆この問題への答えがまずいからという理由で、人を不採用にしたくなるか。

二つのうち（少なくとも）一方への答えが「なる」にならないなら、その質問をする意味はない。志望者について何かは教えてくれるかもしれないが、その教えてくれることは、自分の判断のよりどころになる情報ではない。そのような質問をしている時間はないはずだ。

この章では、革新的な業界にある会社が、面接としてとるべき方法を提案する。競争の激しい業界で、必要な能力の高い仕事をさせるために、これから志望者を面接するものとしよう。しかも自分は一般の社員で、人事の専門家ではなく、その志望者が何回か受ける面接の一回を担当するものとする。質問の数が多かろうと少なかろうと、最後には、「採用」か「不採用」かの判断をしなければならない。依拠すべき情報の量を最大にするための指針を、以下にいくつか挙げる。

1　パズルの価値は、志望者の経験に反比例する。

アダム・デヴィッド・バーは、「大学生にはこの面接方法はスマートだ。彼らが『やったね。うまくできて、この面接で自分の資質を見せつけられた』と言えるような面接をするには、いい採用のくふうだ。経験がある人に対しては、パズルを問うのは、難しく、ある意味で不公平だ――『はい、じゃあ、オラクル社での一五年の経験のことは措いといて、あなたがマンホールの蓋が丸い理由を知っているかどうかで判断しましょう』ということだから」と言う。[128]

マイクロソフトは、上級の管理職のための面接をするときには、論理パズルは使わない。この事実は、他の会社が勝ち馬に乗ろうとして移植する際に、見失われることが多い。候補者にすでに実地の記録があるのなら、それについて話した方が、パズルを出すよりも情報は多く、適切に決まっている。

面接手法は、公平という評価を目指すべきだ。しかし、クリス・セルズは、志望者が面接の質問についてどれくらい公平と思うかは、「ひとつのこと――自分がどれだけそれにうまく答えられたか――に左右される」傾向があると言う。[129]「大学新卒者は、経験に関する質問は不公平だと考える。自分には経験がないからだ。その手の質問が大好きというのは、僕みたいな変わり者だ」。

面接パズルを使ういちばんそつのない理由のひとつは、頭がよくても、たいていは経験がほとんどない大学生の多くが、実際にこれらの質問の方を喜ぶというものだ。彼らは、従来の人事部的な質問（そんなものは無意味だと思っていることが多い）に答えようとして苦労するよりは、パズルで問題を解く能力を見せようとする（ある意味で、パズルを「重視」しているのだ）。こうした人に対して用いるなら、面接パズルはいいＰＲになる。実地経験を積んでいる志望者だと、パズル面接を屈辱的だと思うこともあり、いいＰＲにはならない可能性が高い。

2　面接計画を立てる。

採用の専門家は、「構造化面接」を推奨することが多い。これは、決まった質問の組み合わせを、決まった手順で出すようにするということだ。志望者全員に、同じ質問を同じように行なう。これはばらつきを最小限にしようとする試みだ。同じ質問に対して広い範囲の答えを聞いておいた方が、一人の志望者の答えは評価しやすい。

現実世界では、構造化面接にこだわるのはきつい。必要な能力が異なる別々の職について面接をすることもあるだろう。知りすぎているといけないので、ときどき、別のことを聞こうと思って、質問を変えたくなることもあるだろう。

それでも、実用的な範囲で首尾一貫させることには値打ちがある。本書の主題となっている「ひっかけ」問題以外のことも聞こうとするだろう。経験や目標に関する一般的な質問は入りそうだし、とくに仕事の技能を見る質問もあるだろう。面接では、すぐに気が散ってしまうので、前もって聞こうとする質問の一覧を用意しておくのがいい。

3　面接はIQテストではない。

頭の体操問題を、次々と、一時間の面接で五問も六問も出す面接もある。その根拠は、これが問題を解く能力の、ありのままの尺度だからだという。「バーバラは難問を三題解いた。エドは二題だ。バーバラを採用しよう」。

これは、IQテストの質問項目を少なくして、ただでさえ信頼性があやふやなのに、その程度の信頼性さえ得られなくしているようなものだ。一回の面接では、統計学的に妥当な標本を得られるほどの問題は出せない。まぐれ当たりや答えを知っていただけの人や、あがっていたためにできなかった人が出てくる可能性が大きすぎる。

関係する実践例が、「石に刺さった剣」〔石に刺さった剣を抜いた者が王になるというアーサー王伝説に出てくるエピソードによる」法である。難しいことがわかっているパズルを出したがる面接がある。実は志望者が解くことは期待していない。いつか、ある志望者がこの超難問パズルを解けば、即採用だ。この志望者は天才だからだ。

ここでも大事なのは、「判断の元になる情報」である。超難問パズルを解く人物は、確かに天才だ。ではその人物を、難問をひとつ解いたことだけを根拠に採用する気になれると、本当に確信しているか。パズルに重きを置くのはそう確信してからだ。それを言うなら、「天才」の方が、単に優秀な人よりも会社に貢献すると確信しているか。天才をおおいに信頼するのはそう確信してからだ。

こう見てくると、たいていの人は、ただパズルを解くだけで人を雇うわけではないことがわかるだろう。履歴書や、面接で話した他のことなど、いろいろなことを見る。要するに、「他の事がすべて」、実際上、やはり良さそうだと思えなければ、難しいパズルを解くという理由で人を雇ったりはしないのだ。そうだとすれば、どうしてパズルを出す必要があるのだろう。

パズルは何の役に立つのか（それが何かの役に立つとして）。答えは……

4　面接パズルは、下手な採用を防ぐためのフィルターである。

「石に刺さった剣」という考え方は、話が逆だ。面接パズルの本旨は、雇いたくない人の識別のためのはずだ。

いい面接パズルは、解けない人ははじく気になるほど易しいものの方がいい。それがおそらく、明快な正解をもつ問題の最適な難易度を記述する、最善の言い方だろう。多くの人が解けないが、「受け入れ可能な」志望者は、ほとんどすべてが正解を得られる、そういうパズルが求められる。このパズルが解けないということが、赤信号になるというわけだ。

反動もある。パズルへの人々の反応には個人差がある。パズルが解けなくて不必要にはねられる志望者の中にも、有能な人はいるものと思った方がいいだろう。忘れてはならないのは、不適当な人を採用するのを避けるためには、いい人を失うのもしかたがないというのが基本方針だったことだ。

面接技法一般にある弱点のひとつは、頭のいい人が通りやすいということだ。選考に気を配る企業は、頭のいい人を選び、その中にひどい社員がいることがわかって困ることになる。他の人同様、頭のいい人でもやる気に欠けることはあるのだ。

パズルにしても、設計問題にしても、「解けない」問題にしても、一種の小型プロジェクトである。知能的に察しがいいだけでは十分ではない。見通しを織り上げて、結論にもっていかなければならない。もちろん、パズルを解く方が、大企業で新製品を出荷するよりも易しい。まさにそのために、パズルや質問に答えられないというのは、赤信号となるはずなのだ。

フォグ・クリーク・ソフトウェア社の社長、マイケル・プライアーは、同社で採用された全員が、五人の海賊の問題に正しく答えたと言う。これは通常の基準からすれば難しいパズルである。しかしそれは、ロック・クライマーを訓練するための、練習用の壁のようなものだ。必要なところに「手がかり」がある。完全な答えに達するために、最初の「手がかり」に基づいて、一段階ずつ進める道がある。このパズルは、したがって、立派な洞察力のテストであるだけでなく、何ごとかをたどりきる気力のテストでもある。このパズルを解いても「天才」かどうかはわからない。この答えをうまく説明できれば、面接する側では、その志望者に会社でうまくやっていくのに必要な技能があると思えて、安心度が上がるということだ。逆に、この問題が解けないということは、その志望者をあえて雇う根拠を示すことが難しくなる。この質問を出すことで、会社の採用担当者が、安心して判断の基準にできる情報がもたらされるわけだ。

5　面接の質問は、自分にできる範囲でしか公正にはならない。

知能検査の歴史からよくわかるのは、試験を用意する側に悪意がなくても、実にあっさりと、その人には「見えない」、微妙な、あるいはそれほど微妙ではない、偏りのある質問を集めて、それが「公平」と思ってしまうことだ。従来型の面接の質問も同様に、あるいはそれ以上に偏っていなかったら、知能検査は偏っているから使わないと言われてもおかしくない。

面接する側としては、畏るべき責任が課せられている。面接は、自分にできる範囲でしか公平にはならない。誰もが自分の読んだ本や自分がしたテレビゲームをして育ったわけではない。自分が面接する才能のある人全員が、パズルの難解な約束事（「完全に論理的な存在」のふるまい方など）を「ゲット」していることを前提にはできない。基本的な規則を説明する態勢は整えておこう。自分とまったく同じ取り組み方をしないからといって、だめと見るのは避けよう。

公平さの問題は、「企業文化に溶け込める人を探す」という名分の下で、意図的に回避されることも多い。われわれは「ビル・クローン」（ビルの代わりに自分の会社の顔を入れること）を採用するのだ——あらゆるジェンダー、人種にそれを求めるのだから、公平の問題はかまわないだろう。

こんなふうに見よう。企業文化を狭く定義しようとすればするほど、求める職種に有能な人物は、その文化からはずれる可能性が高くなる。暇さえあればパズルをしているというのは、雇用のための前提条件を狭めすぎる元だ。志望者が、問題に語られていない前提を含めて質問を理解できるようにするのは、面接する側の責任だ。

6　志望者が前にこの問題のことを聞いたことがあるかないかは、（あまり）関係がないように、問題を選ぶ。

ウェッブ時代の今、面接問題を秘密にしておくことはできない。賢明な面接担当者は、応募者には、こちらが出す問題を、前もって知っている人が多いことを前提にしなければならない。志望者の中には、一〇年も前に友人からそのパズルのことを聞いている人もいるだろうし、面接の前の晩になって、ウェッブから引っ張り出してきた人もいるだろう。多く（ほとんど）は、自分でそのことを伝えてくるほど正直ではない。

バーは言う。「ただ答えが合っているか違っているかではなく、答えを聞いたことがあってもだめにならないような問題が求められる。コードを書くとはなどとえらそうなことを言うつもりはないが、コードを書くのは、画家になるようなものだ。画家を雇うのなら、見ている前で何かを描かせてもいいかもしれない。もちろん以前に描いたことがあるかもしれないが、それでも描かなければならない。それはごまかせない」[130]。

それはつまり、志望者が用いた推論を、こちらに説明できるような問題がほしいということだ。正解はひとつかもしれないが、そこにたどり着く道筋はいくつもあり、どうたどりついたかを言葉で説明する方法もいろいろあり、それが個人差になることが多い。志望者がある問題をどう処理するかに耳を傾ければ、本人の問題解決の個性について、多くのことがわかる。

ひっかけ問題は避けること。そもそも、ひっかけ問題には「罠」があり、罠はおぼえやすい。問題が巧妙な直観（先に触れた二例のように）にかかっている場合、その直観をどうやって得たか、言葉にして説明するのは難しいのがふつうだ。それはつまり、答えてもらっても、わかることはあまりないということだ。

いい戦略は、ばらつきを導入することだ。「ボーイング七四七に、ピンポン玉は何個入るでしょう」は、いい問題だ。ひと息入れて、とっぴな変種にどれだけたどりつけるか、確かめてみるといい。自分で考えた変種のひとつを質問すれば、元の問題を聞いたことがある人とない人とで、舞台を均一にする役に立つだろう。

多くの論理パズルは、数などの細部を変更してもいいようになっている（変えても、妥当な難易度の水準は満たすよう、気をつけよう）。「五人の海賊」パズルがいい問題なのは、海賊や金貨の数を好きなように変えられるからだ。四人の海賊が八三個の金貨を分けるとしてもいい。推論は元の問題と同様だが（それに確かに、見たことのある人は有利になるが）、「正解」はまったく違う。それで、この問題の概念を本当に「ゲット」している人と、ただ答えを覚えただけの人とを識別する助けにはなる。言葉による実演は、ごまかしにくい。

7　第一印象を疑う。

「第一印象」を大事にすべき職種はある。販売担当者は、一日中、人に会うことになる。いい第一印象を与える魅力、外見、しぐさの組み合わせがどうであれ、それは採否の決定の正当な因子だ。他のたいていの職種では、第一印象はそれほど重要ではない。小部屋に座ってコードを書こうかという人については、第一印象はどうでもいいかもしれない。

薬物濫用者が助けを得られるようになるには、自分の問題を認めなければならないように、面接担当者は、自分の「第一印象」問題を認識すべきだろう。実際、面接担当者が、無意識のうちに、面接の最初の何秒かで判断をしていることは多いようで、そのうえで、答えを自分の好きなように解釈できる、漠然とした質問をしてしまう。

大事なことは、第一印象に待ったをかける答えが出そうな質問をすることだ。多くの職種について、論理パズルはそのひとつの方法となる。また、志望者の第一印象を、必ず頭にメモしておくのもいいだろう。面接が終わったとき、自分の見解を第一印象と比べてみよう。同じなら、なぜ同じになるか、必ず理由を明確にすること。志望者についての見解が変化していれば、やはりなぜそうなるか、確かめよう。

8　「正解のない質問」は避ける。

「緑色を定義してください」、「今、宇宙船が表に着陸したら、それに乗り込んで、どこへ連れて行ってほしいと言うでしょう」といった質問は、パーティーでの座興にはいいかもしれないが、受けないかもしれない。面接試験のときに時間をかけて聞くことではないのは確かだ。こうした質問の意図は、一見すると、「創造性」を量ることだ。ただ、そうなるかどうかはわからない。創造力のある人は、こうした質問を、単にばかばかしいと思うだけのことが多いだろう。さらに悪いことに、そうした質問への答えを「等級」づける方法を、実は誰も知らない。面接担当者に、第一印象で決めていいと言っているようなもので、それでは面接の目的は台無しになる。

9　「ストレス面接」はしない。

ストレス面接は、職種にいちばんふさわしい人物を識別するにはほとんど役立たない、未熟な駆け引きだ。答えから何かを得られるとすれば、志望者は、考えたことを自由に言葉にできる程度に落ち着いていなければならない。志望者が綱渡りしなければならないような状況では、それが成り立たない。あからさまに世間話を避けるやり方も含まれる。「自己紹介だけすればよく、他のことはすべて想定外のことです」――これでは、「私の時間は貴重なので、採用されようとされまいと、こちらの自己紹介までることはない」と言っているようなものだ。会社に入りたいと思う志望者がほしいのだということを、忘れないようにしよう。

ストレス面接の根拠と見えるもの——「仕事にはストレスはつきものだから、志望者がこの面接の中でストレスにどう対処するかを見よう」——は、あやしい。ストレス面接で生み出される「ストレス」は、人為的なものだ。志望者がベストの状態にあるときのことを見る方が、情報としては役に立つ。採用されれば、その志望者はたいてい、面接試験のときよりは、ストレスのかからない状況で仕事をすることになる。

10　成績評価を申し送りしない。

面接担当者に、面接試験が進行している間に電子メールで連絡をとらせるのは、結果を歪める。調査対象者が答える前に、現時点の比率が教えられるような世論調査が行なわれているとは、誰も思わない。それを面接試験でする理由はない。

評価は、人事部、あるいは面接を担当していない、何らかの中立の部署に送るべきだろう。全員が評価を送ってしまうまでは、面接担当者が他の人の評価を見ることができないようにすべきだ。

11　騙すのは避ける。該当者面接についてのよくある「儀礼的な嘘」であっても。

採用は信頼関係だ。この関係が嘘から始まるのは、いかにもまずい。会社は、志望者が自分について真実を語ることを希望する。その代わり、会社も、面接のときに志望者を騙すことを習慣にすべきではない。ありもしない交通渋滞を持ち出すのは、この会社は誠実とか礼儀にはおかまいなしだというメッセージを送るようなものだ。

騙す必要はない。それは、自分が落とされそうだと思うと、誰もがキレるんじゃないかという不安の上に立っている。そんな極端な事態は、構内警備の問題ではあっても、人事の問題ではない。面接は五回あると言っておいて、そのうち二回が中止になったことの言い訳をするよりも、面接のために一日空けておくよう言った上で、実際の面接の回数は変動することがあると言っておくべきだろう。

要するに、面接が終わったときに、いいようにあしらわれた、待遇が悪かった、騙されたとは思わないようにすべきだ。相手が結局、自分のいる会社に勤めることになろうとなるまいと、それは大事なことだ。

パラダイムとパズル

ルイス・ターマンの時代には、社員の能力は単純な問題だった。要するに知能であり、汎用的で一枚岩のものだった。ビル・ゲイツのような人々は、時として心配になるほど似たようなことを言うが、この知能を評価する営みは、今日では違っている。面接で用いられる、しばしば古びてさえいる論理パズルが長つづきするのは、それを構成している物語のおかげだ。今日われわれは、これらのパズルが意味することや、それが人間について教えてくれそうなことに関して、新しい層の説話を加えている。

ソフトウェア産業そのものが、広い範囲で、その新しい視点の張本人になっている。ことわざにもあるように、金槌を手にした人は、あらゆる問題を釘と思うのだ。現代の最大の金槌は、アルゴリズムである。

アルゴリズムと呼ばれる問題を解く方法は、もちろん、論理の極致だ。アルゴリズムを製造するという見方をすると、それを考案するアルゴリズムは、当のアルゴリズムよりも、はるかに神秘的になり、一見して「論理的」とは見えなくなる。アルゴリズムをどう考えつくかは、ひとつの謎だ。

同じ二分法は、パズルにも明らかだ。「論理パズル」の答えは論理的なのはわかる。ところが、どうやってその答えに達するかとなると、これまた論理とは別物になる。試行錯誤、本能であり、逆に本能が間違ったところへ連れて行くときは（パズルでは、そうなることが多い）、それに従わないことの学習である。パズルを解くときのメタ論理は、その答えの論理よりも、ずっと複合的なものだ。

パズルも、プログラミングも、クリステンセンの破壊的テクノロジーも、クーンのパラダイム変動も、選言の心理学的研究も、いまだささやかなＡＩの進歩も、すべて共通の要素がある。論理的な試みと見えるところで、論理が通用しないということだ。これらの様々なアイデアや分野（パズル以外は、知能検査を考えた最初の世代の人々には、知られていなかった）からすれば、論理や知能も、連れて行ってくれるのはそこまでと思われる。

われわれは今、ソフトウェアの世界に暮らしていて、ハードウェアの世界ではない。変化は速くなり、すぐに普及する。大事な資産は人間に関するものだ。そのため採用は、交換可能な働き蜂‐雄蜂のチームを管理する、わずかな幹部候補を見つけるという問題ではなくなった。『フォーチュン』五〇〇社では、起業家精神が優勢だ。生き残りは、すべての持ち場を、いちばん才能のある、頭の回転の速い人で埋めることにかかっている——企業はそう思っている。

パズル面接は、この不確実性（絶望？）の風土の、いちばん見やすい反映だ。雇用する側は、今、言葉にならないものを探している。それはまさに、知能ではない。自信とやる気がそこに入る。不確実性を受け入れ、前提を疑い、事業を完成に導く能力と言えばいいだろうか。批判的な判断という強い要素もある。「前提を疑う」とは、どの前提を、いつ疑うか、そのこつがわかっていなければ、ＩＢＭの「考えよ《シンク》」という合言葉と同様、陳腐な言い回しだ。才能のある人が、そういうことをかくもうまくやれる事情を、実は誰もわかっていない。われわれには、まだしばらくは、間に合わせの評価法しかない。「これから行く先は枝分かれしています。でも、本当のことしか言わなかったり、嘘しか言わなかったりして方向を教えてくれるような、助けになる人はひとりもいません。さて、自分の進路をどう見つけますか？」。

解答編

論理パズルや数学パズルで正解を確かめるのは、比較的に簡単なことだが、「正解のない」問題に対して、意図されている答えや最適の答えを当てるのは、少々厄介だ。こちらについては、面接する側、される側、双方からの話を利用した。「ぼんやりした」問題への答えに対する面接する側の評価は、主観的で、しばしば独断でもあることに気をつけておこう。塩の瓶を試用する「正しい」方法は、その質問をする本人の頭にある、お気に入りの考え方になりがちだ。

解答を出すにあたって、私はふだん以上に、背後にある理屈に注意を払った。面接試験の目的にとっては、理屈こそが「答え」なのだ。

?ロシアン・ルーレットをやってみましょう〔二〇頁〕。

弾倉を回すという選択肢の方が、計算はしやすい。六発入りの弾倉に二発入っている、あるいはもっと考えやすくすると、六発分のうち四発分は空だ。弾倉を回せば、振り出しに戻って、セーフの可能性は、$\frac{4}{6}$、つまり$\frac{2}{3}$になる。

回さない場合についてはこう見よう。四発分の部分は連続している。その一つにあたったから、今、命が助かった。その四発分のうち、三発分は、「隣」も空だ。残った一か所は、二発続く弾の前にある。つまり、弾倉を回さなかった場合、隣も空である可能性は$\frac{3}{4}$ということだ。$\frac{3}{4}$は$\frac{2}{3}$よりも率はいいので、弾倉は回さない方がいい。

?秤を使わないでジェット機の重さを量るとしたら、どうしますか〔以下、断りがあるまで4章〕。

ボーイング社のウェッブサイトで、製品仕様を調べればいいのではないかと言う志望者もいる。面接担当者はこの答えを一蹴し（インターネットは使えない!?!）、志望者はがっくりする。このパズルの古い形では、秤を使わないで象の重さを量るよう求めている。象もジェット機も、扱いやすいように切り分けてはいけない。

意図されている答えは、ジェット機を地上走行させるか飛ばすかして、空母でも、フェリーでも、それが乗るだけの大きさの船に乗せる。船体に、そのときの水面の高さを示す印をつける。それからジェット機を移せば、船が少し浮き上がる。

今度は、重さのわかっている品物（一〇〇キロの綿でも何でも）を船に乗せ、船が沈んで船体につけた印とちょうど同じ高さになるまで続ける。乗せた品物の総重量が、ジェット機の重さだ。

手作業より数学がいいというなら、二つの水位の違いから水の体積を計算し、それに水の密度をかけてもいい。それでもジェット機の重さはわかる。

?マンホールの蓋が四角ではなく丸いのはなぜでしょう。

面接する側が最善と考える解答は——四角いと蓋が穴に落ちてしまい、人にけがをさせたり、水中に沈んで行方不明になる可能性があるから。これは、正方形の対角線は、一辺の$\sqrt{2}$倍(1.414...倍)だからだ。正方形の蓋を、穴に対して垂直に近い角度で持ち、少し向きを変えれば、蓋は簡単に穴に落ちてしまう。逆に円の場合は、どの方向でも直径は同じだ。蓋の下側は少し穴が小さくなって落ちないようになっているので、穴の直径は蓋の直径よりわずかに短い。だから、蓋をどう持っても、丸い蓋は落ちない。

少々ふざけた答えは(この問題はわざわざ別解を考えるほどのものではないが)、「穴が丸いから」だ。ひょっとすると、それほどふざけてもいないかもしれない。穴が丸いのは、その方が四角い穴よりも掘りやすいからだと言うことはできるだろう。

丸い蓋なら、少し移動させなければならないとき、転がせるからだというのもある。四角い蓋では、台車を使うか、二人がかりで運ぶかしなければならない。もっとささやかながら、丸い蓋なら、蓋をするときに向きを合わせなくてもいいという理由もある。

この問題は、おそらくマイクロソフトの問題でいちばん有名なものだ――あまりに知られすぎたので、当のマイクロソフトが使うのをやめたほどだ。[131] 雑誌は、マイクロソフトの面接問題がどれほど変わっているかを示す例として、この問題を取り上げていた。「志望者は、会社のロビーに姿を見せると、『だから穴に落ちないんだよ』と、何も聞かれない前から、大声で話していた」と、アダム・デヴィッド・バーは言っている。[132]

この問題が、マーティン・ガードナーが担当する『サイエンティフィック・アメリカン』誌のパズル欄に出たとき、ブルックリンのジョン・ブッシュという人物から返事が来て、電力会社のコンソリデイティッド・エジソン社のマンホールの蓋は正方形だと言ってきた。ブッシュは、爆発事故があって、この四角いマンホールの蓋が飛ばされ、蓋は後に、当然、マンホールの底から見つかったという。[133]

二〇〇〇年には、作家でナショナル・パブリックラジオのアナウンサーもしているアンドレイ・コドレスクが、マイクロソフトで講演をした。質疑応答のときに、ある人が、「マンホールの蓋はなぜ丸いんでしょう」と聞いた。コドレスクは答えた。「簡単なことです。戦いのときには、丸い盾の方が、四角い盾よりもいいんです。円は無限の象徴でもあります。だから教会の天井は丸いんですね。『天地照《アズアバヴ・アズビ》応《ロウ》』というわけで、歩く人が、自分は神の世界にいると思えるんです[134]」。

?鏡が上下でなく左右を逆転させるのはなぜでしょう。

はじめてこの問題を考え始めるときは、学校で習ったありとあらゆることから切り離されたような感じがするかもしれない。算数も、物理も、心理学も使えない。通常言われる意味での論理パズルでもない。

大筋で言えば、人気が高い答えは、次の二つだ。

(a) 鏡が左右を逆転することを否定する

(b) 鏡は上下を逆転できる（たとえば、鏡が床や天井にある場合など）と主張する

(a)から始めよう。新聞の一面を鏡に向けて持つと、映った像は逆転していて、なかなか読めない。透明なビニールのシートに文が横書きに書かれているとしよう。シートを裏返しにして鏡に押し当てると、シートの裏から見える文は、鏡に映っている像と、ぴったり合致することがわかる。鏡は像を、シートの下で「めくって」いるわけではない。

このことは、鏡に向かって矢印を持ってみると、さらに明らかになる。矢印を水平に持ち、矢印が左を指すようにしてみよう。矢印の像は、やはり左を指している。何も逆にはなっていない。矢印が右を指すようにすれば、映った矢印も右を指している。

これは、矢印に関するかぎり、妥当な論点だ。ただ、誰もが思い浮かべる逆転とは違っているにしても、何かのいわゆる逆転が生じていることも、わかっている。面接担当者は、「そうですね。でも、逆転していないのなら、どうして鏡に映った新聞を読むことができないんですか。透明なビニールのシートの横書きの文が裏返ったものを読もうとしたら、上下方向ではなく、左右方向にめくらないといけな

いのはなぜでしょう」と、反問することだろう。

答え(b)は、逆の方針をとる。鏡はあらゆる方向を逆転するのだ。鏡が床にあるときは、自分では「上」を指しているつもりでも、鏡は上下を逆転する。北北東に向いた鏡は、北北東と南南西を逆転する。左を向いた鏡は左右を逆転する。「優先される」向きはない。鏡の物理学は、鏡に左右を逆転せよとは命じていない。

すると面接担当者は、おそらく、なぜみんな、鏡は左右を逆転するという、おなじみの誤解をしているんでしょうと聞いてくるだろう。すべて、文化や建築・内装の設計上の慣習のせいにして論じてもいいかもしれない。鏡はどこにでも置かれるものではない。たいていは、直線で構成される部屋の、鉛直方向の壁にかけられる。したがって、たいていの場合は水平方向（南北あるいは東西）を逆転することになり、鉛直方向（上下）は逆転しない。この水平方向の逆転が、習慣上、左右の逆転と言われる。その方が、ある鏡は南北を逆転すると言うよりも、わかりやすい。南北は地理学的に絶対で、鏡の逆転には、絶対のものはないからだ。すべて鏡が向いている方向によることだ。

(b)の説明は、少しいい点がつくが、それでも大事な論点を回避している。ラスヴェガスのホテルの、天井に鏡のついたスイート・ルームでも――イヌイットのイグルー、モンゴルのパオ、縁日の鏡の館でも、考えられる型破りな、あるいは非西洋的環境でも――鏡に映った新聞は読めない。鏡が「左右」を逆転してしまっているからだ。なぜだろう。

ふつうの鏡に戻ろう。鏡は、実際にはどの方向を逆転するのか。今度は言葉に注意して、鏡が逆転する方向を記述する、最善の、いちばん一般的な方法が何か、決めてみよう。

説明(a)は、鏡が（必ずしも）左右を逆転しないと言っている点では正しい。左右を逆転していたら、かえって妙なことになるだろう。「右」や「左」は、観察する人の体に対して決まるものだ。ただのガラスの板が、誰かが自分を見ていて、それがどの方向からか、どうしてわかるのか。首尾一貫して左右を逆転するためには、そのことを「知って」いなければならないだろう。

鏡の逆転の方向は、当の鏡が空間の中でどちらを向いているかによって決まると考えた方が、ずっと真実味があり、また正しい。これが説明(b)のねらいだ。鏡はどの方向にも向けられ、したがって、どの方向でも逆転させるようにすることができる。

これはどういう仕掛になっているのか。矢印実験は、鏡の面に平行な矢印はまったく逆転されないことを示している。鏡に映った矢印が、元の矢印と違う方向を指すような向きはあるだろうか。ある。矢印を、まっすぐ鏡の方へ（自分から向こう側へ）向けるのだ。映った矢印は、反対の、鏡の外に向かう（向こうからこちらの）方向を指している。逆に、矢印を自分へ、つまり鏡とは逆の方向に向ければ、映った矢印は、こちらから向こう、鏡の「奥」を指すことになる。

鏡がしていることを、言葉をつくして、それでも正確に記述すれば、鏡は、鏡の内側方向と鏡の外側方向とを逆転するのだと言えるだろう。鏡を覗き込んだときに、自分の前、鏡のガラスの向こうにあるように見えるものが、実は自分の後ろにある。左右のような、鏡の面に平行な方向は、逆転されない。

このことはあたりまえすぎて、われわれはたいてい、そのことを無視している。たいていの場合、鏡の像を、鏡の向こうの鏡の世界のようには認識していない。自分が見ているのは、自分が今いる部屋の、自分の顔だということを、よく知っている。脳は、鏡の内側方向と外側方向の逆転はふるいにかけてしまい、鏡の逆転した像を、実際の世界だと解釈するのだ。

この、通常は役に立つ嘘が成り立たないのは、一定の非対称の対象や作用に関してだけだ。ねじ、かたつむりの殻、結び目、はさみは、他の点ではまったく同一な二通りのうち一方のみで存在しうる。そういう非対称的な対象の中でいちばんおなじみのものが、われわれの手だ。右手はあらゆる点で左手に似ているが、まったく違ってもいる。

右手と左手は、お互いの「鏡像」だ。指の先を合わせてみよう。間に目に見えないガラスでもあるように。右手がガラスの内側と外側について逆転され、それが左手になっているように見える。

そこに大きな混乱が生じる。英語も含め、多くの言語で、非対称的な対象の二つの鏡像関係にある形は、「右きき」と「左きき」と表す言い回しがある。これは言葉のあやだ。向きとしての右左とは何の関係もない。ねじの二通りの形を、AとBとか、プラスとマイナスとか、正と逆と呼ぶこともできる。

鏡の逆転から出てくるひとつの結果は、これら非対称の物体のどれを映しても、その物体の「反対」の形になることだ。当然、脳はこの違いをふるいにかけることがあまり得意ではない。たいていの文章は非対称の度合いが強いので、その鏡像は異様で読めない。はさみを使うといった非対称の動作は、鏡に映った像について行なおうとすると、いやになるほど難しい。

また、この難しさを言葉にするのにも苦労する。慎重に話そうとすれば、鏡は、非対称のものの、いわゆる右ききか左ききかを逆転すると言えるかもしれない。それはたいてい短縮されて、鏡は「左右を逆転する」と言われる——実際には別のことで、また実際にはまったくの誤りだ。われわれはみな、耳にしたことの多くを、よく考えもしないで受け入れ、人に伝えているものだ。

てっとりばやく言えばこうなる。鏡は必ずしも左右あるいは上下を逆転しない。鏡の奥側と外側とを逆転する。これは、非対称なもののいわゆるきき手を変え、その結果、右手が左手になったように見え、鏡に映った文章は読めなくなる。

この問題に答えるには、パラダイム変動を必要とする。鏡が左右を逆転する理由を聞かれているが、実際にはそうではない。面接を受ける人の多くは、この苦境から這い上がってこない。この質問は、「上司」からのものであっても、前提を疑う気があるかどうかを試している。

マーティン・ガードナーは、一九五〇年代にこの問題を取り上げており、これを論理パズルにしたてたのは、おそらくガードナーだと言っていいだろう。一冊の本にもして、この問題とその幅の広い含みを論じている（『自然界における左と右』〔坪井忠治ほか訳、紀伊國屋書店〕）[135]。

？車のドアの鍵を開けるには、鍵はどちらに回るのがいいでしょう。

禅の公案は、世界を二進法的に区別するのを無効にするために、不条理なジレンマを立てる。犬にも仏性はあるか。竹篦《しっぺい》〔禅師がもつ、鞭のようなもの〕を竹篦と呼ぶか呼ばないか。マクロソフトが出す車の鍵の謎は、それと似たところがある。

面接を受ける人々の間では、ある考え方が一派をなしている。左に回すか右に回すかの問題ではなく、実は、ＡかＢかの判断にこだわらないで、それが根本的に意味がないようにできるかどうかの問題だという（無意味な判断は、ソフトウェア産業にはつきものでもある。就職すれば、会議に出かけ、自分の意味のない判断について説明をしなければならなくなる）。

実際には、好まれる答えがある。以下が理由だ。右手を出して、鍵を回すまねをしてみよう（必要なら、右ききの人ということにする）。手は握って、掌側が下になり、頭の中の鍵が、親指と人差し指の、指紋のある側にはさまれている。

手を時計回りに、それ以上回らなくなるまで回してみよう。おそらく一八〇度は、簡単に回転できるだろう。今度は掌側が上になっている。

今度は反時計回りに回してみよう。九〇度でもきつい。回転できる限界あたりでは、力が入らなくなる。

手と手首と腕のつくりのせいで、右ききの人は鍵を時計回り（鍵の頭から見て右回り）に回す方が易しくなる。左ききの人にとっては逆だ。ただ、左ききの人は少ないので、どちらでも同じとは言えない。その前提で、鍵をどちらに回すのがいいかを言うことにする。

これで答えになりそうだ。そうだろうか。長い目で見れば、ドアのロックはかけるのも、開けるのも、同じ回数ある。そのうちの一方の動作が「易しく」なっても、反対側の動作は「やりにくい」ことになる。どちらになるかは、五分と五分だ。どちらか一方へ傾きかけたのに、それがするりと逃げ出してしまう。

マイクロソフトの面接担当者は、一貫して、ドアのロックを「開ける」ことについて聞いている。私に言える範囲では、ロックを「かける」ためにどちら向きに回すべきかとは聞いていない。たいていの人にとって時計回りに鍵を回す方が易しいとして、その回しやすい方向に回してロックを解除することにすればいい理由は、いくつもあるだろう。

◆慣れていない車を前にしたときには、おそらく、まず自然な動きをしようとする。最多数派にとっては、それは時計回りだ。たいていの人が最初に試すことが正解になるようにした方が、ユーザーには親切だ。

◆誰もいない車は、ふつうロックがかかっている。初乗りはたいてい、車のロックを解除することから始まる。最初の開ける動作が「易しく」なるようにするのが、車をより魅力的にする、さりげない方法だ。ソフトウェアを設計する人なら、プログラムや機能を、できるだけ速くロードすることの重要性はよく知っている。最初がぎこちないと、プログラムや機能が使われなくなるものだ。

◆リモコンのロックなら、鍵を回すのは、電池が切れるか、電気系統が故障した場合だけだ。おそらく多くの人は、鍵をどちらに回せばいいか忘れてしまうくらい、あまり鍵は使わないだろう。その場合、最初に挙げた理由があてはまる——最初にすることが正しくなるようにするのがいい。電池が切れたことがわかるのは、ドアを開けて車に乗ろうとするときのことがいちばん多い——車に乗るとき、とくに問題があるときに、やりやすい方の動作にする方がいい。

◆車に乗ることがきわめて大事な、生命にかかわる状況もある。山中で吹雪に遭ったとき、車に乗れば命が助かるかもしれない。鉤爪をつけた殺人鬼が後ろに迫っていれば、車に乗り込む必要がある。

ロックがかかり、けがや関節炎で、キーがなかなか回せない人もいる。人の生命が車のドアを開けることにかかっているのに、かろうじてキーを回せるだけの力しか残っていないという場面も想像できる。ロックの構造が、回しやすい方向に回せばいいようになっていてほしいのは、そういう場合だ。逆に、外からロックするのは（鍵が必要になるのは車外にいるときだけ）、ただ財産を守るということにすぎない。

これらの理由のいずれも、これしかないというものではない。無理やりこじつけた話か、どうでもいい装飾か、いずれかだ。丸い桶のどこから水をくみ出そうと同じように、時計回りか反時計回りか、いずれかがいいとする有無を言わせない理由がない場合には、ささいな理由が問題を決めることもある。実際には、たいていの左ハンドル車のドアは、運転席側では、時計回りに回すとロックが解除されるようになっている。助手席側では、たいていは、反時計回りにまわすとロックが解除される。[136]言い換えると、左ハンドルの車では、鍵の頭を、ドアの取手をはさんで狭い方の側に向かって回せば、ロックが解除されるということだ。これは家のドアのロックでも、たいていあてはまる（向かって右側に取手がある場合）。ほとんどの人は、なぜということもなく、無意識にこの慣習を学習している。これも、初めての車のドアを開けるとき、まず時計回りをやってみるのが分があると思う理由だ。

要するに、慣習も人間工学も、キーは時計回りに（右回りに）回せば、運転席側のドアはロックが解除されるはずだと言っている。マイクロソフトの人々は人間工学に熱心だ。単一の基準にみんなを従わせるのには、もっと熱心だ。

?ホテルでお湯の栓をひねると、すぐにお湯が出てくるのはなぜでしょう。

家庭ではたいてい、給湯装置はお湯の栓から何メートルも離れたところにある。もちろん、湯のパイプそのものが温められているわけではない。水が流れていないときは、パイプ中の水の温度は、周囲の温度まで下がる。お湯の栓をひねっても、パイプにたまっている冷えた水を押し流してやらないと、お湯は出てこない。

瞬時にお湯が出るようにする方法について、ブレーンストーミングすることは可能だ。栓ごとに、栓になるべく近いところに小型温水器をつけてもいい。お湯のパイプを温める装置をつけてもいい。面接でもこれは認められる(ただし正解ではない)。

本当の答えはこうだ。ホテルや一部の家庭には、温水循環装置がある。ポンプがあって、「逆向き」に流れる追加のパイプにつながっている。このパイプは、給湯器からいちばん遠いところにあるお湯の栓から出て、給湯器に戻ってくる。ポンプは、お湯がお湯用パイプの中で、ゆっくり循環するようにし、パイプ中のお湯が冷えてしまわないようにしている。栓をひねったときに、パイプ中の水は温まっているというわけだ。

この装置が、先の二つの誤答例と比べてすぐれているのは、改修しやすいということだ。「逆行」パイプは、それほど容量はなくていい。それはたいてい、細い、曲げやすいプラスチック管で、最小限の配管工事で追加できる。

？M&Mチョコレートはどうやって作りますか。

問題の要点は、袋が開けられるまで人の手が触れることのない、大量生産でできたチョコレートの上に、いかに見事につるつるの砂糖の層をかぶせるかということだ。チョコレートを、溶けた砂糖に浸してから固めるのはうまくいかないようだ。できた粒を、固まるまでどこかに置いておかなければならない。そうすると、粒の下側が平らになってしまい、手で浸したチョコレートと同じになる。巧みな（でも間違いの）答え——「熱く煮え立ったチョコレートの層があって、ピーナッツを凍らせておき、それを撃ち出してチョコレートの層をくぐらせる。すると瞬間的にチョコレートの層が凍りつき、落ちるまでには固まっている。[137]

製造元のマーズ社が用いている実際の方法は、巧妙かつ単純だ。残念ながら、推測は難しく、キャンディー雑学専門家が求められているわけでもない。プレーンのM&Mチョコレートの中心は、小さな型に入れられる。できた回転楕円体のチョコレートが、セメントのミキサーのような、大きな回転するドラムに入れられる。ドラムでがらがら回っている間に、溶かした砂糖の霧を噴霧され、それが固まって白い砂糖の殻ができる。ずっと動いているので、砂糖が一か所に偏って固まることはない。でこぼこも均してくれる。考え方としては、回転するドラムは、宝石を磨くときに使われるドラムみたいなものだ。

砂糖の層は、今度は色つきの砂糖液をくぐらされ、それが固まれば、白い殻の上の、色つきのコーティングになる。

人間の手を借りずに、小さなmの文字をプリントする方法も謎だ。mは必ず、どちらかの丸い面の中心にある。それはつまり、粒が刻印用の型と向きがそろっていなければならないということだ。これを実現するには、無数の小さなM&Mの形をした窪みのついたベルトコンベアに送り込む。それぞれの粒が窪みにはまる。それから粒は、白い食用インクのmの文字がついた、並んだゴムのスタンプで、そっと文字を入れられる。

これは、マイクロソフトの問題のうち、それが生まれた場所と時期をつきとめられた、数少ない問題の一つだ。エクセルのチームにいたジョエル・スポルスキーが、一九九〇年頃にそれを考えた。「おぼえていることと言えば、マイクロソフトで他の何人かのプログラム・マネジャーと、馬鹿話をしていたことかな。『どんな問題を使う?』という話になって、『僕はM&Mのことを考えていて、M&Mの問題を使おうと思う』と言ったら、みんなが『それはだめだ。見抜くべきことが難しすぎる。チョコレートのことも知ってなきゃ』と言った」という。

スポルスキーは、この問題はほんの何回か使っただけだと言っている。今は他にいい問題があると思っているが、マンホール問題と同じく、広く報じられており、他の会社でも使われているらしい。「正解」を知っている必要はないというのは嘘ではない。スポルスキーは、M&Mの作り方は知らなかったことを認めている。答えを判定するのに、それを知っている必要はなかった。これらの問題はたいていそうだが、目的は、志望者が相応の説得力があることを言えるかどうか——あるいはまた、馬鹿なことを言わずにすむかを見ることだ。

?ボートに乗って、トランクを船外に放ると、水位は上がるでしょうか、下がるでしょうか。

水中の物体はそれ自身の重さと同じ重さの水を押しのけるという規則を知っていれば、この問題は易しい。そこに落とし穴もある。おそらく、マイクロソフトで面接を受けて、技術系の教育を受けた人なら、たいていは、そんな規則のことを聞いたことはあるだろう。どれだけはっきりと覚えているかとなると、ぐらつく人がほとんどだ（ええっと、物体が押しのけるのは、重さだっけ、体積だっけ）。プログラムのコードを書くときに使う規則ではない。

今度は、自分で考えられる、ほとんど数学は必要ない求め方だ。まず基本事項から。浮いているボートから、重いものを投げ出せば、必ずボートは軽くなる。したがって、浮き上がる。

残念ながら、この問題が聞いているのはそのことではない。問題は、水位（何らかの基準面から計った水面の高さ）が上昇するかどうかだ。

通常は、ボートを浮かべられるほど水があるところでは、水位を気にしたりはしない。トランクをボートの外に放り出しても、湖や海の水位は目に見えるほど変化しない。問題が言っているのは、原理的に見た場合の水位の変化である。

水位が変わる元になるのは、水面下にある物体の体積が変化することだけだ。それを表す専門用語が排水量である。おもちゃの船を風呂に浮かべることを考えよう。水面下の船体は、一定の体積の水を占め、したがって、水には占められていない。その体積が、船の排水量と呼ばれる。水面の線より下にあるのは、船全体の体積ではなく、その一部の体積だけだ。

風呂の水位は、おもちゃの船や、ゴムのあひるなど、そこに浮かんでいたり沈んでいたりする、いろいろなものの全排水量で決まる。おもちゃの船を加えれば、排水量は増える。押しのけられた水はどこかへ行かざるをえず、それが水位を上げる。船を取り出せば、排水量が減り、水位は下がる。

これは湖や海にもあてはまる。湖や海の形が不規則なため、その効果を目に見える形にするのは難しく、できたとしても、海の水位変化はごくわずかになるだけのことだ。


問題はこうなる。トランクを船外に放り出すと、排水量はどう変化するかだ。トランクを船外に出せば、船が軽くなることはわかる。それによって、船体は水に対して、少し浮き上がり、船の排水量を減らす。しかしトランクが水中に落ちれば、それがまた排水する。その差し引きの総量は、プラスか、マイナスか、ゼロか。

それに答えるためには、排水量と重さの関係をはっきりさせる必要がある。以下は、そのための「頭の中の物理学」実験だ。

膨らませたビーチボールが風呂に浮いているところを考えよう。ビーチボールはふつう、たいして重くない。ほとんどが空気で、あとは薄いビニールだ。頭の中のイメージでは、それはほとんど水面上に浮いていて、ほとんど水を押しのけていない——はずだ。つまり、重さがゼロに近いということは、排水量もゼロに近いということだ。

今度は、五キロの重さの煉瓦をビーチボールの中に無理やり押し込んだとしよう。重くなった分、水中にある部分が増え、排水量も増える。重さが五キロということは――まあ、わからないけれど、ゼロよりは大きな排水量があるということだ。

さらにまた、五キロの水を入れたビーチボールを考えよう。これまた水中にある部分は大きくなる。頭の中での物理学シミュレーションとはいえ、ボールが、中の水位が外の水面とほぼ同じ高さになるまで沈むくらいのことは言えるだろう（ビーチボールが無限に薄く、無限に強いナノテク・ビニールでできていたら、内と外の水位は同じになる。ボールは水面と交わる泡になるだろう）。

それが意味することは、五キロの水は、五キロの水を押しのけるということだ。何も五キロに限ることはない。一二キロだろうが二〇〇グラムだろうが、好きな量をボールに入れることができる。ビーチボールは、その分の水を押しのけ、内外の水位は同じになる。

ビーチボールの形も関係ない。馬の頭がついた、輪が膨らんだものでもいい。輪の中に五キロの水を入れれば、やはり沈んで五キロ分の水を押しのける。あるいはボートの形でも――トランクの形でも――いい。これといった違いはない。肝心なのは、内部にある水の重さだけだ。

ビーチボールに戻ろう。五キロの水が入ったものと、五キロの煉瓦が入ったものがある。両者の排水量に違いはあるだろうか。「ない」が答えであることには、おそらく同意してもらえるだろう。擬人的な表現をさせてもらえば、重力の女神は盲目で、こちらに入っているのは煉瓦で、あちらに入っているのは水だとはわからない。ある形をした、ある対象の内側に、五キロのものがあることを感じるだけで、浮き方を決めるのはそれだけだ。

結論――浮いている物体については、排水量は重さで決まる、以上。まだはっきりしていないといけないので、別の頭の中での実験をしてみよう。ボートのような形をしていて、膨らますことができる、プールで使うおもちゃがあって、やはり五キロの水が入っているとしよう。ボートから水を一キロ抜いて、別の、トランクの形をしたおもちゃに移してみる。排水量は、この移動の前には五キロで、事後も、四プラス一の五キロだ。違いはない。

トランクをボートから放り出しても、全排水量（つまり水位）は変わらない。ただしスーツケースは水に浮くという前提ならば。

この条件は、細かいようで、はずせない。荷物を扱う人なら誰でも知っているように、トランクの密度は驚くほどばらついている。平均的には畳んだ衣類と空気しか入っていないので、たぶん浮くだろうが、鉛のおもりや輸入したガラス製品が詰まっていれば、沈んでしまう。

重いトランクを、最初は釣り糸でボートにしっかりつないで、船外に投げ出すとしてみよう。ボートは一瞬浮き上がり、トランクが釣り糸の長さの分沈んで、糸がぴんと張る。ボートはその後、重いトランクがぶらさがった重さによって、少し引き込まれる。ボートとトランクを合わせた排水量は、元の排水量と同じだ。総重量が同じなので、ボートとトランクが一体になって浮いているかぎりは、排水量は同じになる。ところが、釣り糸を切ると、トランクは水底まで沈み、ボートの船体は浮き上がる。当然、これは全体としての排水量を減らし、全体としての水位をわずかに下げる。

問題の答え。トランクが浮くなら全体の水位には変化はない。トランクが沈むなら、水位は下がる。

?.世界中にピアノの調律師は何人いるでしょう。

一九四〇年代から五〇年代にかけて、ノーベル賞を獲った物理学者、エンリコ・フェルミは、シカゴ大学の学生に、何も調べないで荒唐無稽な量を推定させるという難問を出していた。いちばんばかばかしいというのが理由にしても、いちばん有名な「フェルミ問題」は、シカゴにいるピアノの調律師の数を推定することだった。フェルミ問題は、一部の物理学の授業ではまだ使われているが、今では面接で使われる方が有名だろう。

マイクロソフト版のフェルミ問題は、世界中に（シカゴではなく）ピアノの調律師は何人いるかというものだ。ピアノの調律師に関する統計数字を知っている必要はなく、ピアノについても同様だ。プロのピアニストでも、世界中にピアノが何台あるか知りはしない。ただ、自分のいる国や、世界の人口については、いくらか知っているものとされる。また、推定には、きりのいい数を使っていい。頭で計算するときは、たいていそうだろう（ただし例外もある。会計、金融、コンサルトといった会社なら、紙と鉛筆を使わせて、ソフトウェア会社やドット・コム企業の場合より正確な結果を求めることが多い）。

典型的な計算はこんなふうになる。ピアノ調律師の数は、調律師がする仕事の量と関係しているに違いない。その仕事の量は、ピアノの数と、それがどのくらいの頻度で調律されるかによって決まる。

ピアノは何台あるのだろう。アメリカなら、学校、音楽愛好団体、教会、ピアノバー、録音スタジオ、博物館など、いろいろなところにある。何と言っても、ピアノの大半は一般の家庭にある。

ピアノは高価で、ワンルームのアパート、寮、トレーラーハウスだと、なかなか押し込めない。ピアノが所有できる人は、中流から上流の家庭に限られる。

アメリカの人口は三億人近くになる。一世帯あたりの人数は平均して三人としよう。すると一億世帯ほどあることになる。そのうちの裕福な側の半分――五〇〇〇万世帯――が、ピアノの主たる市場だ。もちろん、そのすべてにピアノがあるわけではない。裕福な世帯のうち、ピアノがある割合は、一〇〇パーセントよりははるかに少ないだろうが、一パーセントよりはずっと大きいだろう。それを一〇パーセントとしておこう〔一と一〇〇の「間」を、算数的に五〇・五とするのではなく、比で考えた中間の一〇とするのは、自然に存在する数量を考えるときには標準的なこと〕。するとアメリカには五〇〇万世帯にピアノがあることになる。これをアメリカにあるピアノの台数としよう。

この五〇〇万台のピアノを保守するために、何人の調律師が必要だろう。平均的な調律師は週に四〇時間働くとする（ソフトウェア産業ではないのだから）。ピアノを調律するのに時間はどれくらいかかるか。ざっと一時間というところだろう。ピアノは利用者が店へ持ち込むようなものではない。移動時間にもう一時間見ておこう。つまり、調律師は週に 40/2＝20 台のピアノを調律するかなというところになる。一年を五〇週として、年に一〇〇〇台という、きりのいい概数になる。

ピアノの調律は、どのくらいの頻度で必要なのだろう。ピアノについて何も知らない人だと、ここでつまずくかもしれない。当てずっぽう（一年に一度とか）でも、おそらくそうはずれていないだろう（インターネットで探したところ、新しいピアノは、買った最初の年に四回、その後は少なくとも年に二回、調律するよう推奨されている。聞いただけでも、これは食べるときは二〇回噛んでから飲み込みなさいという指示のようなもので、ピアノ調律師以外は、誰もまともには守っていないだろう。何年も調律されないで居間におさまっている、ほとんど使われていないピアノもたくさんあるに違いない）。

ピアノが一年に一度調律されるなら、調律師が一年に一〇〇〇台面倒見られるなら、ピアノ一〇〇〇台につき一人の調律師がいるものと予想される。アメリカの五〇〇〇万台のピアノについては、五〇〇〇人ほどの調律師がいることになる。

アメリカは、多くの点で、世界の中ではふつうではない。豊かで、ヨーロッパ中心の音楽の伝統があるため、アメリカの調律師の数は、世界中のピアノ調律師を均等に分布させたときの人数よりも多いだろう。世界の人口は六〇億人以上で、アメリカの人口の二〇倍以上ある。世界中の調律師の数は、アメリカの数字の何倍かになるだろうが、二〇倍よりは少ないはずだ。だいたいの推量として、ヨーロッパにはアメリカの倍の調律師がいて、それ以外の地域では、すべて合わせてアメリカと同じ数の調律師がいるものとしよう。そうすると、アメリカにいる調律師の数は世界中にいる調律師の四分の一ほどだ。したがって、世界中にいるピアノ調律師の数は、五〇〇〇×四で、二万人ということになる。

面接する側が求めるのは、この類の答えだ。それがどれほど正確なのか。職業団体大手のピアノ技術者組合は、世界中に三五〇〇人の会員を有する。ただし、調律師全員が会員というわけではないし、会員全員が、調律師の仕事だけをしているわけでもない。アメリカ労働統計局は、一九九八年、アメリカには一万三〇〇〇人の「楽器修理業、調律師」がいると伝えている。その「大半」はピアノが仕事の対象だという。

ウェッブで見つかる貿易統計からすると、アメリカには世界のピアノの二三パーセントほどを生産し、世界の生産量のうち、二七パーセントを買っているようだ。[138] アメリカにいる一万人かそこらのピアノ調律師は、世界の四分の一くらいと仮定すると、世界では四万人ということになる。二万人という先の数字からすると、差は二倍ということになる（これはフェルミ問題については非常にいい精度だ）。見積もりが低くなったのは、いわゆるピアノ調律師はたいてい、調律だけでなく、修理・修繕も行なうことによるのかもしれない。つまり、推定より仕事の量は多く、したがって、「ピアノ調律師」と呼ばれる人も多くなる。

?アメリカにガソリン・スタンドは何軒あるでしょう。

マイクロソフトの面接では、アメリカに車は何台あるかも聞かれる。車の推定は、たいてい、ガソリンスタンドの数を推定する問題の第一部なので、両者をひとまとめにしよう。

子ども、公共交通機関の整った都市に住む人、ホームレスの人、アーミッシュなどの人々は、車を持たない。逆に、複数の車を持つ人もいる。金持ち、年代物の車の収集家、営業用の車と自家用車とをもつ、タクシー運転手などの人々だ。

一人あたり一台くらいあるだろうか。それはない。二人に一台くらいか。その方が当たっていそうだ。そうすると、アメリカの三億人という人口からすると、一億五〇〇〇万台ということになる。

給油は平均すると週に一回くらいか。一週間で、国中のガソリンスタンドが、全国にある車全部の分の燃料を提供している。

一軒のガソリンスタンドが一週間に対応できる車は何台だろう。一週間は二四×七時間だが、すべてのガソリンスタンドが二四時間営業しているわけではない。平均すると、週に一〇〇時間空いているとしよう。満タンにするのに六分かかるとすると、給油機一台で、一時間に一〇台処理できる。大型の、繁盛しているガソリンスタンドなら、給油機が何台もあり、一度に何台もの車に給油できる。へんぴなところにあって、何時間も客が来ない給油機一台のスタンドも含めて均そう。だいたい一時間に一〇台あたりではないか。すると、平均的なスタンドは、週に一〇〇×一〇台、つまり一〇〇〇台ほど給油することになる。

つまり、アメリカには、一億五〇〇〇万／一〇〇〇＝一五万軒のガソリンスタンドがあるということだ。

（車とガソリンスタンドの推定は、この手の推定としては、両方ともなかなかいい。アメリカ運輸省は、一九九七年の数字として、アメリカで「登録されている乗用車」は一億二九七四万八七〇四台と伝えている。『石油市場ジャーナル』一九九八年六月号は、アメリカにある自動車用燃料小売り販売所は一八万七〇九七あったとしている）

？ニューオーリンズを流れるミシシッピ川の一時間の流水量はいくらでしょう。

少なくとも二つの考え方がある。直接的なのは、ニューオーリンズでのミシシッピ川の幅、平均の深さ、流速を推定することだ。それらが何メートル、時速何メートルと出れば、それをかけ算して、答えを出すまでだ（一時間あたり、〇〇立方メートルというように）。ただ、ニューオーリンズの三角州にいる人でもなければ、こうした数字のいずれについても、手がかりはない。

もう一つの方針は、流域面積から計算することだ。地図を見ると、ミシシッピ川と、そこに流れ込む支流が、ハワイとアラスカを除くアメリカ（とカナダの一部）の面積の半分ほどにわたることがわかる。あるいはそう推定できる。面積をざっと見積もり、その領域の年間降水量の平均をかける。事実上、それらはすべて、最後にはミシシッピ川に流れ込む。例外がある。蒸発だ。その分を見込んでおかなければならないが、それがどれほどあるかは、思いもよらない。

すると、第一の方式も悪くなさそうだ。少なくとも、こちらなら、考えなければならない数字は三つだけだ〔以下の概算は、原文ではヤード・ポンド法で記述されているが、訳ではメートル法にした。そのため、原文の計算とは正確には一致しない——以下他の問題についても同様〕。

ニューオーリンズでのミシシッピ川の幅はどれくらいだろう。詳細な地図では、ミシシッピ川下流は、ただの青い線では描かれていない。曲がりくねった湖のような、はっきりとした形をした水色の領域として示されている。幅三キロとしよう。三〇〇〇メートルだ。

ミシシッピ川は、三角州を形成する堆積物となる、膨大な量の沈泥を運んでくる。したがって、それほど深くはならないだろう。さらに、ミシシッピ川下流は、有史以来、曲がりくねってきた。水路が深ければ、そんなことはできなかっただろう。

だから、浅いとしよう。どれだけ浅いか。何十センチ？　何メートル？　何十メートル？　何十センチというのはばかげている。そんなに浅ければ、歩いても渡れる。広大なミシシッピ川の深さが何十センチだなどという「意外な事実」は聞いたこともない。

何メートルの程度でも、いろいろと考えると、かなり浅いものの、信用はできそうだ。英語・英文学を専攻のプログラム・マネジャー志望者なら、「マーク・トウェイン」が、川を航行する船の間での俗語で、二ファゾム、つまり一二フィート〔三・六メートル〕のことだということを思い出すかもしれない。「マーク・トウェイン」とは、川船がすんなり航行できる深さのことだった。これは無視できない。それよりも浅いところが、川にはたくさんあったからだ。三メートルとしておけば、いい線だろう。

後は川の流速の推定だ。もう一度川船を考えよう。その蒸気機関をもってしても、それは輸送手段としてはゆったりとしたもので、幹線道路を走る車よりはずっと遅かった。川の流速は時速一〇キロくらいとすれば。まあまあの見当だろう。一万メートルだ。すると答えは、三〇〇〇×三×一〇〇〇〇で、一時間あたり九〇〇〇万立方メートル、一億立方メートル見当ということになる〔この問題に対する原著の結果は、五〇億立方フィート、つまり一億三五〇〇万立方メートル〕。

（ミシシッピ川の「本当の」流量を測定するのは難しいし、季節や降雨によっても大きく変動する。マイクロソフトの百科事典ソフト『エンカルタ』は、信用できそうな、有効数字三桁の、一秒に五九万三〇〇〇立方フィート〔一立方フィートは約二七リットル＝〇・〇二七立方メートル〕という推定を挙げている。別の、見たところ権威のありそうなウェッブページには、一秒に一万四〇〇〇立方メートルという数字が出ていた。これは一秒におよそ五二万立方フィートで、『エンカルタ』の数字と似たようなところだ〔一時間にすると、五〜六〇〇〇万立方メートル〕。よく言われる数字は、きりのいい、一秒に一〇〇万立方フィートである。これだと一時間に三六億立方フィート〔九九〇〇万立方メートル〕になる）

?アイスホッケーのリンクにある氷の重さは全部でいくらでしょう。

ホッケーのリンクは三〇メートル×六〇メートルあたりだろうか。氷の厚さは二センチほどだろう。全部センチにすれば、三〇〇〇×六〇〇〇×二で、三〇〇〇万〜四〇〇〇万立方センチほどの氷ということになる。メートル法は便利で、一立方センチの水は一グラムだ。三〜四〇〇〇万立方センチの氷は三〜四万キロ、つまり三〜四〇トンほどになる。

（全米ホッケーリーグ仕様のリンクは、八五フィート×二〇〇フィートで、コーナーの丸い部分の半径は二八フィート。氷の厚さはふつう一インチだ。この正確な数字を使うと、これだけの体積の水の重さは、三万八五〇〇キロである。氷の密度が水より小さいことを見込めば、三万八五〇〇キロほどになるはずだ。右のおおざっぱな計算も、悪くはない）

?五〇ある州のうち、一つだけ除いていいとしたら、どれにしますか。

人気のある答え──アラスカ州、ハワイ州、ノースダコタ州
まずい答え──ワシントン州〔マイクロソフト本社がある〕
もっとまずい答え──全部なくしてしまいたい

これは、マイクロソフトでもいちばん悪名の高い、何が聞きたいのかわからない問題の例だ。好きな

色を聞いているのとは違う。論理ではっきりさせられる「正解」があるような問題に、構成しなおさせようというのだ。

州の名を即座に挙げる必要はない。面接担当者に自分の考える筋道を見せ、最後に州を決めてもいい。以下は、いいと評価されたことのある考え方を集めて手を加えたものである。

中心的な争点は、「除かれた」州の住民がどうなるかということだ。その州に核攻撃でもするのだろうか。(a)の場合を、州を「除く」とき、そこにいる人をすべて殺してしまうものとする。したがって、死者を最小限にする道義的責任がある。

(b)の場合は、単にその州の人がいなくなることとする。殺されるのではなく、どこかへ行くだけだ。たとえば、時間をさかのぼり、蝶々を踏んで過去を変えてしまい……現在に戻ってみると、その州には人がおらず、それまでもいなかったことになっているというようなものだ。アメリカの国旗の星も四九個で、百科事典を見ても、州がなくなったことに言及するものはない。

(c)の場合は、土地だけが消えるとする。人は残る——家を失った難民が、土地にぽっかり空いた穴の横で、今晩どこで寝ればいいのだろうと思っているようなことだ。人々を引越しさせるには、膨大な費用がかかる(マイクロソフトの負担か、連邦政府の負担か)。

(d)の場合は、人々は「魔法で」引越しさせ、心情面でも経済面でも、誰にも負担はかからない。ボタンを押すと、消えた州の元住民は、他の四九州のどこかで、住むところも仕事ももって暮らしていることになり(前からあったもの)、四九州にいた誰も追い出すことはない。

(e)の場合は、誰も、また不動産も消えない。「移動」は純粋に政治的なものだ。除かれた州はカナダかメキシコに帰属することになるか、独立国になるかする。

(a)の場合の選択はすぐに決まる。住民が死ぬとなると、人口がいちばん少ない州を選ばざるをえない。二〇〇〇年の国勢調査では、ワイオミング州だった。

(b)の場合は、これと言いにくい。人々が消えるというのは、何の参考例もない、まったくの仮想的な状況である。それでも、その人たちも、歴史消去ボタンを押すまでは、生きた人間だ。殺すも同然に見える。そうなると、やはりワイオミング州ということになるだろう。

(c)の場合には、ワイオミングの自然の状況を考えて、ワイオミングよりも人口の多い州を除くことを考えるべきかどうかの選択になる。ワイオミングは、イエローストーン国立公園など美しい景色のある大きな州だ。それを残すためには、引越しする人が増えて費用はかかることになっても、もっと人口の多い（面積は小さい、あるいは自然の景観には恵まれない）州を除こうと思うだろう。

二〇〇〇年の国勢調査では、人口の少ない順の上位五州は、ワイオミング、ヴァーモント、アラスカ、ノースダコタ、サウスダコタだ。ヴァーモント州とアラスカ州も、見事な景色があり、アラスカは面積がある。サウスダコタ州にはラシュモア山〔山腹に四人の大統領の顔が彫られている〕がある。ノースダコタ〔アメリカ中央部のカナダとの国境にある州〕は——確かにラシュモア山はない。休みに他の州から人が集まってくることは考えにくい州は、これだけだ（ノースダコタの州の木は電柱だという冗談まである）。山もなく木もない州は他にもあるが、ノースダコタには厳しい冬もある——アラスカの人口集中地域よりも厳しいほどだ。

さて、(c)の場合には、誰も死ぬことはなくても、除かれた州の住民を引越しさせる費用を負担しなければならない。確かに、イエローストーン――あるいはヴァーモントのスキーリゾート地、あるいはアラスカ全土、あるいはラシュモア山――を守るためには、少々高い費用を払うことはあるだろう。ノースダコタなら、しかたないか。

(d)の場合には、引越しが魔法で無料だ。ますますノースダコタにする理由になる。

最後の(e)の場合には、人も土地もなくなるわけではない。政治地図を書き換えるだけだ。アラスカやハワイを除く理由は考えられるだろう。いずれも本土から離れている。この二州を州として領有することには、植民地主義の感じがすると言う人もいるかもしれない。主として地図で国を調べるときの様子を考えても、アラスカかハワイか、コイントスで決めることになるだろう。

ちょっと待て。議会がどちらを除くか議論するとすれば、地図だけではすまない。アラスカには石油も鉱物資源もある。ハワイは本土の人が休暇を過ごすのにいい土地だ。どちらにも戦略的な重要性もある。両者を割譲するなどとんでもないことだと拒否されるだろう。

議論の対象は、(c)や(d)の場合のときと同様、人口が少なくて、自然の資源にも恵まれない州になるだろう。これまたノースダコタということになる。カナダと国境を接しているのも都合がいい。これをカナダに譲ろう。カナダが望まないなら、一国として立てよう。

?.南へ一キロ、東へ一キロ、北へ一キロ歩くと出発点に戻るような地点は、地球上に何か所ありますか。

マイクロソフトの評価基準は、おおよそこんなところだ。

〇か所——不採用

一か所——不採用

∞＋1か所——まあまあ

∞×∞＋1か所——「正」解

まず、頭の中に地図を描いてみよう。南へ一キロ、東へ一キロ、北へ一キロは、正方形の三辺に相当する。出発点から東へ一キロのところにいるはずだ。問題で言われたようなことはありえないように見える。そうであれば、答えは〇か所と考えるかもしれない。

もういちど考えよう。問題の状況を理解するには、磁石の方向は、球面で考えると、相対的なものであることを思い出すしかない。北極では、地平線のどこへ向かおうと南だ。ぴったり北極点から始めれば、どの方向へ行こうと南になる。それだけでなく、その後の東へ一キロは、北極点を中心とする円周上にあることになる。このパズルが、最初に真東へ向くだけでなく、この一キロを歩くときはずっと真東に向いているよう、つねに方向を調節することだと解釈すれば、そうなる。それから最後の北へ一キロをとると、最初の北極点に戻る。行程は、一辺の欠けた正方形ではなく、扇形のようになる。

したがって、北極点が問題のようなことになりうる点の一つである。南極点ではこうはなりえないことにも注目しよう。南極に立つと、あらゆる方向が北になる。南極からは一キロ南へは進めない。

したがって、答えは一か所だと考えるかもしれない。これまた間違いだ。それは、南極付近なら、そういうことがありうるからだ。南極から一キロちょっと離れたあるところから歩き始めることを想像しよう。真南へ一キロ歩き、九〇度向きを変えて東へ向かい、南極を中心とする円周一キロの円――もちろん、この周上では、必ず真東を向いていることになる――を一周し、それから最初に通った道を北へ逆に進んで出発点に戻る。

これができる点は一点に限られず、無限大の個数がある。南極点からの距離さえ正しければ、どこからでもいいのだ。出発点になりうる地点は、南極点を中心とした一定の円周上に並んでいる。

「正確な距離」はいくらだろう。円周一キロの円は、半径が$\frac{1}{2\pi}$キロでなければならない。出発点は、この円からさらに一キロ、南極点から離れたところになければならない。つまり、$1+\frac{1}{2\pi}$キロで、これはおよそ一・一五九キロになる。

まだ終わりではない。もう少し南極点に近いところに立とう。一キロ南へ行き、それから、先ほどより小さな、半径が半分の、南極点を中心とする円周上を真東へ進む。一キロで円を二周して元に戻る。それから最初の道を逆にたどって北へ進む。これで、南極点から$1+\frac{1}{4\pi}$キロのところに、また個数が無限大の出発点候補ができる。

同様にして、円を三周、四周など、整数n周するように道を決めることができる。そのたびに、出発点がなす、南極点を中心とし、半径$1+\frac{1}{2\pi}$キロの円ができる。それぞれに個数が無限大の出発点がある円が、南極点に向かって、無限にあることになる。

＊　＊　＊

この問題は、頭の体操問題でもよく知られたものを脚色したものだ。探検家が右のような行程をたどる途中、熊を撃った。その熊の色は何色かという問題だ。答えは白。北極点のあたりにいるとすれば白熊しかいないからだ。一九五〇年代の末、マーティン・ガードナーは、この「古いクイズ」について、「ある人が出発点は北極点だけではないという発見をしたのは、そう遠い昔ではない」と書いている。[139]「新しい」答えが出ても、古いクイズは成り立つ。南極には、もともとそこにいる陸上の哺乳類はいないからだ。

?時計の長針と短針は、一日に何回重なるでしょう。

たいてい、答えは二四回内外になるはずなのは、すぐにわかる。問題はその「内外」がどれだけか、特定することだ。

まず、重なることに気まぐれの余地はないことに注目しよう。どちらの針も、一定の早さで進む。したがって、重なる間隔は一定だ。この間隔は一時間強になる。午前〇時に長身と短針がちょうど重なる。長針が一周するには一時間かかる。同時に短針が、一二分の一周進んで1を指している。短針があったところまで長針が進むには五分かかり、その間に短針は少し先へ進んでいる……。

ゼノンによるアキレスと亀のパラドックスにとらわれる前に、当面、間隔は六五分と少しだとしておこう。正確な間隔は、二四時間を均等に分けることもわかっている。一日が終わるときには、始まりに戻って、短針と長針は重なるのだ。実際には、一二時間を均等に分けなければならない。午後の針の動きは、午前の動きの正確な再現になる。

午前〇時から正午までの一二時間に絞ろう。この間に針が一二回重なることはありえない。もしそうなら、重なる時の間隔は12/12、つまりちょうど一時間になるはずだ——実際には六五分とちょっとだということはわかっている。一二時間で一一回あるに違いない。重なる時の間隔は、12/11時間ということだ。これは六五・四五分になる。先に計算を途中で止めた間隔の正確な値は、こうなるに違いない。

一一を二倍して、二四時間で二二回ということになる。答えは二二回だ——重箱の隅をつつかなければ。一日の始まりのときに一回と数えた午前〇時の分を、今度は一日の終わりの深夜一二時にも数えるとしたら、答えは二三回になる。

?マイクとトッドは二人で二一ドルもっています。マイクはトッドよりも二〇ドル多くもっています。それぞれいくらもっているでしょう。答えに端数《フラクション》が出てはいけません。

「反問」〔4章〕を組み込んだひっかけ問題である。基本的な問題は単純だ。マイクが二一ドル、トッドが一ドルと考えそうになるかもしれないが、それは違う。合計が二二ドルになってしまう。正しい答えは、マイクが二〇・五〇ドル、トッドが〇・五〇ドルである。すぐにわからなければ、方程式を立てて、代数的に解くこともできる。答えはこれしかないこともわかる。そこで面接担当者は、答えに端数があってはいけないと念を押してくる。

それは相手が間違っている(あるいは、整数のセントは「分数《フラクション》」ではないという用語法の裏に隠れている)。根拠を示して、二〇・五〇ドルと〇・五〇ドルであることを擁護しなければならない。それこそが大企業での生き方というものだ。

？マンハッタンの電話帳で特定の名前を見つけるには、平均すると何回開かなければならないでしょう。

面接で「開く」と言われているのは、電話帳を無作為に見開き二ページに開くということだ（アルファベットに従って、それらしいところを開こうとしないということ）。求める名が、見開きの中のどこかにあれば、見つかったこととする。

単純な答えと、手の込んだ答えがある。単純な答えはこうだ。マンハッタンの電話帳には、番号簿の部分が一〇〇〇頁あるとしよう（これは近い数字だ。二〇〇一年版では、一一三八頁である。前後に番号簿になっていない部分があるという細かいことは無視してもいい）。すると、見開きは五〇〇あることになる。ばさっと開いたときに、一回目で特定の名が収まっている可能性は、およそ五〇〇分の一ということになる（二回目以降も同じ）。平均すると、特定の名のある頁を開くまで、無作為に五〇〇回ほど開かなければならないことになる。

この間に合わせの答えは、電話帳に何頁あるかをその場で推測するという弱点があることを考えれば、妥当なものだ。

今度は数学キャンプ〔3章〕式の答え。こういうことが物をいうような現実の状況では、おそらく知りたいのは、何回電話帳をばさっと開くと、一定の信頼性の水準で、少なくとも一回、求める頁にあたるかということだろう。九〇パーセントの確実さで見つけたいと思うとしよう。何回開かなければならないことになるだろう。

これが無作為の手順である以上、一〇〇パーセントの保証はない。運がよくて、一回目で当たることもあれば、一〇〇万回やっても該当する頁に一度も当たらないこともありうる。ばさっと開いて該当する頁になるのを一〇〇パーセント確実にしたいとすれば、答えは単純だ。頁を開く回数をどう計画しても、該当する頁を一〇〇パーセント確実に開くのは無理だ。

一般には、ばさっとやって、それが該当する頁でなかったら、またそのときだけ、何度も頁を開き続けることになる。実は、求めるべきは、該当しない頁を何度も開く確率の方なのだ。

電話帳に一〇〇〇頁あるとしたら、開くべき見開きは五〇〇あることになる。いずれの回でも、該当しないところを開く確率は、$\frac{499}{500}$となる。ありうる五〇〇の見開きのうち、一ヵ所以外は該当しないからだ。すると、最初のn回が、すべて該当頁にあたらない確率は、$(499/500)^n$となる。

n回以内で該当する頁にあたる確率は、1から右の値を引いて、$1-(499/500)^n$となる。

この式から、何回開けば、該当頁にあたる確率が一定の率に達するかがわかる。これを表計算ソフトで試してみれば、該当頁にあたる率は、三四七回でやっと五〇パーセントを上回るということがわかる。三四七回開くまでに該当頁に当たる可能性が半分で、当たらない可能性も半分ある。これを平均値と呼んでもいいだろう。

他方、それは楽観的な値だと考えられるかもしれない。三四七回開いても、たかだか五分五分の可能性でしか、求める名は見つからない。元の、単純な五〇〇回という見積もりでも、求める名が見つかる

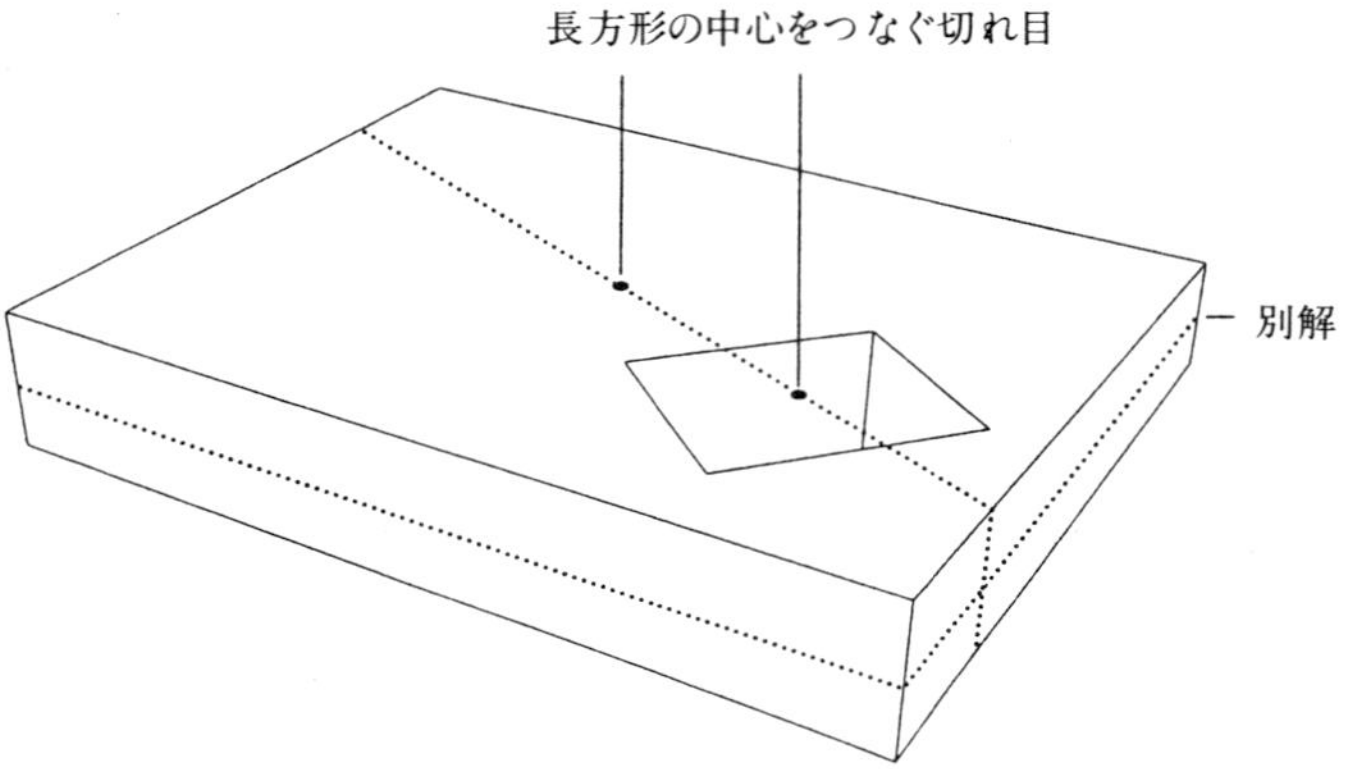

率は六三パーセントほどになる。九〇パーセントの信頼性を得るには、一一五〇回になる。

?長方形のケーキ、誰かがすでに一部を長方形に切り取っているとき、二等分するにはどう切ればいいでしょう。切り取られたケーキの大きさや向きはどうでもよくて、次に切れるのはまっすぐに一回だけです。

答えは二つあり、両方を答えるのがいちばんいい。単純な答えの方が見逃されやすい。

長方形を半分にするのは簡単で、しなければならないのは、長方形の中心を通るように切ることだけだ。切り口の方向はどちらでもいい。

ここでは二つの長方形がある。一つはプラスの長方形（ケーキ）と、マイナスの長方形（切り取られた跡）だ。それぞれの中心がどこにあるか求めよう。この二点が直線を決定する。この線に沿って切れば、ケーキは均等に分けられる。

この切れ目は両方の長方形を半分にするので、得られる二つの部分の面積は、元のケーキの半分の面積から、ケーキを切り取った跡の面積の半分を引いたものと、必ず等しくなる。言い換えれば、得られる二つの部分の面積は同じになる。両者の形が違っても、その点は成り立つ。

あまり可能性はないが、両方の長方形の中心が同じなら、もちろん、どの方向に切っても、その中心を通りさえすればいい。

別解は、横方向に切って、元のケーキも、切り取られた跡も、半分の厚さに分けることだ。これはケーキに糖衣がほどこしてある場合には、あまりうまく行かない。

?・ビル・ゲイツの浴室を設計するとしたらどうしますか。

この問題に答えるには、鍵を握る点が二つある。一つは、ビル・ゲイツが望むようなものを出すということ。もう一つは、少なくともいくつかは、ゲイツが望んでも、自分では考えつかなかったアイデアを出す必要があるということだ（そうでなかったら、自分の浴室の設計のために誰かを雇う意味がないではないか）。

まず、「ゲイツさんと話して、どんな浴室にしたいか聞きたいのですが」と聞かなければならない。あらかじめ、予算と期限も聞いておこう。アイデアをたくさん出して、どれが気に入るかを見る。それから設計図を作ってゲイツに見せ、意見を求める。設計図は何度も修正されることになる。一方、この事業が期限に間に合い、予算の範囲内におさまるかを確かめておかなければならない。これはどんな設計問題にもあてはまる。

出したアイデアについては、現実を上回るのはなかなか難しいということに気をつけよう。ゲイツの浴槽には、車から指示を送って、好みの温度で湯を張っておけるという特徴がある。本当のことだ。浴室も含め、家じゅうにコンピュータ技術をはりめぐらせるというのは、マイクロソフトの人々が真剣に考えていることだ。マイクロソフトの研究部門は、「薬の補充をしなさい」とか、「トイレットペーパーが切れてますよ」などと言ってくれる、「賢い《スマート》」戸棚のようなものを研究している。「こういう未来の想定は、複雑怪奇になることもある」と、マイクロソフト・ネットワーク・インターネット・アクセス社副社長のテッド・クマートは認める。「トイレが化学的な標本調査をして家族の総合的な健康を監視し、薬棚がパパの診察を予約し、車庫の車をロックして運転できないようにするとか[140]」。

だから、マイクロソフトの面接担当者に気に入られたければ、電気で温めたトイレの話を長々としていてはいけない。以下に、マイクロソフトで求められる傾向のアイデアを、少しだけ挙げた（「未来的」ではあるが、現代随一の金に糸目はつけない消費者には可能なことだ）。

◆子どもが一人で洗面所に入ってくると、自動的に薬棚や家庭用薬剤の入った収納をロックする。ゲイツの家にはすでに、誰かがいつ部屋に入り、それが誰かを「知る」初歩的な方法を備えている。瞳をスキャンして、その人が誰かを正確に、面倒でなく特定するという話もある。子どもだけのところでは薬棚をロックするというのは、その方向にあることで、「それで子どもひとりの命を救えるなら」というわけだ。

◆手を使わないメモ帳。誰でも、風呂に入っていていいことを思いつくことがある。濡れた手で携帯端末に触りたくはないし、これからもパソコンが置かれそうにない部屋があるとすれば、浴室だろう。必要なのは、たとえば「ビル用メモ」などの指示を出すときの合い言葉を言えば、その後に話したことを録音してくれる、音声認識装置だ。この装置が自動的に、言ったことをメールにして送り、仕事にかかったときにすぐ使えるようにしてくれる。

◆左右を逆転しない鏡。隠しカメラつきのビデオ映写幕で、他の人から見えるように自分を見せてくれる。ほつれた髪をちょっと切るときに、はさみが使いやすくなる。この程度の便利さなら、故障もせず、ソフトの更新もしなくてよく、停電の時も使える、ローテク方式の方がいいと思うとしたら、自分が本当にマイクロソフトに就職したいか、確かめてみよう（ゲイツ自身は、自分の家を、いたるところ平面ディスプレイの「絵」にして、使っていないときには、木目の画像を映して木造部分と合体させ、ディスプレイとはわからなくなるようにするというアイデアをもっていた。それは実現できず、ゲイツは結局、大工を呼んで、ディスプレイを覆う木製のスライド式パネルを作らせることになった[141]）。

　他のソフトウェア会社も、基本的には同じことを聞く。登場人物の性別や体の大きさを自由に変えることも多い。「金持ちで体重一〇〇キロをはるかに超えるおばさん用のトイレを設計するとしたら、どうしますか」などと。

?コンピュータ制御の電子レンジを設計するとすればどうしますか。

電子レンジとコンピュータというのが、フレッド・アステアとジンジャー・ロジャーズのコンビ以来最高の組み合わせではないことはすぐにわかる。設計問題の多くはそんなものだ。元々問題の意図があやふやなのだから、ただばかばかしいだけではない答えを出すことを考えよう。

今や電子レンジは簡単に操作できる。おそらく消費者は、これよりややこしいものを望んではいないだろう（ただし、この点を評価する消費者調査をすると言っておこう——設計問題のときには、ほとんど必ずそれが求められている）。マイクロソフトの担当者がくれるヒントによれば、「賢い包装《スマート》」の方向が考えられている。家庭電化製品や収納は、消費財についた特殊なラベルあるいはコードを検出して読みとるセンサーを備えているといいかもしれない。電子レンジの場合は、冷凍のラザニアを入れると、レンジがコードと加熱の指示を読みとる（あるいはネットからダウンロードする）。その指示を、自動的に当のレンジの電力レベルや高さに合わせる。時間や電力のキーを押さなくてもいい。

スマート包装があれば、電子レンジは、調理した食物すべてについて記録をとることができる。これはおそらく大事なことだ。利用記録から商品化できそうな情報を探すことは、今マイクロソフトでは重要なアイデアになっている。消費者の立場からすれば、記録は買い物リストを用意するときに役立つかもしれないし、ダイエットしている人にはカロリー計算にも使えるかもしれない。

まあまあの答えとしては、音声認識ソフトがあれば、電子レンジのキー操作に代わることもあるかもしれない。キーを押すのではなく、電子レンジに何々（野菜や魚など、コードがついていないもの）を何分加熱しなさいと口で言うことになる。あるいは、作りたい料理を伝え、電子レンジが加熱時間を決めてもいい。

?ビデオデッキの制御装置を設計するとすれば、どうしますか。

無数の才能ある工業デザイナーが、この問題と格闘してきた。その場で、一五分という時間では、それ以上のことができる可能性はあまりない。相手もそれを期待しているわけではない。まず、自分が重要な二律背反を理解していることを示そう。少なくとも主なものが二つある。

◆使いやすさと価格——誰もが、ビデオデッキの録画予約ができないと言って笑う。飛行機で出るひどい、あるいは架空の食事のことをからかうのと同じだ。人は本当に、お金を出してももっといいものを買う気があるだろうか。飛行機では、たいていの人は安い航空券を買っておいて、後から食事に文句をつける。飛行機会社もそのことは承知で、だからナッツの小袋でもついていればラッキーということになる。ビデオデッキ市場でも同様の状況があるのかもしれない。人はまず価格と、たぶん外見で買い、その後で使いにくいと文句を言うのだ。

使いやすいビデオデッキを買おうというのはどういう人だろう。視覚に障害のある、裕福な定年後の人だということになれば、設計方針全体にかかわることになるはずだ。八歳の子どもで、自分用のテレビがあって、自分用に簡単なビデオデッキがほしいのであれば、また別のことが言える。さらに、誰も使いやすさに対しては金を出そうとはしないというのであれば、どんなアイデアも、はじめからボツだ。

◆使いやすさと機能——ボタンが一つだけのビデオデッキでも設計はできるだろう。ボタンを押すと、録画が始まる。もう一度押すと、録画が止まる。はいできあがり。誰にとっても簡単なビデオデッキだ。

外出中に番組を録画する——再生するのでも別にかまわない——ために録画予約したいなどと思ってはじめて、他の操作が必要になる。使いやすいからという理由だけでボタン一つのデッキを選ぶという人は、あまりいそうにない。今のメーカーは、「流行」で決まるいろいろな機能を実行するために、やたらと操作が必要な機能を詰め込んでいる。録画開始時刻を打ち込んだり選んだりすることはできない。日付、曜日、午前／午後、時、分と、ボタンを押して一つずつ進めて行かなければならない。これがデッキの録画予約を難しくする。

話を進めるために、消費者調査で、もっと使いやすいビデオデッキを買おうという特定の市場があることがわかったとする。この潜在的顧客が、たいていのデッキが提供している機能を本当に使うかどうかがわかれば、これも役に立つだろう。一週間以上前から録画を予約することが、どのくらいあるだろう。二四時間以上前ではどうか。いくつかの機能をはずせば、表示や操作も簡単にできるかもしれない。ありそうな「簡単」操作は、概略ではこんな動き方になるかもしれない。デッキ本体には、五個のボタンだけ（再生、一時停止、早送り、巻き戻し、取り出し）。これは本当に予備として必要なものだけで、リモコンがどこかに行ってしまったときにも再生できるようにするだけのものだ。本体には何も表示されない（コストを下げる）。予約はすべてリモコンと、テレビの画面に表示されるメニューで行なう。リモコンにはボタンが一個と、「ジョイスティック」が一個ある。ジョイスティックは、一部のモニタについていたり、一部のノートパソコンのキーボードについていたりするのと似たようなものだ。これ自体もボタンとほとんど変わらないが、画面上のカーソルを動かすために、あらゆる方向に動かせる。ボタンの方は、決定するためのものだ。要するに、リモコンはパソコンのマウスのようなものになる。

　録画予約するためには、リモコンをもって、ジョイスティックかボタンに触れる。これでデッキの電源が入り（オフだったら）、テレビ画面に重なって、メニュー／ウィザード／制御のパネルが表示される。この操作画面で再生、予約録画、時刻設定（何らかの理由で自動の時刻調整ができない場合）ができる。ビデオデッキはテレビ番組表をダウンロードして表示し、録画したい番組にカーソルを合わせてボタンをクリックすればいい。

　この装置の売りはボタン二つの単純さなので、リモコンの見てくれ《ルックアンドフィール》に関心が向くはずだ。他のリモコンと同じように見えてはいけない。市場層が若い人たちなら、iMacのような、みばえが「かっこいい」ものにすべきだろう。市場層が高齢者なら、ジョイスティックとボタンが、少々手元があやしくても操作できるような使いやすさを確保しなければならない。

?ブラインドのリモコン装置を設計してください。

　通常の紐で操作するブラインドには、二つの操作部分がある。ブラインド本体を上げ下げするものと、羽根の角度を変えるものだ。したがって、リモコンもそれら二つのことが調節できるようにするものになる。二本の上下に動くスイッチがいいかもしれない。

ブラインドを開閉するための機構を機械で動かすようにしていれば、ブラインドの動きをプログラムできるような機能を加えてもいいかもしれない。わけもなくブラインドを開閉することはほとんどない。(a)もっと光を入れたいからブラインドを開くか、(b)直射日光でまぶしかったり、絨毯が色あせしたりするからブラインドを閉じるか、(c)夜間、外から中が見えないようにするために閉じるか。

これはビデオデッキのときに出てきた、使いやすさと機能という問題をいくつかもたらす。ブラインドをビデオデッキのように、七時半に開き、午後四時四五分から五時五分には、夕方の光でまぶしくならないように羽根の角度を調節し、午後七時四五分には閉じるというように予約したりする必要があるだろうか。たぶんそんなことはないだろう。何時何分にすればいいか、誰にもわからない。季節によって違うし、天気によっても違う。曇った日の午後には、できるだけ光を入れるために、ブラインドを大きく開いておきたいだろう。

いちばんいい答えは、ブラインドに太陽電池をつけておくことだ。放っておけば、間接光（日中）の一定の水準を超えるとブラインドが開き、この水準を下回ると（夜間）閉じる。羽根に平行な光を感知すると（直射日光）、部分的に閉じる。リモコンにダイヤルをつけておいて、水準を決めることもできる（このダイヤルで、太陽電池制御のスイッチを切ることもできる。旅行に出るときにはそうしておきたいだろう）。したがって、リモコンには三つの操作装置がある――何もしないときの設定をするためのダイヤルと、それとは違う動かし方をするときの上下するスイッチが二つである。

?盲人用のスパイス置きの棚を設計してください。

問題を合理的に立てなおしてもいい。棚ではなく、回転台にすべきしっかりした理由があるなら、そうした方がいい。盲人がスパイスを収納し利用するための、統合的な装置を考えることである。どんな答えでも、ほとんどに共通の特徴は、点字ラベルだ。ラベルを蓋に貼るかどうかがポイントの一つになる。曲がった面に貼ると読みづらい。スパイスの瓶はたいてい円筒形をしており、蓋が扱いやすい平らな面だということになる。並んだ蓋を指で触ってみて、望みのものを見つけるのもいいだろう。

この方式には不利な点もいくつかある。蓋が読みやすくなるためには、すべての瓶が、確実に蓋を正しい向きにして、棚に戻されていなければならない。そうでないと、瓶の向きはどうにでもなり、読みづらくなる。

第二の問題は、料理している間に蓋が瓶から離れてしまうことだ。さらに、スーパーで買ってきた瓶から、スパイス棚で使う専用の蓋つき瓶へ、スパイスを移さなければならない。

瓶にラベルを貼るのはどうか。これなら蓋が入れ替わってもかまわない。しかしすでに見たように、曲がった点字ラベルは読みにくいし、ラベル側がこちら向きになっていないこともあるかもしれない。

瓶の断面が正方形になるようにして、同じ点字ラベルを四面すべてに貼れば、どちらの問題も解決できる。スパイス棚の方を、瓶を戻したときにまっすぐ瓶が並ぶように考えておかなければならない。ラベルがある側がこちらに向いていて、指をすべらせれば効率的にほしいものが見つかるようにしておくのもいい。

紙の点字ラベルをぺたっと貼ったのでは、繰り返しの使用や料理するときの湿気に耐えられないだろう。点字は瓶のガラス(でなくても瓶の材料)に彫り込んだ方が実用的だろう。しかし、一般に市販されている瓶が使えなくなって、費用がかかることになる。もっといい解決策は、丈夫で柔軟なプラスチックでできた、粘着性のラベルを使うことだ。これならどんな瓶にもつけられるだろう。

そもそも特殊な瓶が必要なのだろうか。スーパーで買う瓶を利用して、棚をそれに合わせる方が簡単だ。棚にいくつかの穴あるいは収納枠がついているとしよう。正面のパネルには点字ラベルが、すべてが一列につながってついていて、人間工学的に最適の角度に並んでいる。指をパネルにすべらせれば、しかるべきラベルがわかり、その奥に手を伸ばして瓶を取る。

三つの選択肢(ラベルを蓋に貼る、瓶に貼る、棚に貼る)の中では、最後のが単純で、おそらくいちばんいい。しかし、他の機能を加えると、判断は変わってくるかもしれない。現実には、スパイス棚は計量スプーンと一緒に使う。計量スプーンは、盲人には使いにくい。耳かきに山盛り一杯なのか、すりきり一杯なのか。それを調べるには、指をスプーンの上の面に走らせ、スパイスを瓶にこぼして戻さなければならない(できれば)――耳かきに山盛り一杯ほしいときにはどうしようもない。この操作だけは両手が必要で、瓶と蓋をどこかに置かなければならない。蓋を探して熱くなったガスレンジを手探りしたくはないだろう。

ボタンを押せば、挽いたスパイスを一定量(たとえば耳かき一杯分)出してくれる瓶を設計すれば便利だ。これならいろいろな問題が解決できる。蓋を取る必要もないから(詰め替えるとき以外は)、なくしたり、手探りして指をやけどする心配もずっと小さくなる。計量スプーンを探さなくてもいいし、スプーンの状態を推量することもないし、後で洗う必要もない。この利点は、長期的に見れば、スーパーで買ってきた容器から移すという最初の手間を上回るだろう。これなら、目が見える人にも魅力的な商品になる。

したがって、妥当な設計は、四角い、一定量放出型の瓶で、それぞれ、粘着性で丈夫なプラスチック製の点字ラベルが四面に（正しい位置と向きに瓶を戻すことを心配しなくていいように）ついているものということになる。設計の課題は、ラベルを利用者の指に快適に示す棚を工夫することに行き着く。通常のスパイス棚は、細かい字を読みやすくするために、目の高さにあることが多い。今回は、むしろキーボードのような位置にラベルを置くことが大事だ。調理台の高さに、ラベルがほとんど水平で、わずかに角度をつけてあるのがいい。瓶は斜めに傾けておこう。ただし、重力でちゃんと並んでいられる角度をつける。この配置なら、正面に柵をつけなくてもよく、必要なときに瓶を取り出しやすくなる。

？食卓塩の容器［トースター、やかん、エレベータ］の試用をするとすれば、どうしますか。

試用に関する問題では、自分が『コンシューマー・リポーツ』誌〔消費者のための商品テスト専門誌〕になったつもりで、面接担当者が聞いてくるもの何についてでも、それをどう試用するかを想像することが求められている。いい答えは、必ずしも豊かな知識に基づいてはいない。どんなに単純な物であっても、それを評価するときには、複数の基準が適用される（車の価値は最高速度だけではない、多くのことに左右される）ことがわかっているかどうかを示したい。

とっかかりは、その品目でまずいことがあるとしたら、どんなことがありそうかを想像することだ。エレベータなら易しいが、食卓塩の容器をソーセージに使うときに、どういうことがあるか想像するとなると、そう簡単ではない。

食卓塩の容器に、塩ではなく、砂糖が入っているかもしれない――いいかげんなカフェテリアならありうる。あるいは蓋がゆるくて、すぐにはずれ、何も知らない客の料理に、中身が全部かかってしまうこともありうる。もう少し子どもっぽくないことを考えるなら、主な問題は、デザインの問題であることが多い。よくある不満は、(a)穴の大きさがおかしい――振ったときに出る量が多すぎるとか、少なすぎるとか。(b)塩の容器と胡椒の容器とが区別しにくい（おしゃれに簡素な食卓だとか、片方が犬で、もう片方が消火栓の形をしているなどの、キッチュな陶器製の小物を使っているだとか）。(c)容器の中身を補充しにくい。

もっともな方針は、塩を皿に少し振ってみて、どさっと出てこないか、出てくるのが塩か、確かめることだ。それから、想定される購買層から抽出された一般の試用者グループに渡す。このグループには、実際にありそうな状況で使ってもらい、それを他の容器と比べてもらうようにする。その上で、先に挙げたようなことなどについて、意見を聞く。

トースターの場合なら、焼き方の設定がどれだけ正確で信頼できるか、冷凍のワッフルやベーグルをどれだけうまく焼けるか、パンくずの掃除がしやすいか、エネルギーを効率よく使っているか、かさばらないか、形は魅力的か、安全か（中にコーヒーをこぼしたり、フォークで中のものを取り出そうとしたりしたらどうなるか）、その類のことを調べることになるだろう。

やかんなら、基準にはこんなものがあるのではないだろうか。何杯分の湯がわかせるか、一定量の湯をわかすのに、どのくらいの時間がかかるか、やかんがシューシュー言っているときの温度はどのくらいか（沸騰しているか、そこまで行っていないか）、他の部屋にいても、その音は聞こえるか、取手はどのくらい熱くなるか。

エレベータについては、第一の問題は、おそらく安全性だろう（したがって、詳細な安全検査を手配することになるだろう）。それ以外には、速さがある、これはおそらく、機械としての性能よりも、運行のパターンの方が大事だ。エレベータは、設置した建物に固有のもので、利用者の満足度は、エレベータがその建物に存在する動きのパターンにうまく対応できるかどうかにかかっている。そのことがわかっているところを示そう。ボタンを押してからどのくらいの時間でエレベータに乗れるか、移動にどれだけの時間がかかるか、いろいろな階から、また時間帯を変えて、調べることにもなるだろう。

？大きな図書館で特定の本がどこにあるか、どうやって探しますか。分類方式もわからず、手伝ってくれる司書もいないものとします。

本はでたらめに並んでいるものとする……ご存じのように、実際そういうこともありえないわけではない。その場合、できることは、棚を筋道立てて順々に見ていくしかない。少なくとも、あてもなく図書館をさまようよりはいい。平均すれば、図書館の半分を調べれば、求める本が見つかることになるはずだ。

ただ、蔵書がでたらめに並んでいるわけではないと信じるのも理由がないわけではない。本を見つけるのがあたりまえの大きさの図書館なら、どこでも何かの方式がある――ある程度の大きさの建物なら、館内の見取り図があるのと似たようなものだ。問題は、方式が存在しないことではなく、はじめはその方式がどんなものか、わからないということだ。

アメリカの図書館では、ごくふつうに使われている分類方式が二つある。デューイ十進分類法と、議会図書館方式で、両者はまったく異なり、決して普遍的とは言えない〔日本では、デューイ式に基づく日本十進分類法や、国会図書館（ナショナル・ダイエット・ライブラリー）のNDL方式がある〕。貴重本を集めた図書館は、早い時期に印刷された本を、出版された年代順に並べていることが多い。妙な方式もある。ヴァールブルク〔ウォーバーグ〕研究所の図書館では、わざと異なる分野の本が隣り合わせて、意外なつながりの研究を刺激するようにしている。創始者のアビー・ヴァールブルクがこの方式を定め、その後精神病院に入れられるまで、この方式を実施していた。

いちばんいい臨み方は、まずそこの方式を知ろうとし、それからその方式を、求める本探しの方針として用いることだ。本当に必要なのは、図書館の見取り図である。それがないなら、自分で作らなければならない。規則正しく網をかけて、本棚の抜き取り検査をするのがいい。一列おきに、二〇番ごとの本棚の、左上の棚にある本を左から何冊か取り出して調べる。要点は、地形を知りたいのであって、細かいことに引っかからないということだ。

抜き取り検査のたびに、そこにある本が何かだけでなく、それが棚にどう並んでいるかにも注目しよう。分野が近いものが物理的に近いところにあるか（おそらくそうだが、そうであれば、それこそ知りたい大事なことだ）。まったくでたらめか（そうでないことを願うが、やはりそこを知ることが大事だ）。アルファベット順に並んでいるか（著者、表題、分野の）、ここは通常の棚には収まらないから集められている、大型本の棚か。本を配列する方式は、どこを見ても同じか、それとも変動しているか。

探している本は『シアトル・ジュニアリーグ版電子レンジ料理』だとしよう。たまたま料理関係の棚に行き当たれば、（おそらく）運がいい。本はそのあたりにある可能性が高い。その図書館に料理関係の本がどれだけあるかにもよるが、すぐに見取り図は忘れて、その料理関係のコーナーを見渡すことにしよう。しかし、料理関係のコーナーが膨大だと、見取り図づくりを続ける必要があるかもしれない。さらに抜き取り検査をして、今度は見つけた料理関係の棚を中心に、もっと細かい網をかける。そうすると、アメリカの料理、電子レンジ料理、北東太平洋地域の料理、救援のための料理といったコーナーが識別できるかもしれない。

最初に図書館全体を見渡したとき、料理本や、料理に少しでも関係がありそうな本が全然見つからなかったら、どうすればいいだろう。その場合は、図書館全体を、もっと網目を細かくして調べ直さなければならない。本棚二〇本にひとつではなく、一〇本にひとつ、五本に一つにした方がいいかもしれない。必要なら、もっと細かくして、自分が探しているものに関係する本が見つかるまで、図書館全体を調べ続けることになる。

ありそうな可能性は、それとわかる「近い」本が見つからないことだけではない。大きな図書館なら、広く参照される料理の本を参考図書のコーナーに置いていたり、新刊書は「新着」コーナーに置いていたり、古い本は貴重本・写本の部門が扱っていたり、外国語の料理の本は、同じ言語の他の本とまとめられていたり、点字で書かれた料理の本は点字本のところにあったりする。子ども向けの料理の本なら、児童書のコーナーにあるかもしれない——そして、大半の料理の本は、一般書架の料理本コーナーにある。これらのコーナーは、隣り合ってはいないものだ。つまり、料理の本を格納してある場所を見つけたからと言って、そこに自分が探している本がある保証にはならないということだ。

そこで、一般的な方針はこうなる。系統立てた抜き取り検査を用い、欲しい本に「近い」本（棚にある本の主だった配列に従って近いもの）が見つかるまで、網目を細かくして図書館を調べる。「近い」本を見つけたら、探索をそこに集中させる。有望なものの付近を、網目を細かくしながら、系統的に抜き取り検査して目的の本を見つけるか、ここにはありそうにないと見極めがつくかするまで続ける。ありそうにない場合、他の有望な区画へ行き、そこで探索を続ける。他に有望な区画がなければ、図書館全体の偵察をやり直し、もっと有望な区画を探す。

マイクロソフトの面接で求められている類の答えは、だいたいこんなところだ。もっと簡潔な答えが、acetheinterview. comのウェッブサイトに出ている。「図書館を出て、この問題を作った人の正確な位置に車で乗りつけ、そいつをひっぱたく[142]」。

?国税庁の役人になったとします。初仕事は、あるベビーシッター斡旋業者が税金をごまかしていないかどうかを見抜くことです。どうしますか。

商売で税金をごまかす主な方法は二つある。費用を水増しすることと、収入を少なく申告することだ。くだんのベビーシッター斡旋業者の申告書には、収入と費用の申告額が出ている。これらの数字が妥当なものか、それとも適正額を逸脱しているか（この場合はさらに細かい調査が必要になる）、判断するための独自の方法を見つけたい。

ベビーシッター斡旋業者の費用を推定することに問題はないはずだ。国税庁は、特定の規模・業種の業者が、文房具代や電話代、事務所の賃貸料や人件費、広告やウェブサイトの運営などに、どのくらいの費用がかかるものか、よく知っている。疑わしいところがあれば、営業しているところへ出向けば、申告されている従業員数や事務所の賃貸料が妥当かどうか、すぐにわかる。

収入は少々厄介だ。業者はベビーシッターを選抜し、それを相手先へ配置し、そこから料金を受け取る。そこから先は、アメリカでは、ベビーシッターはその家で雇われたことになる。つまりその後の税金問題は、その家とベビーシッターの責任になる。その家が源泉徴収をして、従業員の税金を納めることになる。

このことから、すでに国税庁の手元にあるデータを使い、ベビーシッター斡旋業者の収入を検査する一法が得られる。国税庁は源泉徴収申告と個人の確定申告から、特定の地域で働いているベビーシッターの一覧を作ることができる。その一覧と、前年の源泉徴収申告書と個人の確定申告書にある名とをつきあわせれば、その年の間にこの仕事を始めた新人ベビーシッターがどれだけいるか、数を出すことができる。

新人ベビーシッターの大部分は、幹旋業者が配置しているものと推測してもいいだろう。口コミをたどって勤め先を見つけていくベビーシッターもいるかもしれない。ベビーシッターがするような仕事の多くは、おばあちゃんなどの親戚が、報酬があるかどうかは別として行なっており、おそらく国税庁には報告されていないものもある。しかし子どもの世話をする人を家族以外に求め、友人の口コミでいい人を見つけられない親は、幹旋業者にあたることになる。ちゃんとした選抜を受けていないよその人に、わが子を預けようとは思う人はいないだろう。

したがって、新しく労働力となるベビーシッターは、ほとんど全員がどこかの幹旋業者の料金を稼がせている。問題の業者がこの地域の唯一の業者なら、収入のほとんどがここに入ってくることになる。複数の業者があるなら、それらの間で収入を分配しなければならない（ただ、他の業者の記録も調べ、それを指針にして見当をつけることはできるだろう）。

それによって、幹旋業者の所得を独自に検査できる――派遣先の家と業者が正直だと仮定すれば。そうでない場合はどうなるか。

そこで思い出そう。国税庁の仕事は、人がどれだけ正直かを知ることだ。人の正直度に関する統計があるはずだ。ベビーシッターは一般に、報酬の九〇パーセントを申告して一〇パーセントは隠すことがわかっていれば、幹旋業者の収入も、それを見込んで上方修正できる。シッターの数は多く、相手にしている幹旋業者は一つだけだ。大数の法則［ある集団に属する要素の数が多ければ多いほど、その集団の平均値は、全体の平均値に近くなる］によって、シッターの正直度は平均に近くなるものだ。

？ビリヤードの球が八個あります。そのうち一個は「欠陥品」で、他のよりも重くなっています。天秤を使い、重さを二回計るだけで、どの球が欠陥品か見分けなさい。

天秤は、皿が二つの単純なもので、どちらの皿のものがどれだけ重いかはわからなくても、どちらが重いかはわかる。同じ重さであることもわかる。すぐに思いつくやり方はうまく行かない。四個の球どうしを比べるというもので、これだと重い方の皿に欠陥品が含まれる。それをまた二つに分けて、それぞれ比べれば、重い方の皿に欠陥品があることがわかる。これで二回計ったが、二個のうちどちらが重いかは、見ただけではわからない。

天秤では、二つの皿に載せたものの重さが同じかどうかがわかる。答えはこの点を十分に利用するところにある。二つの皿のものが同じ重さなら、どちらにも欠陥品はないと言える。

最初は任意に三個ずつ二組取り出し、重さを比べる。二通りの結果が考えられる。

まず、両者の重さが同じであることがわかった場合。このときは、欠陥品は、重さを量らなかった方の二個の中にあると考えるほかない。残った一回の計量で、この、一回目では調べなかった球を比べればよい。重い方が欠陥品だ。

最初に量ったとき、一方の三つ組みが重いことがわかった場合には、欠陥品は重い方の皿にある。二回目では、そこからどれでも二個を選び、その重さを比べる。一方が重ければ、それが欠陥品、両者が同じなら、欠陥品は、秤に乗せなかった第三の球だ。

このパズルは世界中で知られている。たとえば、冷戦時代のソ連でベストセラーになったパズルの本、ボリス・コルデムスキーの『数学センス？』（一九五六年）〔鈴木敏則訳、丸善〕にも登場する。[143]

？錠剤が入った瓶が五本あります。そのうち一つだけ、すべての錠剤が「汚染」されているものがあります。汚染された錠剤を判別する唯一の方法は、重さです。通常の錠剤の重さは一〇グラムで、汚染された錠剤は九グラムです。秤があって、一度だけ重さを量ることが許されています。汚染されている瓶はどれか、どうやって見分けますか。

この問題の秤は、実際の重さを教えてくれる（ビリヤードの球のときの天秤とは違う）。

ふつうなら、おそらく、それぞれの瓶から一錠ずつ取り出し、九グラムのものが見つかるまで、順に重さを計るだろう。ここではそれはできない。測定は一回だけということになっているからだ。最初に取り出した錠剤が正常な重さのものである確率は、五分の四だ。

これはつまり、一回の測定で、複数の瓶の錠剤の重さを計らなければならないということだ。いちばん単純な場合は、それぞれの瓶から一錠ずつ、合計五錠の重さを計る。その結果は必然的に、一〇＋一〇＋一〇＋一〇＋九＝四九グラムになる。困ったことに、そうなることは計る前からわかっている。四九グラムになったからといって、どの瓶から出た錠剤が九グラムかはわからない。

重さを計ることで何かがわかるような状況を作らなければならない。一つの方法は、瓶に1番から5番までの番号をつけ、1番から一錠、2番から二錠、3番から三錠、4番から四錠、5番から五錠取り出して、全部を秤に乗せて重さを計る。すべての錠剤が正常なら、結果は一〇＋二〇＋三〇＋四〇＋五〇＝一五〇グラムになるはずだ。実際には、欠陥品の瓶の番号によって決まる分だけ、重さがこれに足りなくなる。合計が一四六グラムだったとしたら（四グラム足りない）、軽い錠剤が入っているのは4番の瓶ということになる。

別解もある。この方が計る錠剤の数が少ないという長所がある。計る錠剤の瓶は4番までにし、一＋二＋三＋四＝一〇錠だけを量る。すると、重さが一〇〇グラムより少なければ、足りない分から瓶の番号がわかる。ちょうど一〇〇グラムだったら、計らなかった五番の瓶が欠陥品だ。

問題に答えたら、面接担当者に、この錠剤は誰が飲むんですかと聞いてもいいかもしれない。「馬」なら正解だろう。一〇グラムもの錠剤というのは、通常の頭痛薬（三二五ミリグラム）の三〇倍もの重さだ。

このパズルは、『サイエンティフィック・アメリカン』誌のマーティン・ガードナーによる数学パズルの欄に、一九五〇年代半ばに出たものだ（量るのは硬貨だった）。ガードナーはそれを、「最近」流行している重さを計るパズルの、「新しい、ほれぼれするほど単純な変種」と言っている。[144]

?蟻が三匹いて、ふつうの三角形の三つの角にいます。それぞれの蟻が辺の上を別の角に向かって移動しはじめます。どちらの角に向かうかは無作為に選ぶとします。どの蟻も衝突しない確率はいくらでしょう。

蟻が衝突しないで動く方向は二通りしかない。どの蟻も時計回りに回るか、どの蟻も反時計回りに回るか、いずれかだ。そうでなければ、衝突せざるをえない。

蟻の一匹を選んで、これを「ビル」と呼ぼう。ビルがどちらへ行くか決めてしまうと（時計回りか反時計回りか）、他の蟻も、衝突を避けるには、同じ方向に行かなければならない。蟻は無作為に選ぶのだから、第二の蟻がビルと同じ方向に進む確率は$\frac{1}{2}$、第三の蟻がそうなる確率は$\frac{1}{2}$だ。つまり、衝突が避けられる確率は、$\frac{1}{2}\times\frac{1}{2}$で、$\frac{1}{4}$になる。

?·犬が四匹いて、それぞれが大きな正方形の角にいます。それぞれの犬が時計回りに隣の犬を追いかけます。犬はすべて同じ速さで走ります。必ず時計回りの隣の犬にまっすぐ向かうように、走る向きを調整しながら走っています。それぞれが隣の犬に追いつくのに時間はどれだけかかるでしょう。また、そうなる位置はどこでしょう。

犬1の背中に乗っている蚤になったと想像してみよう。超小型のスピードガンをもっていて、自分を基準にして（犬1が基準ということ。自分は五本の脚で犬1の背中にしがみついていて、残った一本でスピードガンを向けるというわけだ）、物体がどれだけの速さで動いているかわかるものとする。犬1は犬2を追いかけ、犬2は犬3を追いかけ、犬3は犬4を追いかけ、犬4は犬1を追いかける。追いかけっこが始まったとき、スピードガンを犬4（こちらを追いかけてくる犬）に向けよう。それで、犬4が近づく速さはvであることがわかる。

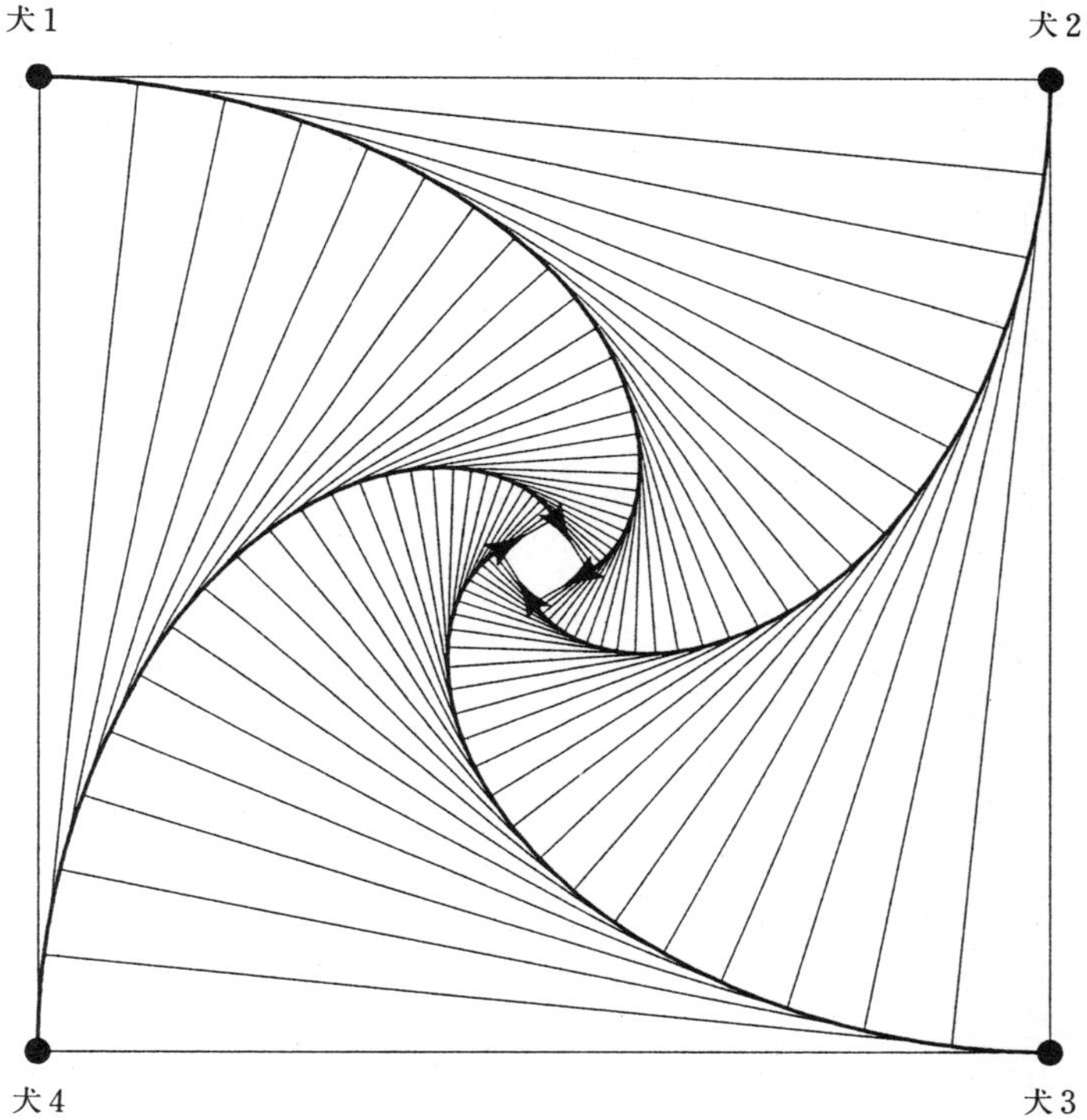

犬1
犬2
犬4
犬3

少したってから、またスピードガンを使ってみる。今度はどういう値を示すだろう。この時には、すべての犬が少し移動していて、少し近づいており、それぞれが追いかける犬を追尾するために、少し向きも変わっている。四匹の犬は、依然として正方形をなしている。それぞれの犬は、相変わらず追いかける相手を速さvで追いかけており、追いかけられる犬は、追いかける犬の方向に対して直角に動いている。追いかける相手の犬の動きはやはり直角方向なので、追いかける犬は、目標へ、全速力のvで近づいていく。つまり、スピードガンは、犬4が、なおも速さvで近づいてくることを教えてくれる。

スピードガンは、追いかけっこをしている間、ずっと、犬4は速さvで近づいてくることを伝えるだろう。この蚤とスピードガンの話は、このパズルが指定していることを鮮やかに描き出す手段だ。つまり、犬はいつも一定の速さで相手に近づいていくということである。

基準（つまり犬）が他の犬に対して、あるいは地面に対して動いていても、違いはない。どの基準も、他の基準と同等だ（そのことでとやかく言われたら、アインシュタインがそう言っていると言えばいい）。大事なのは、犬4が一定の速さvで近づいてくるということだ。最初の犬どうしの距離をdとしよう。すると必然的に、犬4はd/vの時間がたつと、こちらとぶつかることになる。他の犬の背中にいる蚤も同じことを考える。どの犬も、d/vの時点で相手に追いつく。

そうなる地点はどこか。犬の動きは完全に対称的だ。犬が西隣の町まで行ったりしたらおかしい。何かが西よりに引き寄せているわけではない。何があっても、最初の状況の対称性は維持されざるをえない。犬がぶつかるとなれば、それは正方形の真中になるほかはない。

上から見ると、それぞれの犬がたどる道筋は、優美な螺旋になる。問題を解くには、そのことを知る必要はない。多くの人が思い込むような、微積分を使う必要もない。この問題は、学校で習ったことにとらわれて、もっと簡単な答えを見失っていないかどうかを見ている。

このパズルも、やはりマーティン・ガードナーが一九五〇年代に言及したものだ[145]。

?ロサンジェルス発ニューヨーク行きの列車が、時速一五マイルという一定の速度で出発します。同時にニューヨーク発ロサンジェルス行きの列車が、同じ線路で出発します。こちらは時速二〇マイルの速さです。さらに同じ時刻に、ロサンジェルス駅から鳥が飛びたち、線路沿いに時速二五マイルで、ニューヨークへ飛んで行きます。ニューヨーク発の列車に出会うと、直ちに方向を逆転します。速さは変えないで、ロサンジェルス発の列車に出会うまで移動し、出会うとまた向きを逆にし、以下同様とします。鳥は双方の列車が衝突するまで行ったり来たりを続けます。鳥はどれだけの距離を移動したことになるでしょう。

このパズルでいちばん速いのは、最初から最後まで鳥だ。また、鳥が何をしても、列車には何の影響もない。

列車を東行きと西行きと呼ぼう。鳥は東行きと一緒に出発して、東へ進む。鳥は東行きよりも速いので、東行きが西行きに出会う——つまり衝突する前に、鳥が西行きと出会う。

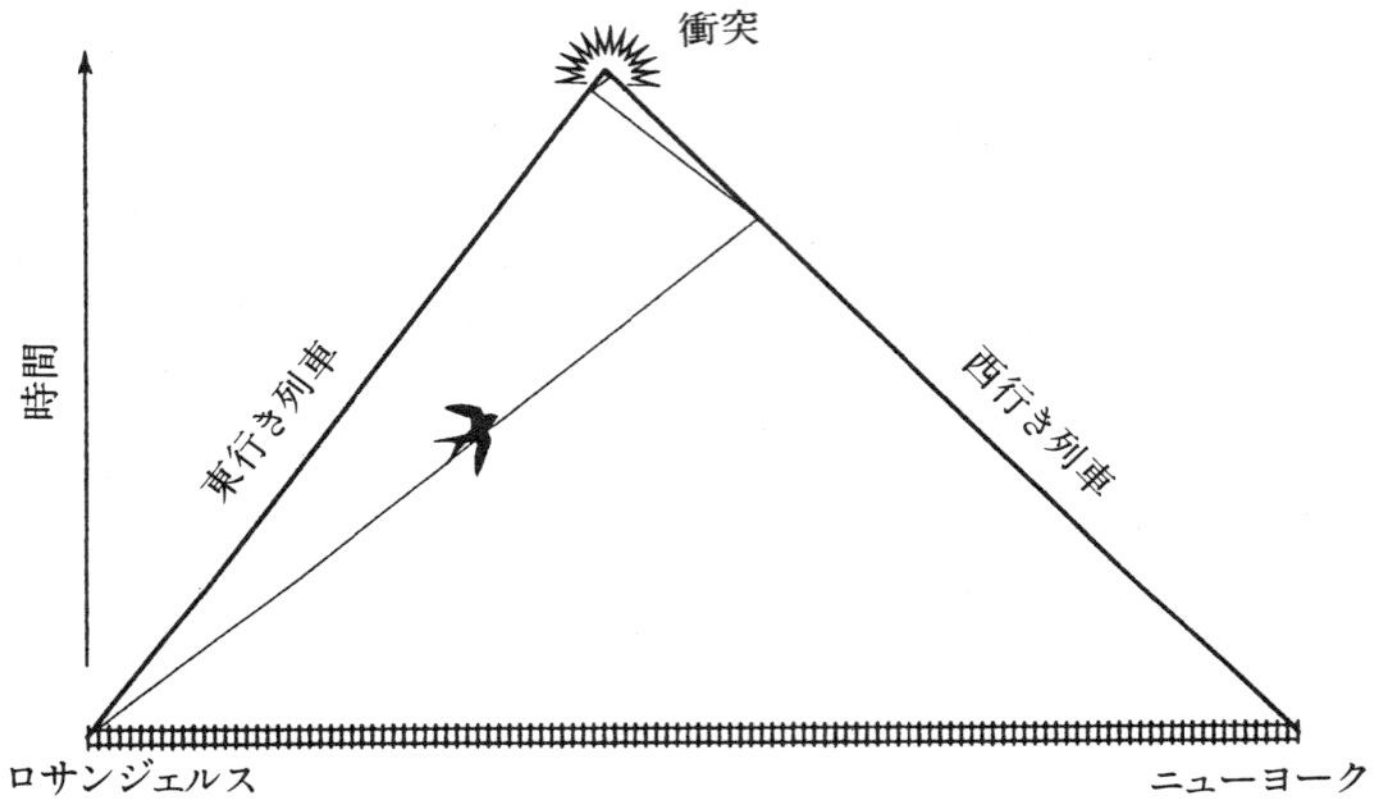

鳥が西行きと会った瞬間、鳥は反転し、今度は西行きの前を、西へ向かい、東行きと会う。これも西行きよりも先だ。また方向を変えて、この行き来が繰り返される。違いは、繰り返されるごとに列車が近づいていることだけだ。列車がどんなに近くなっても、衝突するまでは、鳥は行程を続ける。つまり、鳥は無限回の行ったり来たりを続けるということだ。

理論的にはそういうことだ。衝突の一瞬前にも、鳥は列車の前の間で反転しようとしてつぶされることになる。そういう恐ろしい細部は無視してよい。

無限に続く数列を無視するのはそれほど簡単なことではない。マイクロソフトで面接を受ける人はたいてい、学校にいる間に、どこかで無限級数の和をとる方法を習っている。ただ、その多くの人は、レドモンドで面接を受けるときには、その方法を忘れてしまっている。

無限級数のことはまったく心配しなくてもいい。二つの列車は一時間に三五マイル（二〇＋一五）という相対速度で近づいている。問題にはニューヨークからロサンジェルスの間の線路の長さは与えられていないし、それは知らなくてもいい。答えは、すると、代数の範囲だ。最初の列車間の距離をdとし、列車が一時間に三五マイルずつ近づくのであれば、衝突が起きるのは、$\frac{d}{35}$時間後だ。

その間、鳥はずっと空中にあって、時速二五マイルという一定の速さで飛んでいる。方向は変えるが、この速さで進み続ける。したがって鳥は、合計$25 \times d/35$マイル、約分して$\frac{5d}{7}$マイルを飛ぶことになる。これが求められている答えだ。

ある人がこの問題の一種を、数学者のジョン・フォン・ノイマン（一九〇三〜五七）に出したという。すぐに答えが出たので、その人は「ああ、たねがわかったんですね」と言った。

「たねって何？」とフォン・ノイマンは聞く。「無限級数の和を求めただけですよ」。

?.定数が二六個あり、それぞれAからZとします。A＝1とし、他の定数の値は、アルファベットの中での文字の順番の数を、一つ前の定数乗したものとします。つまり、B（二番めの文字）$=2^A=2^1=2$, $C=3^B=3^2=9$のように続きます。そのとき、次の式の正確な数値を求めなさい。$(X-A)\times(X-B)\times(X-C)\times\ldots(X-Y)\times(X-Z)$。

英語では、左から右へ読んでいくので、式を左から計算していくという罠にはまることになる。最初に出てくる定数Xはいくらだろう。

Xはアルファベットの24番目の文字だ。定数Xは、前の定数Wを24乗したものになるはずだ。Wは

23番目の文字で、WはVの23乗で、VはUの22乗で、TはSの……。

　これが意味することは、Xが、24の（23の（22の……（3の（2の1乗）乗）……乗）乗）乗ということで、指数が23個入れ子になっている。

　Xはとてつもなく大きな数だ。

　googleというインターネットの検索サイトは、その名をグーゴルという数からとっている（つづりは違うが）。この数は、1の後に0が一〇〇個続く数で表される量と定義される。グーゴルプレックスという、さらにとてつもなく大きな数もある。これは、1の後に0がグーゴル個続く数だ。グーゴルもグーゴルプレックスも、非条理に大きな数を例示する以外には、実用上の使い道はない。知られている宇宙にグーゴル個もの物理的対象はない。グーゴルプレックスは、あまりにも大きすぎて、全部書くことすらできない。十進法で書くと、グーゴル個のゼロが続き、宇宙には、原子だろうとクォークだろうと、グーゴル個もないから、どんなに小さい数を書いても、紙には書ききれない〔字も、結局は、何個かの原子が並んだものだから〕。

$$\mathrm{Googol} = 10^{100} \qquad \mathrm{Googolplex} = 10^{10^{100}} \qquad X = 24^{23^{22^{21^{\cdot^{\cdot^{\cdot^{3^{2^{1}}}}}}}}}$$

　そのグーゴルプレックスも、マイクロソフトのXに比べたら、取るに足らないほど小さい。インテルにしても、Xの値を完全に計算できるほどのマイクロプロセッサは、まだ作っていない。ムーアの法則〔コンピュータのCPUの速さは、一年半で二倍になる〕がどこまでも成り立つとして、また宇宙全体を超高性能ペンティアムCPUで埋め尽くすことができたとしても、Xという想像もつかないほど大きな数を処理するには、絶望的なほど足りない。

面接で、そのXがたくさん含まれている式の正確な値を出すよう求められているということは、どこかにおかしなことがあるということだ。

答えはゼロだ。かけ算する二六個の項の中には、必ず（X―X）がある。もちろんこれはゼロだ。他の項がどうなろうといっさい関係ない。どんな数でもゼロをかければゼロになる。

ひっかけ問題にはいろいろな形がある。この問題は、「ウォーリーをさがせ」の絵のようなものだ。隠れた仕掛を特定する確実な規則はない――ウォーリー同様、仕掛はどこにでもありうる。仕掛にどれだけ早く気づくかは、当人の目の向けどころが、最初はどこで、次がどこで、その次はどこになるかということに、大いに左右される。鍵を握る（X―X）という項は、もちろん、マイクロソフトの面接で式が書かれるときは、「…」のところに「隠されて」いる。

志望者が、見当はずれかもしれないことに時間やエネルギーをかける前に、全体の構図を見る人かどうかを知りたいと思うのは、もっともなことだ。しかし、多くの人にとって、「全体の構図」とは、自分が、ちょっとした躊躇に左右されるような、プレッシャーのかかる面接を受けているということだ。ふだんは問題の状況を見るような人でも――そして仕掛を正しく見抜く人でも――まじめな人は、代数計算にかかる人が多い。そういう人は、たいてい左から始めている。単純な答えを察する前に、しばらく「間違った」道をたどることがあるというわけだ。

？マイナス二進法で数を数えなさい。

このばかげた要求は、マイクロソフトの面接で長い間使われてきた。「マイナス二進法」など、実はない。クリンゴン語の文を図解しなさいと求めているようなものだ〔クリンゴン語は、『スタートレック』に出てくる部族の言語。文法は「わかって」いるので、構造の図解は原理的には可能〕。

それでも、理にかない、筋の通ったマイナス二進法を考えることは可能で、それこそが求められていることだ。

通常の数の書き方は十進法だ。つまり、数を10のべき乗に分解している。176という数は、$1\times10^2+7\times10^1+6\times10^0$ということだ（約束により、どんな数でもゼロ乗すれば1になるものとされる）。十進法のもう一つの特徴は、十個の数字（0、1、2、3、4、5、6、7、8、9）を使うことだ。

コンピュータは二進法、つまり二進表記を使う。これが使う数字は二つだけだ（0と1）。複数の桁で表される数（たとえば10010）では、それぞれの桁が順次2のべき乗を表す。1、2、4、8、16、32……である。たとえば2進数10010は、$1\times2^4+0\times2^3+0\times2^2+1\times2^1+0\times2^0$で、足し合わせれば、ふだんは十進法で18と言っている数になる。

一般には、どんな数を基にしても、その数が、いろいろな大きさのブロックのようなはたらきをする。十進法では、このブロックは1, 10, 100, 1000などの大きさになる。二進法では、ブロックの大きさは1, 2, 4, 8, 16などになる。この標準の大きさの単位を組み合わせて、望みの数が何でも得られる。

すると、マイナス二進表記ならどうなるだろう。

当然、マイナス二進法の標準になる数は、-2のべき乗で表される必要がある。-2のべき乗は、順に、1、-2、4、-8、16、-32……である。

変わったところは、奇数乗の数がマイナスになるということだ（-2×-2＝+4だが、-2×-2×-2＝-8となる）。そこで、数を、これら決まった正と負の数に分解しなければならない。

それがすべての数について可能かというところから疑問に思うかもしれない。実際に可能だ。あらゆる正と負の数を、この方式で表現できる（ふだんの～進法では、負の数を表すときにつけるマイナスの符号を、つけなくてもよくなる）。マイナス二進法では、一般に、ふつうの二進法表記のときよりも、必要な桁数が多くなる。

数え始める前に、はっきりさせておかなければならない別の問題がある。マイナス二進法で使う数は何にすべきだろう。0と1だろうか。それとも0と-1だろうか。他のまったく別のものだろうか。

通常の方式では、～進法の～に相当する数だけ数字がある。十進法では十個の数字、二進法では二個の数字だ。

この規則を文字通りに適用しようとすると、マイナス二進法には、マイナス二個の数字があることになる――0個よりも少ない。

規則は破らざるを得ない。それでも、規則を破るには、かっこいい破り方と、ただだらしないだけの破り方がある。位取り表記の精髄を、負の数という、かつては異界の領域だったものに移し替えながら捉えようというのだ。数字の数が～進法の～に等しいという規則は、～が負のときには移し替えられない。

いちばんわかりやすいのは、0と1を使うことである。これは通常の二進数表記で使うのと同じ数字だ。もう一つは、こちらの方が題意にかなうのかもしれないが、0と-1を使うことである。-1は、これで一個の記号とみなす。ただ、これは少々ぎこちないことになる。できるだけ単純にしたいと思うのは当然だろう。そこで、数字としては0と1を使うことにしよう。

すると、一は単純に1と書ける（つまり、$1\times(-2)^0$のこと）。

二は少し工夫がいる。先に挙げた順番で、次の桁は、-2の位だ。つまり、マイナス二進数で10と書いてあれば、-2＋0、つまり-2のことだ。

111と書いてあったらどうだろう。これは4＋(-2)＋1＝3である。なるほど。それならいちばん最後の1を0にしてやると、110は4＋(-2)＋0＝2になる。だから、二をマイナス二進法で書くと110になる。

三はマイナス二進法で111であることは、今計算したところだ。

四は簡単だ。三番めの位は、ふつうの二進法と同じ4だ。四は100と書ける。

一番下の位に1を足せば、マイナス二進法版の五が得られる。101だ。

六を表すには、下から二番めや四番めの位に1を足してもうまくいかない。これらの位は負の数（それぞれ-2と-8）を表しているからだ。一足飛びに五番めの位、つまり+16の位へ進まなければならない。10000は一六のことだ。これは多すぎる。しかし11000は、16＋(-8)＝8だ。そこから2を引くには〔8＋(-2)〕、下から二番めの位に1を置けばいい（11010）。これでマイナス二進法版の六ができた。

これに1を足せば七（11011）。

八はすでに計算したとおり、11000。

これに1を足せば九（11001）。

十は少々技巧がいる。八（11000）から始めよう。下から三番めの位に1を置いて四を足す（11100）。ここから二を引くには、下から二番めの位に1を置く（11110）。これが十だ。

マイナス二進法で表す最初の十個の数は、1, 110, 111, 100, 101, 11010, 11011, 11000, 11001, 11110となる。

?.瓶が二本とビー玉が一〇〇個あります。五〇個は赤で、五〇個は青です。瓶のうち一方を無作為に選びます。瓶からビー玉を無作為に一個とります。赤を引く可能性を最大にするにはどうすればいいでしょう（ビー玉はすべて瓶に入れておかなければなりません）。その場合、赤いビー玉を選ぶ可能性はどれだけあるでしょう。

一見すると、どちらかを出やすくすることはできないように見える。赤のビー玉も青のビー玉も数は同じなのだ。それをすべて使わなければならない。青いビー玉を少し「抜く」ことはできない。ビー玉の選び方は、まったくの「無作為」だ。赤いビー玉を引く可能性は五分五分ではないのか。

これはそれぞれの瓶に、それぞれの色のビー玉を二五個ずつ入れているときのことだ。実は、それぞれの瓶に、五〇個ずつビー玉が入っているときには、色の混ざり方とは関係なく、可能性は五分五分になる。赤いビー玉はすべて瓶Aに入れ、青いビー玉はすべて瓶Bに入れると、赤を引く可能性は、やはりちょうど五〇パーセントになる。瓶Aを選ぶ確率になるからだ（そこから無作為に選んだビー玉は、確実に赤になる)。

このことから、パズルの答えがうかがえる。瓶Aでは五〇個の赤いビー玉全部を使う必要はない。一個でも同じことだ。その場合でも、赤いビー玉一個だけの瓶Aを選ぶ確率は五〇パーセントある。その上で、赤いビー玉が、無作為に「選ばれる」——他に選択肢はない。

それによって、瓶Aだけで赤を選ぶ可能性が五〇パーセント得られる。赤いビー玉は、まだ他に四九個ある。これを瓶Bに入れられるし、そうせざるをえない。瓶Bが選ばれたときは、赤いビー玉を引く可能性が五分五分近くある(正確には、$\frac{49}{99}$の確率)。この仕掛で赤を選ぶ確率は、全体で、七五パーセント近くになる(瓶Aの五〇パーセントと、残り五〇パーセントのうちの$\frac{49}{99}$を合わせたもので、これはおよそ74.74パーセントになる)。

少数民族から代表が選ばれやすくする選挙区の線引きは、このような方法で行なわれている。

?.三リットル入りのバケツが一個、五リットル入りのバケツが一個あります。水はいくらでも使えるものとして、正確に四リットルの水を量るにはどうすればいいでしょう。

量れる量を見てみよう。三リットルのバケツをいくらでも水がある井戸に下ろして引き上げる。三リットル入っている。もうひとつのバケツを下ろすと、五リットルが入っている。

それ以外の量を量るには、問題の文言にある曖昧なところをはっきりさせる必要がある。ある量「ちょうどにする」ために、どんな操作が認められているのだろう。

もし超精細メスシリンダー視力をもっていたら、ぐっとにらむだけで、五リットルのバケツから、ちょうど一リットルの水をくみ出せるかもしれない。もちろん、そんなことはできないし、できたらパズルにはならない。

もちろん、二つの量を「足す」ことは認められる。うまいこと三リットルのバケツと五リットルのバケツにそれぞれ二リットルずつ入れることができれば、三リットルのバケツの中身を五リットルのバケツに注ぎ、四リットルが得られることになる。

量を足すだけでは、どうにもならない。それを利用して三＋三＝六リットルを得ることはできない。五リットルのバケツでは、六リットルは入らないからだ。量った水を風呂桶でも、水を抜いたプールにでも、乾いた湖底にでも、何でもいいから入れようと思うかもしれない。この試験では、それは認められていない。どこまでも海だらけで、この世にある容器といえば、この二つのバケツだけという星にいるものと想像しなければならない。

足すだけでは先へ進めない以上、引くという少々難しい操作を認めてもらわなければならない。五リットルのバケツをいっぱいに満たし、それを慎重に、からの三リットルのバケツに、それが一杯になるまで注ぐ。そこでストップ。全然こぼさずにできれば、五リットルのバケツには、二リットルが残っている。

二リットル残ったからといって、どうにかなったわけではない。さらに前に進む唯一の方法は、三リットルのバケツをからにして、五リットルのバケツから三リットルのバケツに、二リットルの水を入れることだけだ。

そこで必要なのは、五リットルのバケツにまた水をいっぱいに汲むことだ。それを慎重に三リットルのバケツに注ぎ、水がへりまでくるようにする。それでちょうど一リットルの水を移したことになり、五リットルのバケツには四リットルが残ることになる。

別解（もう一回水を注ぐ操作を必要とする）は、三リットルのバケツをいっぱいにして、それを五リットルのバケツにあける。三リットルのバケツをもう一回いっぱいにして、また五リットルのバケツにあける（三リットルのバケツに一リットル残る）。そこで五リットルのバケツをからにする。一リットルの水を五リットルの水にあける。もう一度三リットルのバケツ一杯の水を汲み、中身を五リットルのバケツに移せば、四リットルになる。

W・W・ラウズ・ボールが、このパズルのことに、ビクトリア時代の人気の選集、『数学遊戯』（一八九二年）で触れている。ボールは、この問題は中世にまでさかのぼれると思っていた。

ルイス・ターマンが、その最初の知能検査で、このパズルのもっと単純な形を使ったが（四〇頁）、「平均的な成人」の三分の二が、指定された五分では解けなかったという。「工夫《インヴエンション》が足りないと思われるかもしれないが、歴史上の重要な発明《インヴエンション》は、知恵の女神ミネルヴァのように誰かの頭からいきなり生まれるのではなく、段階を追って発達し、それぞれの段階でごくわずかずつ前進するものだということを思い出そう[146]」と書いている。

ミネルヴァも何も、ターマンの出した形の問題は易しい。これは、IQの「平均」点が長期的に上がる（過去に用いられたのと同じ問題で検査すれば）流れを反映しているのかもしれない。ターマンが信じていたのとは違い、環境はＩＱの得点に無視できない違いをもたらすようだ。

もっと厳しい、マイクロソフト的なものが、映画『ダイ・ハード３』（一九九五年）に出てくる。ここでは犯罪者の首領が爆弾をしかけ、ブルース・ウィリスとサミュエル・Ｌ・ジャクソンがパズルを解けなければ爆発させるという。爆弾はセントラルパークの池にあり、それぞれ決まった大きさの二つのプラスチックのカップがついている。決められた量の水を秤の上に置かなければならない。カップに入れられた水の重さが一オンスずれていたら、爆弾が爆発するので、だいたいというわけにはいかない。その場を離れることもできない。爆弾には「距離検知器」がついているのだ。ウィリスとジャクソンは、映画ではおきまりの相棒どうしのかけあいをしながら、答えを計算する（「おまえは俺が白人だから嫌ってるんだ」／「俺がおまえを好きじゃないのは、おまえと一緒じゃ殺されかねないからだよ」）。

?あなたの会社の社員の一人が、給料を、金の地金で、日払いで払うよう求めています。あなたは、この社員の七日分の給料に相当する値段の延べ棒をもっています。棒はすでに七等分に切れ目が入っています。延べ棒を二か所だけ切断してよく、一日が終わるごとにこの社員と精算しなければならないとして、どうすればいいでしょう。

この従業員への最初の勤務日分の支払いに、一単位の金が必要となる。わかりやすいのは、端から一単位分の切れ目のところで延べ棒を切ることだ。それほどわかりやすくないが、真中をはさんだ二つの切れ目を用いて、真ん中の部分を一単位分切り出すというのもある。わかりやすい方をやってみよう

（後で考え直すかもしれない）。端から一単位分を切って、従業員に渡す。残りは六単位分の長さの延べ棒で、あと一回切ってもいい。

第二日には、端からまた一単位、切れることは切れるが、それだと、五単位分の長さが残り、もう切ることはできない。第三日に支払う方法はない。

そこで、二単位分を切る。第二日の終わりには、二単位の塊を従業員に渡して、おつりとして一単位の塊を返してもらう（相手がまだ使っていないことを期待するしかない）。

これで手元には四単位の延べ棒と、おつりでもらった一単位の塊が残り、もう切ることはできない。第三日には、一単位の塊を渡す。第四日には、四単位の塊を渡し、二単位と一単位の二つの塊をおつりとしてもらう。それを使って、第五日、第六日、第七日の支払いをする。

?箱がb個とn枚の一ドル札があります。お金を箱に封入し、どの箱も開けずに、0ドルからnドルまで、求められた総額を出せるようにしてください。bとnにはどんな制約がありますか。

基本的な考え方は、延べ棒の問題と同じく、二進法を利用する。第一の箱には一ドル、第二の箱には二ドル、第三の箱には四ドル……というふうにする。求められた額は、必ず二のべき乗の和に分解できる。

延べ棒の問題と違って、この形のものは「例外処理」を試している。複雑なところの一つは、nが必ずしも二のべき乗を順に合わせたものになるわけではないということだ。nを二のべき乗に分解すると、「余り」のお金がいくらか出る。このことで、額がべき乗の和で表せるより多いときの扱いが変わる。また、箱の数が足りないかもしれないという問題もある。

一〇〇ドル与えられたとしよう。一ドル、二ドル、四ドル、八ドル、一六ドル、三二ドルが入っている箱を作れるが、七番めの箱に六四ドルを入れるほどは残っていない。最初の六つの箱には、$1+2+4+8+16+32=63$ドル入っている。つまり、きれいに二のべき乗にならない三七ドルが、第七の箱に入るということになる。一ドルから一〇〇ドルまで、求められた額を与えるにはどうするか。最初の六つの箱を使えば、六三ドルまでの額は、どれでも出せる。

六四ドル必要なときはどうするだろう。まず三七ドルの入った箱を渡し、必要な六四ドルから三七ドルを引いて二七ドルを求める。この二七ドルについては、最初の六つの箱を二進法を用いて渡す。この場合は、三七ドル、一六ドル、八ドル、二ドル、一ドルの箱を使うということになる。満額の一〇〇ドルになって、全部の箱を渡すまで、同様の方式でやっていける。

箱は何個あればいいだろう。箱の個数bを、額nを用いて表す一般式が必要だ。答えに向かう第一歩として、箱が一個加わるごとに、扱える額はほぼ二倍になるということがわかる。箱が二個あれば三ドルまで処理できるが、箱が三個になると、七ドルまで行けることになる。そこでbを表す式は、$\log_2 n$のような形になるだろう。nが二倍になると、$\log_2 n$は一増える。

必要な箱の個数早見表を作ってみよう。

b	1	2	2	3	3	3	3	4

n
1
2
3
4
5
6
7
8

箱の個数は、ちょうど二のべき乗の数になるごとに、一ずつ増えていく。八ドルについては四箱が必要で、七ドルまでは大丈夫だった三箱から一つ増えている。八は2^3なので、$\log_2 8$は3だ。nがちょうど二のべき乗のときは、$1+\log_2 n$個の箱が必要になる。箱の個数は、もちろん必ず整数で、対数はふつう、そうはならない。7は、その下のちょうど二のべき乗になる数4のときと同数の箱を必要とすることに着目しよう。それはつまり、対数の小数点以下を切り捨てていいということだ。nドルについて必要な箱の個数、$b=1+\mathrm{int}(\log_2 n)$ということになる〔int は整数部分をとることを意味する〕。

このパズルは、デジタルな時代精神をよく映すだけでなく、いろいろに形を変えて、ルネッサンスの時から姿を見せていた。フランスのクロード・ガスペル・バシェが一六一二年の『愉快で楽しい問題』という本の中で触れたことから、バシェのおもり問題と言われる。バシェは、一ポンドから四〇ポンドまでの整数ポンドの重さなら、どれともつりあうようにするために必要なおもりの最小限の数を問題にした。それ以前にも、やはりおもりを用いたものが、ニコロ・タルタリアの測定に関する論文に姿を見せる（ヴェネチア、一五五六年）。もちろん、答えは一、二、四、八、一六、三二ポンドだ。ヴェネチアの人文学者にとっては、二のべき乗を利用するのは、二一世紀にマイクロソフトの面接を受ける人の目に映るよりも、ずっとわかりにくいことだったに違いない。[147]

？赤、緑、青、三色のジェリー・ビーンズの入った容器があります。目を閉じて容器を手探りし、同じ色のジェリー・ビーンズ二個を取り出さなければなりません。同じ色のものが二個、確実に得られるようにするには、何個のジェリー・ビーンズを取り出さなければならないでしょう。

四個。三個のジェリー・ビーンズを取り出せば、それぞれの色が一個ずつ入っていて、合うものがないかもしれない。四個あれば、少なくとも二個は、同じ色にならざるをえない。

これは、暗闇で引き出しから靴下を取り出して、必ず左右そろったものをとるには、何本出さなければならないかというもっと古い問題を、マイクロソフトが変えたものだ。たとえばバンカーズ・トラスト社は、面接で靴下のパズルを出す。靴下の色が二色なら、答えは、もちろん三本だ。

?果物の入った弁当箱が三個あります。一つにはりんご、一つにはオレンジ、一つにはりんごとオレンジが入っています。箱の中の果物は見えません。どの箱にもラベルが貼ってありますが、どれも間違っています。どれか一つの箱から目を閉じて一つの果物を取り出し、それが何か見ていいと言われます。それぞれの箱に何が入っているか、はっきりさせるためにはどうしますか。

「りんご」というラベルのついた箱から果物を取り出すとしよう。それで何がわかるだろう。抜き出した果物がりんごかオレンジかという、ちょうど一ビットの情報が得られる。りんごだったとしよう。抜き出した箱には「りんご」と書かれているので、本当に全部りんごの箱ではありえない。そこからりんごが出てきたなら、それは「りんごとオレンジ」の箱のはずだ。結構。残りは二つ。「オレンジ」というラベルのものと「りんごとオレンジ」というものだ。「オレンジ」がオレンジではありえないし（すべてのラベルが間違いだから）、リンゴとオレンジでもありえない（すでに抜き出した箱「りんご」がりんごとオレンジだったから）。したがって、「オレンジ」にはりんごが入っていなければならない。残った「りんごとオレンジ」には、オレンジだけが入っているはずだ。

これでパズルは解けただろうか。そうはならない。「りんご」という箱からりんごが出てくるという、希望的な推定をしただけだ。それによって、この箱は両方が混じっていることが言えた。「りんご」の箱からオレンジが出てきたということもありうる。そうなると、それが全部オレンジの箱なのか、両方が混じった箱なのか、区別はできない。

抜き出した果物で、抜き出した箱が何の箱か、確実にわかる必要がある。それができる唯一の方法は、「りんごとオレンジ」というラベルのある箱から果物を抜き出すことだ。どのラベルも間違っているのなら、この箱にはどちらか一方だけの果物が入っているはずだ。抜き出した果物で、それが何かわかる。

オレンジだったとすれば、この箱は全部オレンジだ。残りの二つの箱は、「りんご」と「オレンジ」と書かれている。どちらか一方は、本当のりんごで、残りが混合だ。やはりどのラベルも間違いということになると、りんごは「りんご」のラベルがある箱に入っているはずがない。りんごは「オレンジ」と書いてある箱になければならない。つまり、両者混合は、「りんご」と書いてある箱にあるということだ。「りんごとオレンジ」からりんごが出てきた場合も、りんごとオレンジが逆になっても、同じ推論が使える。

?.五〇組の夫婦のいる村の男全員が、不貞をはたらいています。村の女はみな、自分の夫以外の男が不貞をはたらけば、即座にそれがわかります（何せ小さな村ですから）。でも、自分の夫が不貞をはたらいてもわかりません（知らぬは何とやらばかりなりです）。村の厳しい姦通に関する掟では、自分の夫が不貞をはたらいたことを証明できる女は、その夫を即日殺さなければならないとしています。この掟に逆らおうなどと思う女はいません。ある日、決して過ちを犯さないことで知られる女王が、この村を訪れます。女王は、少なくとも一人の夫が不貞をはたらいていると宣告します。どうなるでしょう。

まず、女王の宣告がある前の村に存在する状況から始めよう。すべての男が不貞をはたらいたことがある。女は村の野放図な不倫のことを知っていて、不実な夫を殺すことを求める法もある。それなのに、どの女も自分の夫を殺していないのはなぜか。

不実な夫の妻だけが、その夫を殺すとされているからだ。どの妻も、他の四九人の不義のことを知っているが、自分の夫の不義だけは知らない。他の妻に、あなたの夫は不倫していますよと教えるのは不作法で、それはできない。

これは奇異な状況だが、このパズルで処理しなければならないのは、そういうことだ。いよいよ女王が村にやってきて、少なくとも一人の夫が不貞をはたらいていると宣告する。それで事態はどう変わるか。

変わらない。「少なくとも一人」どころか、妻たちは、四九人の不実な夫たちの密かなリストをそらんじているに違いない。女王の宣告は、まだわかっていないことを、何も、誰にも教えていない。面接では、ここで多くの人が止まってしまう。女王の宣告には情報としての価値がないのだから、それ以上に何が言えようか。だから、どの女も自分の夫を殺しはしない。何も起こらない。

「何も起こらない」のは正しい――女王が宣告を行なった当日の間は。

翌日も何もない。その次の日も。

四九日目まで飛ぼう。一人の女を特定し、エドナとしよう。エドナは、四九人の夫の不貞のことを知っている。その一人マックスは、友人のモニカの夫だ。噂が広まることを考えると、エドナは、モニカが少なくとも四八人の不貞を知っているはずだと見ている。四九人の夫から、当のマックスを引いた四八人だ。誰もモニカに、マックスがしたことをあえて教えはしない。

さて、ここから話がややこしくなる。四九日目、エドナは、モニカがマックスは不貞をはたらいたと判断できるという結論を出せる。モニカは、それまでの日のいずれでも、誰かの夫が殺されなかったことを理由にそう結論を出せる（とエドナは推理する）。

村で不倫をした夫が一人だけだったら、その妻は、女王の宣告の日（第一日とする）に夫を殺していたはずだ。その場合、当の妻以外は、妻全員が、その一人の夫の不倫のことを知っていただろう。女王の宣告は、この妻の頭にがんと響くだろう。自分が不貞のことを何も知らない以上、その「少なくとも一人」の不実な夫とは、自分の夫ということにならざるをえない（他の夫なら、そのことを自分は知っているはずだから）。その妻は、その日のうちに、法の定めるとおり、夫を殺していたはずだ――ただし、不貞をはたらいている夫が一人だけだった場合のことだ。

ところがどの夫も殺されることなく、二日目が明けた。それは、全員に、村で不貞をはたらいた夫は一人だけではないことを教える。それと、女王が間違ったことは言わないという事実から、少なくとも二人はいるに違いないということになる。

もし二人だけだったら、その妻はそれぞれの夫を二日目に殺していたことになる（二人いるはずなのに、自分は一人の話しか知らないから）。三人だったら、その妻は三日目にそれぞれの夫を殺していたことになる……四八人いたら、その四八人の妻は、四八日目に夫を殺していたはずだ。

さて四九日目になり、モニカは四八人の不貞をはたらいた夫を知っているが、それまでにそんな大量殺人がなかったことを、不可解に思わざるをえない。ありうる説明はただ一つ（これはまだエドナが、モニカが考えているはずのことを推理している段階）。モニカ自身の夫が四九人目の不貞の夫だということだ。

そこでエドナは、間違いなく論理的なモニカは、四九日目の夜にマックスを殺すことになる。エドナは、村にいる他の妻全員についても同じ結論に達する。四九日目には、血の海が広がるだろうとエドナは思う。

ところが五〇日目になり、まだ何も起こっていない。今や、ありうる唯一の説明は、モニカは（そして他のすべての妻たちが）、四九人目の不貞の夫を知っていたということだ。それはマックスではありえない。残った一人の可能性があるのは一人だけ、エドナ自身の夫、エドガーだ。

それで五〇日目には、エドナは自分の夫が不実であると結論を出せる。他の妻たちも、同じ結論に達する。

このパズルの答えは、「四九日の間は何も起こらないが、五〇日目になると、五〇人の妻全員が、自分の夫を殺す」となる。

論理パズルとしては、これは傑作だ。だからといって、雇用のための道具としてもすぐれているかどうかは疑問だ。このパズルのことに、公刊されたものではじめて触れられたのは、物理学者のジョージ・ガモフとマーヴィン・スターンの一九五八年に出た本、『数は魔術師』〔由良統吉訳、白揚社〕である。この本の形では、不倫をするのは妻の方だった。[148] その後、このパズルはあちこちに顔を出している。一九八〇年代には、不倫をするのは夫になり、ＩＢＭ研究所の論文の主題にもなっている。[149] 一九九八年に出たジョン・アレン・パウロスの『確率で言えば』〔拙訳、青土社〕も、マイクロソフトのものとよく似た、不倫の夫の問題を出している。出典が近いものなのかもしれない。[150]

右記の本の平均的な読者は、これについて少し考えても答えが出ず、それで答えを見たのではないかと思う。「へえ、これはすごい」と思い、友だちに試してみて、やっぱりできなかったかもしれないが、友だちもこの答えを聞けば、すごいと思っただろう。論理パズルの人気は、それが実際に誰にでも解けるかどうかには左右されない。

社員の採用の判断にこのパズルを使おうとすると、考え方が分かれてくる。奇妙な「再帰的」論理は、プログラムを書くときの問題に似たところがあるにはあるが、このパズルは、人間の行動に関して実際的に理解している人〔プログラマにとっても価値のある属性がある人〕に不利に作用しがちだ。この問題が解けない場合は、たいてい、女王の宣告の直後には何も起こらないと正しく結論を出し、時間をおいて劇的な結果が起こる可能性は小さくなると見通すからだ。論理パズルでなければ、それがふつうに妥当な想定だろう。

？ある悪魔が、何人とは特定できませんが多くの小人をとらえます。小人一人を、入国審査の面接をするごとに、その額に赤か緑の宝石を埋め込みます。悪魔は新しく登録するごとに、額に赤か緑の二度と抜けない宝石を埋めたこと、悪魔はどちらの色かは教えず、他の小人も教えないこと（小人は話すことを固く禁じられています）、色の一方は、あわれな産業スパイを示し、もう一方の色はあわれな産業スパイでさえない、単に不運な捕虜を示すこと、悪魔はどちらの色がどちらの捕虜かを教える気はないし、これからもずっと教えないことが伝えられます。それで入国審査は終わりです。

毎日小人が整列して並び、悪魔が小人の数を数えられるようにします。脱走した者がいないことを確かめるためです。

ある日、悪魔は小人に飽き、解放することにします。悪魔は、小人全員が自分の宝石の色を推測できたら自由にしてやろうと告げます。ヒントとして、赤い宝石をつけた小人が少なくとも一人いて、緑の宝石をつけた小人が少なくとも一人いると教えます。全員の自由を勝ち取るためには、小人は毎日の整列のときに無言で悪魔に合図をしなければなりません。赤い宝石をつけた小人全員が一歩前に出て、緑の宝石をつけた小人は後ろにとどまります。それが正しければ、小人全員が自由になって、炭鉱にある我が家に帰れます。正しくなければ、その場で殺されてしまいます。

小人は自分たちの宝石の色をはっきりさせるために、いくらでも時間をかけてかまいません。小人はみな論理的で、全員が家に帰りたくてたまりません。小人はどうすればいいでしょう。

この状況で、完全に論理的な小人は何が導き出せるだろう。おそらく何もない。ふつうの小人は、緑の宝石をつけた仲間と赤い宝石をつけた仲間がいるのを見ることになるだろうが、自分の宝石についての手がかりはない。

しかし、ほかの小人の額に見えるのは赤い宝石だけという小人、あるいは緑の宝石だけという小人がいるとしよう。悪魔は、少なくとも一人は赤い宝石があると全員に伝えたのだから、見えるのが緑の宝石だけの小人なら、自分が一人だけ赤い宝石をつけていると判断することができる。逆も言える。見えるのが赤い宝石だけの小人は、自分が一人だけ緑の宝石をつけているのだと判断できる。

見えるのが緑の宝石だけという仮定の小人のことを考えよう。自分は赤い宝石をつけていることがわかっている。この小人がしなければならないのは、悪魔の発表があったすぐ後の整列のとき、前に進み出ることだ。緑の宝石をつけた論理的な仲間たちが列にとどまることは確信できる。これは悪魔が求めた正しい答えである。

なぜ他の小人が列にとどまるのかと思われるかもしれない。自分が緑の宝石をつけていることを知っているからだろうか。そうではない。この小人たちは皆、一個の赤い宝石（進み出た仲間の額にある）と、多くの緑の宝石（他の全員の額にある）を見ている。それでは自分の宝石の色は導けない。それぞれの色の宝石は少なくとも一つなければならず、それぞれの色は、確かに少なくとも一つある。自分の額にある宝石の色はどちらでもありうる。

これらの小人が列にとどまるのは手がかりがないからだ。誰かが間違った動きをすれば、全員が死ぬのを忘れてはならない。論理的なら、唯一の安全な道は、自分に赤い宝石がついていると導き出せるまで、そうならないかぎりは、列にとどまることだ。

これでは問題は解けない。これは計算しやすいからということで取り上げた、一つの筋書きだ。実際にそうだということではない。多くの、何人ともわからない小人が、赤か緑の宝石をつけていると言われているだけだ。

最初の整列のときに、右の筋書きのようにはならないとしたら（おそらくそうはならないだろう）、小人全員は、それぞれの宝石が、少なくとも二つはあると判断できる。これは前から明らかだったことかもしれない（全員がそれぞれの色の宝石を何個も見ているなら）。しかし、いずれかの色の宝石が一つだけしか見えない小人がいたとしたら、この小人は、二回めの整列のときに、自分がもう一つのその色の宝石をつけていると判断できる。その小人と同じ色の宝石をつけたもう一人の小人（同様の推論をしている）が、二回目の整列のときに前に出る……この推論とメタ推論の鎖は、少ない方の色の宝石をつけた小人の本当の人数に等しい回数の整列が行なわれる日まで続く。その日になると、多くの論理的な小人が一歩前に出て、（悪魔の約束が守られるなら）全員が解放される。

コンピュータ科学を専門にしている人なら、アロンゾ・チャーチという名は知っているだろう。この人は、一九三〇年代、いわゆるチャーチ・チューリングのテーゼという、ＡＩの礎石になるものを立てた（その要点は、コンピュータは、人間にできることなら何でもするようにプログラムできるということだ）。

チャーチは、世界的な論理パズル作者と言える数少ない人の一人でもある。そのテーゼを立てる頃には、額に泥をつけた三人の庭師のパズルを考えている。誰かが三人を見て、少なくとも一人は額に泥をつけていると言う。三人は、他の二人のふるまいから、自分の額に泥がついているかいないかを推理しなければならない。

このパズルは、自分がかぶっている帽子の色や、額におされたスタンプの色を推理しなければならないという、一つのジャンルの元になった。最近では、レイモンド・スマリヤンが、多くの巧妙な変種を作っている。このようなパズルの答えは、何らかの形で、他の完全に論理的な存在が、しかじかの時間の枠で結論を出せないことに基づいて結論を出す、やはり完全に論理的な存在が出てくる。「不貞の村」のパズル（前出）は、おそらくいちばん派手な例だろう。「悪魔と小人」が「不貞」と違うのは、主に、自分が参加者の一人の立場になって戦略を立てることを求められるところだろう。他ではこのような特異な筋立てに出会ったことはない。組織図が平坦な大組織の中で働くという苦労に、偶然とは思えないような類似を示している。

？四人の人が夜、崩れそうな橋を渡らなければなりません。欠けている横板も多く、橋が支えられるのは一度に二人だけです（二人を超えると、橋は崩れてしまいます）。旅人は足元を確かめるために懐中電灯を使わなければなりません。そうでなければ、欠けた隙間で足を踏み外し、落ちて死んでしまうのは確実です。懐中電灯は一つしかありません。四人の人の歩く速さはそれぞれ違います。アダムは一分で橋を渡れます。ラリーは二分、エッジは五分、いちばん遅いボノは一〇分かかります。

橋は一七分後には崩れます。どうすれば四人は橋を渡れるでしょう。

旅人の名がU2のメンバーの名になっている理由は、誰も知らない。

なくてはならない懐中電灯は一つしかないので、前に進む方法は、二人の人が橋を向こうまで一緒に渡り、一人が懐中電灯を持ってこちらへ戻ってくることしかない。正味では、一往復で一人の人間を橋の向こうへ運ぶことになる。

二人が一緒に移動する場合、遅い方の速さに合わせなければならない。アダムがボノと渡るとしたら、アダムはボノの進む速さに合わせて速さを落とさなければならず、渡るには一〇分かかる。

四人が渡るには四往復必要だと考えるかもしれない。幸い、それは間違いだ。最後の移動は片道で二人運べる。だから二回半の往復でいい。最後の片道は二人で渡ってしまえばいいのだ。

いちばん魅力のあるアイデアは、一分で渡れるアダムが、遅い人に付き添って渡ることだ。

一回目の移動で、アダムをいちばん遅いボノ（一〇分かかる）に付き添って渡らせる。これで一〇分かかる。

アダムは懐中電灯をもって帰ってくる（一分だけ）。

アダムは次に、二番目に遅いエッジ（五分かかる）を連れて行って戻ってくる（一分）。

最後に、ラリーと一緒に橋を渡る（二分）。合計は、10＋1＋5＋1＋2＝19分。これでは二分かかりすぎる。

実生活でこんなことがあったら、たいていの人はおそらく無理だと思うだろう。くじびきをするか、ボノを置いていくかだ。おそらく、これがパズルだとわかっていればこそ、確実に答えがあることもわかっていて、それを求めようという気になるのだろう。

仮定を確かめるという昔からの手を試してみよう。いちばんの基本的な仮定は、渡った人が戻ってくるというところだ。誰かが懐中電灯を、こちら側で待っている人のところへ届けなければならない。これは正しいか。

そうしないですむ方法を見つけるのはきつい。問題では、懐中電灯なしでは進めないことは明言されている（懐中電灯を、谷ごしに投げるとか、ひもをつかって戻すといった策を挙げれば、それはずるいと言われるだろう）。

二人が一緒に渡り、一人が懐中電灯をもって帰ってくるとも仮定している。他の数でやってみて、何かいいことがあるだろうか。

誰も渡らないような「回」は意味がない。橋は三人以上には耐えられないとも言われている。すると渡れるのは一人か二人、いずれかだ。一人を向こう側へ送り込んで、すでに向こうにいる誰かに付き添って戻って来させるという「逆往復」も、考えられることは考えられる――これでは事態はもっとややこしくなる。最初の状態に戻ってしまう。

いちばん遅い二人を一緒に渡らせてはどうか。ボノ一人だけで、与えられた一七分の大部分を食ってしまう。エッジを一緒にやれば、一石二鳥だ。エッジが他の人の足を引っ張ることはない。

このアイデアは答えの要になる。ここを読んで、「それは考えたけれど、うまく行かない」と思う人もいるだろう。

それは、これがよくある、いいアイデアだけれども、簡単に道をそれてしまうものだからだ。たいていの人が次に考えるのは、ボノとエッジが一緒に渡ることだが、それでどうなるだろう。

この場合、じれったくなるほど遅い二人を、一個しかない懐中電灯を持たせて向こうにやることになる。つまりそのうちの一人、当然エッジが、戻ってきて（ゆっくり）、懐中電灯をこちらに戻さなければならないということだ。その分時間がかかる。一五分だ。この時点でこちら側には、エッジも含め、三人が残っている。エッジだけで一七分で渡る方法は消えてしまう。

ここであきらめる人もいる。この失敗は、基本的なところで考え方が間違っているということだ。あえて次の段階へ進んで、五分／一〇分の回を最後にしてみる人もいる。最後の回は、誰も戻って懐中電灯を返さなくていいという点で、特殊だ。

このアイデアでも改善はされない。エッジとボノがこちら側に残っていて、懐中電灯もあり、それ以外には誰もいないという状況は、どうやってできるだろう。二人のうち一方（たぶんエッジか）が、向こうから懐中電灯をもって帰って来たのでなければならない――この場合、少なくとも往復で一〇分かかる。でなければ、懐中電灯は、もっと速い旅人が持って帰っているはずだが、その場合はその人がまた渡るのを待っていなければならない。これは先の場合と同じ時間の問題につながる。

ここでたいていの人はあきらめる。二つの極端な場合（遅い二人が最初に行くか、遅い二人が最後に行くか）を調べ、それがうまくいかないことがわかった。

両極は可能性にすぎない。遅い二人の移動を真中に置くこともできる。それが答えだ。

一回目――いちばん速い二人、アダムとラリーが渡る。これで二分。一方（アダムとする――どちらでもいい）がすぐに懐中電灯をもって引き返す（一分）。経過時間は三分

二回目――遅い二人、エッジとボノが渡り、一〇分かかる。向こう側に着いたら、それで二人の移動は終わり。懐中電灯を、向こう側にいる中でいちばん速い人にわたす（一回目でアダムが戻ったとすれば、ラリー）。ラリーは懐中電灯をもってこちら側に戻る（二分）。経過時間は一五分。

最後の片道――いちばん速い二人組が、こちら側で再結成される。二人でもう一度、最後に渡る（二分）。経過時間は一七分。

このパズルは中世に起源をもっている。アルクイン修道士（七三五～八〇四）はパズル集を書き、そこに、キャベツの籠、山羊、狼を連れて小舟で川を渡る人という（山羊と狼だけを残すと山羊は食べられてしまい、山羊とキャベツだけを残すとキャベツは食べられてしまうが、舟には本人と荷物一種類しか積めない）、昔からおなじみの頭の体操の古い形のものが入っている[151]。この一二〇〇年以上の間に、多くの変種が考えられた。川が崩れるおそれのある橋になったり、塔から脱出するための滑車とバケツになることもある。制約は重さだったり、時間だったり、女性だけを残してはだめだとか、今しがた出てきた、食う・食われるの関係だったりする。初期のＡＩ研究では、人食い人種の男何人かと宣教師が何人か、二人乗りの船で川を渡るという問題（人食い人種の男が宣教師より多ければ、必ず宣教師は食べられてしまう）が活躍した。初期のＡＩプログラムは、答えを求めることができた。

マイクロソフトのパズルは、この分野ではいちばん難しい部類に入る。メールが転送されて流通し、

独自の「都市伝説」もついている。メールはこう言っている。「伝えられるところでは、ある人がC言語のプログラムを書いて解いたそうですが、それに一七分かかったとか。三分で解いた人もいる。モトローラ社では、五〇人かかっても全然わからなかった。……註。マイクロソフトは五分以内でこの問題を解くよう求めている」[152]（実際にはそんなことはない）。

？正面に二つの扉があります。一方は面接室で、もう一方は出口です。扉の脇に相談できる人がいます。この人は当社の人間かもしれませんし、競合会社の人かもしれません。当社の者なら、必ず本当のことを言います。他社の人は、必ず嘘をいいます。どちらが面接室に向かう扉かを判断するために、この相談役に、一回だけ質問をしてもかまいません。何と尋ねますか〔一四八頁〕。

相談相手が本当のことを言うかどうかを知るすべがない以上、「こちらの扉で合っていますか」とか、「こちらにお勧めですか」といったことを聞くのは見当はずれだ。その答えは正しいかもしれないし、正しくないかもしれない。一回だけできる質問を使いきった上に、どちらかははっきりしないことになる。

だから、この人が本当のことを言うか嘘をつくかに関係ないような質問を考えなければならない。そうするための方法は、二重の質問を使うことだ。一方のドアを指して（どちらでも違いはない）、「こちらが面接室ですかと聞いたとしたら、そうだと答えますか」と聞く。

基本的な考え方は、必ず嘘をつく人なら、素直にこれが面接室へのドアかどうか（これは聞かなかった）を聞いたとしたらどう答えるかについても嘘をつくということだ。それで、必ず嘘をつく人であれば、本筋の質問に対して言うであろう答えの逆を言うはずだ――それで嘘をついたことになるわけだ。二つの逆が打ち消し合って、嘘をつく方は、それが正解のドアだったときにかぎり「そうだ」と答えることになる〔直接「こちらか」と聞かれれば「そうではない」と答えるはずなので、その逆の答えを出す〕。正直な相談相手も、もちろん、正解のドアなら、そうだと答える。正直なら、本筋の問いへも正しい答えを教えてくれるはずだからだ。相談相手が嘘をついているか本当のことを行っているかはわからないが、正しいドアを見つけることはできる。

別解はいくつもある。ひとつは「あちらの人にこれは面接室のドアですかと尋ねたら、あちらの人はそうだと言うでしょうか」というものだ。こうした答えは、相談相手が入り組んだ質問を文字どおりにとって、題意どおりに答えることを必要とする。しかしそうした質問は、嘘つきの相談相手に、何かおかしいぞと気づかせるおそれがある。嘘つきは、「完全な嘘つき」、つまり論理パズルにだけいるような嘘つきでないとまずい。それほど機械的でなく、人に間違いを犯させたいだけなら、嘘をつく方針を変えて、あなたに失敗させようとするだろう。

それを回避する方法がある。ドアを指差し、「すみません、御会社の面接を受けようとしているんですが、こちらのドアでよろしいでしょうか」。

二重の質問という仕掛は同じだが、今度はもっと自然な問い方だ。これなら嘘つきも、あまり深く考えないで嘘がつける。それはこちらが（しかも嘘つきが相手だったときだけ）嘘をついているからだ。こちらは嘘つきの会社で面接を受ける気はないのだ。だから出口を指していれば（実は、町のどこかにある嘘つきの会社へ至る道だ)、嘘つきは嘘をついて「違います。そっちじゃありません」と答える。本当の面接室につながるドアを指していれば――つまり嘘をついている競合会社の面接に至る道ではないなら――嘘をついて、そうだと答えざるをえない。

嘘つきと正直者パズルの古い形のもののうち、この「質問は一回」式のものの由来は、一九五〇年代にあるらしい。[153] 五〇年代版は、ふつう、離れ島に二つの「人種」の人がいて、一方は本当のことを言い、もう一方は嘘つきだという形になる。しかしインターネットで流通している架空の「マイクロソフト面接問題」は、それにさらにひねりを加える。「道が分かれているところに来ました。一方はマイクロソフトに通じ、もう一つはユートピアに通じます。ユートピアに行きたいとします。マイクロソフト・ウィンドウズの箱をかぶった男が一人います。この人が嘘つきか、本当のことを言う人か、ビル・ゲイツか、わかりません。この人に一回だけ質問をすることができます。どう尋ねますか」。[154]

このパズルがrec.puzzlesというニュースグループに投稿されたとき、冗談の答えが嵐のように返ってきた。その多くは過激な反マイクロソフト感情によるものだった。ビル・ゲイツが、本当のことを言うかどうか、予断はできない複雑な人物だと思えば、パズルは厳密には解けなくなる。状況は結局、自分が大都会にいて、聞く相手には嘘をつく人もいればそうでない人もいるというのと変わらないことになる。ゲイツが――連邦捜査官に尋問されているときに本当のことを言うかどうかはともかく――道の方向について、ここでは嘘をつかないと想定すれば、立派な本当のことを言う人として「信頼」でき、同じ答えが使える。

rec.puzzlesに投稿された答えの大半は、もっと創造力がある。ある答えでは、「私は今日どちらへ行きたいでしょうか」と尋ね、逆を選ぶ（「本人もまだわかっていない」からだという）[155]。別の解では、「別の部族の人なら、どちらへ行くと言うでしょう」と聞いておいて、そいつをぶんなぐる。「そいつが本当のことを言う奴か嘘つきなら、ユートピアへ行ける。そうでなかったら、ビル・ゲイツに一発かませる[156]」。

?ビールの缶の上と下が細くなっているのはなぜでしょう（以下、断りがあるまで7章）。

缶を丈夫にするためと考えても、そこそこ正しい。端を細くするのは、建築学的な問題だ。缶は、橋を架けるのと同じで、全体として機能する。つまり、特定の姿について、単純な説明はつけにくい場合が多いということだ。

歴史的に見れば、缶を丈夫にするために細くしたわけではない。ビール缶は、それがなくても、ビールを入れておける強度はあった。ビール缶には他に何を求めるだろう。細いのは、使う金属の量を最小にするという、デザインから決まった形だ。たいしたことではないように見えるかもしれないが、毎年どれだけの缶が生産され、再生されるか考えると、ばかにならない。

ビールや炭酸飲料が重いスチール缶に入っていた時代がある。その縦断面は、ほぼ長方形だった。スチール缶は、圧力をかけて炭酸飲料を保存するためには、相当厚くなければならなかった。こうした缶は三つの部分で構成されていた。つまり円筒形の中央の部分があり、そこに上下の部分を、それぞれ端を折り曲げて重ねる。

缶会社がコストや環境を意識するようになるにつれて、薄いアルミ缶に切り替える方法が考えられた。薄いアルミ缶はそれほど頑丈ではない。今日の缶は、卵のように、できるかぎり薄くなっていて、しかも確実にその内容物を入れておけるちょうどのところになっている。これには、スチール缶では必要のなかった建築学的な仕掛が必要となる。

缶でいちばん厚くて丈夫なのはてっぺんの部分で、折り目をつけて別個につけられる。てっぺんはプルトップを引いて開ける力に耐えなければならない。てっぺんの金属を厚くするので、直径はできるだけ小さくするのが望ましい。そこでてっぺんを少し小さくしたのだ。これはてっぺんを胴体部につなげるために、てっぺんにつながる部分を斜めにするということだった（缶全体の直径を小さくするわけにはいかない。入るビールの量が少なくなってしまう）。てっぺんを細くしてしまうと、底も細くしなければならなくなる。缶は積み上げるのが前提だからだ。てっぺんも底も細くなる。

底を細くする理由は他にもある。中央部分と底は、一枚の薄いアルミ片からプレスして作られ、缶に別に作った底をつけるという余分な工程はなくしている。これは、かくっと直角にするよりも、斜めの部分があった方がやりやすい。斜めにしてあると、缶の端に歯をがつんとぶつけることも少し減る。

同様の面接問題に、「コークの缶の底がへこんでいるのはなぜでしょう」というのがある（ビールの缶も底はへこんでいる）。それは、缶の底の金属は薄いので、平らだと変形しやすくなるからだ。卵は丸い方が、立方体だったとした場合よりも強い。それと同じで、へこんだ金属の方が丈夫だ。底を膨らませても同じく強化の効果はあるが、それでは缶が積めなくなってしまう。

?富士山を動かすのに、どれだけ時間がかかるでしょう。

この問題は、コンサルト会社のブーズ・アレン・ハミルトン社に発するらしい。考え方は二つありうる。富士山をまるごとひとまとめに動かす構想——ヨーロッパの王様たちが、技術者に、エジプトのオベリスクを自分のいる都に移させたように——が思いつけばラッキーだ。そうでなければ、フェルミ推定〔「調律師」の解説参照〕になる。富士山の移動を、通常の採石作業のように考えるのだ。富士山の体積がトラック何台分になるか、推定する必要がある。

推定の出発点は、富士山のあの有名な姿にとるのがいいだろう。アメリカ人ならたいてい、富士山と言えば平たい円錐形が思い浮かぶだろう。底面の幅が高さの五、六倍の長さがあるとしよう。富士山の高さとなると、はっきりおぼえているアメリカ人はあまりいない。富士山は世界最大級の高さの山というわけではない（チョモランマなら九〇〇〇メートル近くだ）。きりのいいところで三〇〇〇メートルとしておこう（富士山の実際の高さは、海抜三七七六メートルである〔原文は一万二三八七フィート。概算も一万フィートで行なっている〕）。つまり、高さ三〇〇〇メートルで、底面のさしわたしが二万メートル近くの円錐があるということだ。

富士山が円錐形でなく、ツナ缶のような円柱形だったら、その体積は、底面積かける高さだ。底面の直径を二万メートルとして、これが正方形なら、二万×二万で四億平方メートルになる。しかし円の面積は、同じさしわたしの正方形よりは小さいので（$\pi/4$、つまり七九パーセント〔日本では半径を元にして

πr^2と考えるが、アメリカ式では直径dを元にして、$\frac{\pi d^2}{4}$と考える〕）、およそ三億平方メートルとしよう。

これに高さの三〇〇〇メートルをかけると、富士山がすっぽり収まる円柱の体積として、九〇〇〇億立方メートルが得られる。

しかし、富士山は円錐形だ。円錐の体積は、同じ底面と高さの円柱の三分の一だということをおぼえていれば、ちょっと有利だが、それをおぼえていようといまいと、円錐が対応する円柱よりも体積が少ないのは明らかだ。きりのいい数を考えているので、円柱の体積を半分くらいに切りつめて、富士山の円錐の体積を、五〇〇〇億立方メートルで、この山を構成する岩がそれだけあるとしよう。

これはトラック何杯分だろう。トラック一台で、三メートル×三メートル×三メートルほどの立方体分の掘った石や土を運べるとしよう。トラック一杯で、三〇立方メートルほどだ。したがって富士山は、トラック一五〇億台分ほどになる。

問題には不明なところがいくつもある。富士山をどこへ移動させるのか。面接担当者が、このことを教えてくれるかどうか、確かめてみよう。この山が、すぐに掘れる表土と、ダイナマイトで掘削しなければならない岩とが、どのくらいずつあるのかもわからない。

せいぜい、掘削してトラック一台に乗せて運ぶだけとしても一人でやればゆうに一日かかるだろう。トラックののべ台数を人日で数えた作業量に等しいとすると、富士山を動かすために、一五〇億人日の作業量が必要と推定される。

この事業計画の日程は、この仕事に何人の人がかかれるかで決まる。一人でこの仕事をこなすという（灯台守のように、何万年にわたり順次に人を交代させても）、ちょっと考えられない想定をすれば、一五〇億日かかる。これは四〇〇〇万年ほどだ（富士山はおそらくそんなに古くはないし、今の形でそんなに長い間存在し続けることもないだろう。一人の人間で運びきる前に、自然のなりゆきで消滅することになる）。

やはりありそうもないことだが、世界中の六〇億人がすべて投入される（しかもそれぞれがしかるべき装備をもっていて、お互いが邪魔になることもない）とすれば、二、三日で動かせることになる。

日本政府が富士山を動かしたがっていて、作業に投入できる現実的な資源もあるとしよう。一万人という、大企業の規模を考えれば、まあまあのところだろう。すると一五〇億／一万で、一五〇万日、つまりほぼ四〇〇〇年ということになる。

?玄関に三つのスイッチがあります。一つは奥にある部屋の照明を操作するものです。その部屋に通じる扉は閉まっていて、その部屋の照明がついているかどうか、わかりません。三つのスイッチのうち、どれがその部屋の照明を操作するか、特定しなければなりませんが、部屋に一回行くだけで、確信をもってこれと言えるには、どうすればいいでしょう。

これも言われる通りのことはできないように思える問題だ。すべてのスイッチを切っていれば、明かりも消える（部屋へ行っても何もわからない）。ひとつのスイッチを入れれば、正しい明かりがつく可能性は三分の一だ。明かりがついて、そのスイッチがそれを操作するものであることがわかる。残った三分の二の確率で、明かりはつかず、残りの二つのうち、どちらがこの明かりを操作するものかは、まだわからない。スイッチを一度に二つあるいは三つ入れてみたところで、問題は同様だ。

言い方を換えれば、三つのスイッチからひとつを特定するには、二ビットの情報が必要だということだ。部屋へ一回行くだけでは、一ビットの情報しか得られない。

この三つのスイッチが光量を調節できるスイッチだったら、どのスイッチがこの明かりを動かすかを知ることは簡単になるだろう。一つのスイッチを切る、一つは入れる、一つは五〇パーセントの明るさで入れる。電球の状態を見れば、どのスイッチがそれを操作しているかがわかることになる。

これならいける。もちろん、スイッチが光量調節型であるという重大な事実を言わないでいるとしたら、パズルは問題として下手だということになる。しかし、この偽りの出発点は、ある重要なことを明らかにする。あるスイッチを、オンでもオフでもない「中間」の状態にしておけたら、それで問題が解けるということだ。

答えはこうなる。三つのスイッチをそれぞれ1、2、3と呼ぼう。それから1を入れ、2と3は切っておく。一〇分待って、1を切り、2を入れる。すぐに部屋へ行こう。

明かりがついていれば、スイッチ2がこれを操作していることになる。明かりが消えていても温かければ、スイッチ1で操作されている。消えていて冷たければ、スイッチ3によって操作されている。

?このゲームは、もう一人の参加者と一緒に行ないます。適当な、最初は何も置いていない長方形のテーブルで、十円玉が何個でも使えるものとします。二人はそれぞれ交互に、十円玉をテーブルの好きなところに置いていきます。規則はただひとつ。自分の十円玉が、テーブル上にある他の十円玉に触れてはいけません。二人は順番に十円玉を置いていき、テーブルが十円玉でいっぱいになるまで続けます。すでにテーブルにある十円玉に触れないで、新たに置くことができなくなった方が負けです。自分が先手として、どんな戦略をとりますか。

ゲームの戦略は、ふつう、あれこれ複合的になっている。面接試験でそれを求められるということ自体が、頭にある戦略が単純だということをうかがわせる。面接では、チェスで勝つための戦略など聞かれたりはしないだろう。

先手が有利になることは多い。三目並べでは、先手で中央のますを埋めたい。先手でとれる手の中で、ひとつに決まるものはないかと考えるべきだろう。それで戦略的に有利にならないだろうか。中央のますはない。逆に最初に置ける位置は無数にある。最初の一枚を、テーブルの北西の隅に置くことにしたとする——そこが特異とは言えなくても、目立つ位置だからということで。それで何か有利なところは得られるか。

そうとは言えそうにない。このゲームには、明らかに多くの手がありうる（他の硬貨に触れないで新たに置くことができないほどびっしりとテーブルを覆うには、何手もかけなければならないだろう）。先手が有利になったら、ゲームの間じゅうそれが続くということかもしれない。そうでないかもしれない。

北西の隅を占めることで戦略的に圧倒的有利になるところはありそうにない。これはモノポリーではないので、ボードウォークの地所を押さえれば、他の地所より高い賃料が入ってくるというようなことはない。どこの隅も同じである。実際、ある隅を占めることに大きな利益があるとすれば、相手も最初の手で、残りの隅をとって応じてくるだろう。隅が大事なら、最初の四手で四つの隅に置くことになり、それぞれが二つずつ占めることになって、隅をとれば有理だとしても、その有利さは消えてしまう。その後どうなるか。またこちらの手だ。根本的に何か変わっただろうか。

　こちらが最初の一手でどうしようと、相手はそれをまねるのが有効になるらしい。相手は、こちらが置いた位置から一八〇度回転したところに置けばいいのだ。こちらが北東の隅に置けば、相手は南西の隅に置くなどのことだ。

　一か所だけ例外がある——相手がまねできない場所だ。初回の手をテーブルの真中に置くことである。中心を決める線が引いてあるわけではないにしても、テーブルには必ず一か所だけ中心がある。そこに十円玉を置いてしまえば、もう誰もそこは取れない。

　それだけでは中心を取ることが第一手としていいということにはならない。単に特別の第一手はこれしかないというだけであり、先手という地位を利用して相手にはまねのできないことをするというだけのことだ。

　この考えは取っておこう……。

　こちらが何をしようと、ゲームの初めのうちは、相手はテーブルのほとんどどこにでも十円玉を置ける。いい戦略でかつ単純な戦略があるとすれば、それは相手がとれる手に対して、何も考えず、おうむ返しの反応をすることにならざるをえない。

　ここまでの推論をまとめよう。先手としては、まず十円玉をテーブルのちょうど真中に置くこと。その後は、相手が打った手を「鏡に映す」ようにまねること。相手が今置いた十円玉から、テーブルの中心を通る直線を引き、その線上にあって、中心から相手の十円玉までの距離と同じ距離のところ（ただ

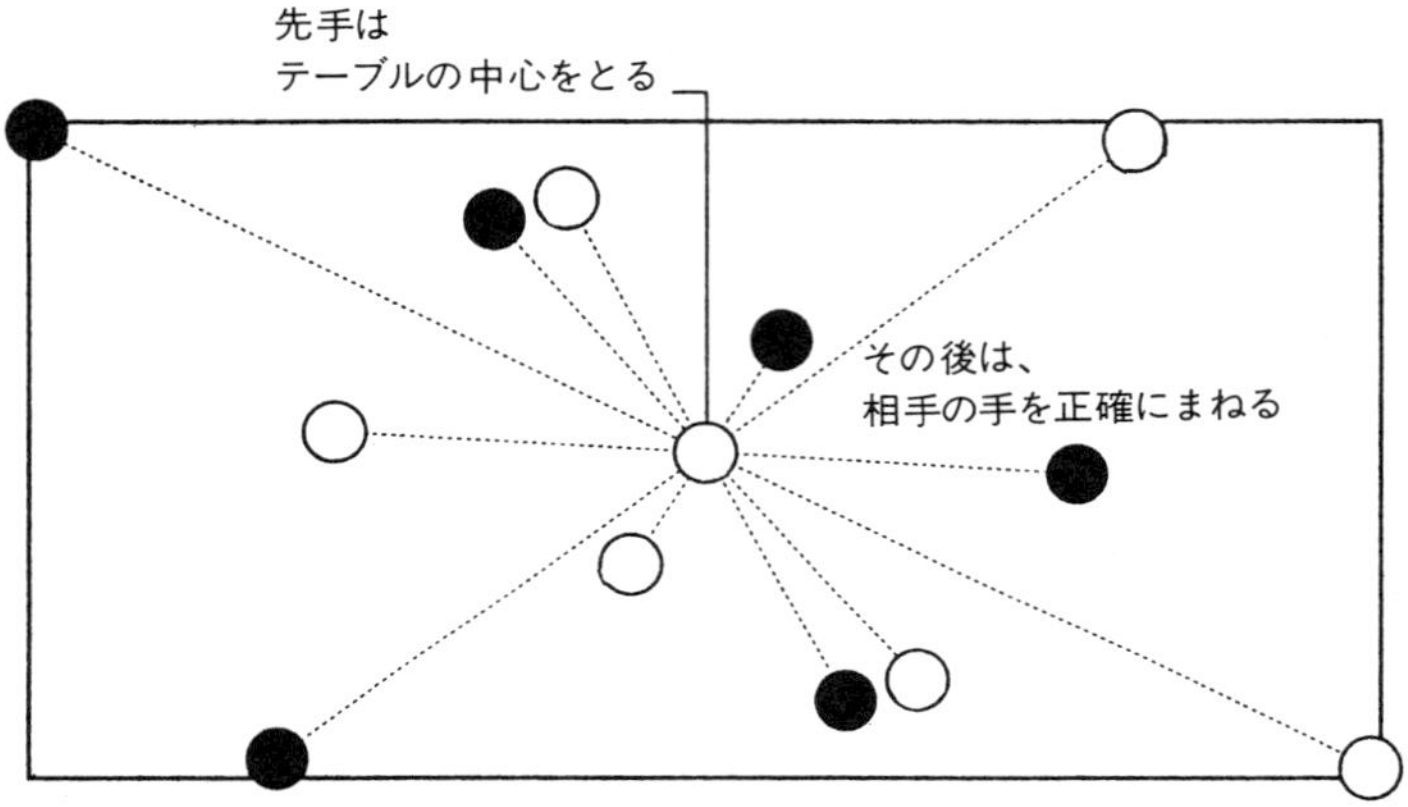
先手は
テーブルの中心をとる
その後は、
相手の手を正確にまねる

し中心をはさんで反対側）に置くのだ。

これは必ずできる。相手の最後の手をまねているだけだからだ（テーブルが対称だとすれば）。結局、相手の方が先に、すでに置いてある十円玉に触れないで新たに置くことができなくなる。

イギリスのパズル専門家、ヘンリー・E・デュードニーは、ロンドンのクラブでこのゲームを使って評判になった（そのときは葉巻が使われた）。このゲームはデュードニーの一九一七年の本、『パズルの王様』〔藤村幸三郎ほか訳、ダイヤモンド社〕に述べられている。デュードニーの葉巻版はとくに巧妙だ。その無敵の策は、テーブルの真中に、葉巻の端を切った方を下にして直立させるというものだった。その後の葉巻は縦に置こうと横に置こうとかまわない――対称性が残るかぎり、それはどうでもいいのだ。[157] デュードニーの向こうを張るアメリカ人、サム・ロイドは、そのアイデアを借り、かつ創造力の味つけを加えた。卵を使ったのだ。最初の卵を直立するためには、とがっていない方の端を、少しへこまさなければならない。[158]

？ある島にいる五人の海賊が、手にした一〇〇枚の金貨を分けようとしています。獲物は次の規則で分けます。上位の海賊が分け方を提案し、全員で投票をします。少なくとも半分の海賊がその案に賛成票を入れれば、金貨はその分け方で分けます。賛成票が足りなければ、当の上位の海賊を殺し、やり直しです。いちばん上位の（生き残った）海賊が、自分の分割案を出し、同じ規則で投票し、獲物を分けるか、その海賊を殺すかします。一つの案が認められるまでこの手順を続けます。自分が上位の海賊だとしてください。どんな分け方を提案しますか（海賊はみなきわめて論理的かつ貪欲で、みんな死にたくはありません）。

わかる範囲では、五人の海賊はみな、金貨に対して平等の扱いを求めている。いちばん単純な考え方は、硬貨を五等分する、つまり一人二〇枚だ。なぜこれではいけないのか。

それで何も悪いことはない。ただし、それではその人は殺されることになるかもしれない。等分を提案すれば、他の四人は、二〇枚なら結構だが、二五枚ならなお結構と思いがちだ。他の四人が一致して反対票を投じれば、自分は殺されてしまう。その上であらためて、一〇〇枚の金貨を四人で分けようとするだろう。

等分こそが、考えられる中でいちばん公平な考え方だと、くどくど言い立てることはできる。ただ、パズルでは海賊が公正であるとは言っていない。公正は、ふつう、海賊にとって大事な能力ではない。等分という提案は反対されるだけでなく、この先も同じ抵抗に遭うだろう。四等分より三等分の方がいいではないか。三等分より二等分の方がいいではないか。行き着くところまで、ずるずると行ってしまう。

このパズルは『サバイバー』というテレビ番組に似たところがある。この番組では、賞金を独り占めすることをねらって、参加者が「投票で島から追放する人を」決める。『サバイバー』の参加者は、たいてい、短期の投票同盟を組んで成功する。同様のやり方がここでも必要とされる。一五分だけの有名人になれるかどうかというのではなく、自分の命がかかっているので、自分の分配案が受け入れられることを確実にしなければならない。

このパズルは、数学的帰納法の推論の練習問題でもある。答えは、n人の海賊の状況が、nマイナス1人の状況を使って計算でき、状況が間違いようもなく明瞭になる状況である「基本形」に達するまで、以下同様となるということに気づくかどうかにかかっている。

ここでの基本形は、海賊が一人残るということだ。もちろん、一人だけが自分で一〇〇枚全部取ると提案し、動議は可決されるというわけだ。

海賊が二人いたらどうなるか。上位の海賊が分配案を提案しなければならない。パズルは「少なくとも半分」が賛成すれば、案は可決されると明記している。つまり上位の海賊が賛成すれば、この案は可決されるのだ。したがって、二人の海賊のうち上位の海賊は、恐れることはなく、相手の海賊が何を考えようと気にすることはない。貪欲な悪魔であるこの海賊は、自分が一〇〇枚全部とると提案する。投票結果は賛成一、反対一で、提案は可決される。

最上位の海賊が全部を手に入れることになるように見えてきた。そうではない。上位の海賊が、三人の段階で、この状況にもっていこうとしているとしよう。海賊を、序列の下から順に、1、2、3と呼ぶことにする。今度の分配案は、海賊3まで考えなければならない。案が「全部自分がとり、二人にはやらない」だったら、海賊2はきっと反対票を投じるだろう。海賊2は、海賊3を刃にかけてから二人の状況になればどうなるか、結果を知っている。最下位の海賊1は、どちらにつくか決めかねている。海賊3の案でも何も得られないが、二人になっても何も得られないことはわかっている。どちらに投票するか、決め手がない。

そこで、海賊3がパズルで言われているように頭がいいなら、海賊1の支持を得ようとするだろう。海賊3も欲張りだ。必要以上に海賊1にやることはない。海賊3の案は、論理的に言えば、海賊1に一枚、海賊2にゼロ、自分には九九枚ということになる。論理的に考えれば、海賊1は、わずかでもゼロよりはいいということはわかっている。海賊3が殺されれば、自分は何も得られないのだ。海賊1はこの案に賛成するだろう（もちろん海賊3とともに）。結果は二対一で勝ち、海賊2はやけ酒をくらうはめになる。

海賊が四人の場合を考えよう。四も偶数だ。つまり上位の海賊の案は、もう一人賛成を得られれば通る。問題は、他の三人のうち、どの海賊の票がいちばん安く買えるかだ。

海賊が三人の場合を考えよう。海賊2には完全に蚊帳の外だ。だから海賊4の案が、海賊2にいくらかでもやるものなら、海賊2は論理的に言って、それに賛成せざるをえない（この時点での最上位の海賊4を殺せば、先の三人の状態になるから）。

海賊2の票さえ手に入れれば、海賊1と海賊3がどう考えようとかまわない。海賊4の案は、海賊1

はゼロ、海賊2に一枚、海賊3にゼロ、九九枚は自分のものということになる。パターンがわかってきた。どの場合も、最上位の海賊は、必要な票数を「買う」必要があり、しかもできるだけ安く買うということだ。残りは自分のものにする。

これを五人の場合という、今回の問題の状況にあてはめてみよう。自分は海賊5だ。三票、つまり自分の一票と、他に二票必要になる。したがって、四人になったときに最悪になる二人に餌をやろう。つまり海賊1と海賊3だ。二人とも、残りが四人になったら何も得られない。二人とも、いくらかでも得られるなら、自分の案に賛成する気になるだろう。海賊4にはゼロ、海賊3には一枚、海賊2にはゼロ、海賊1には一枚与え、残った九八枚が自分のものになる。

これはいろいろある常識はずれの答えの一つで、これだから論理パズルは不条理だと人は思うようになる。海賊が友情に基づく同盟をなしてしまえば（『サバイバー』型のゲーム番組の決定的な因子に見える）、すべてはおじゃんだ。同盟がなくても、この答えは危うい。どこの海賊が（麻薬の密売人でも、マフィアの一員でも、ありそうなエゴイストとしてどんな人を考えようと）、人が九八枚とって自分には何もないような案に、おとなしく従うだろうか。他の四人は、まずそんな親分は殺して、後のことはそれから考えるだろう。

この問題は、ニューヨークのフォグクリーク・ソフトウェア社で用いられている。あるニュースグループの投稿には、「フォグクリーク・ソフトウェアの最高経営責任者は、きっと利益の九八パーセントは自分のものにしているんだろう。いんちきでも数学的説明がつけば、それで納得するような優等生を見つけようというのが、この問題の本当の意図だ」[159]とある。

?ある高校では、終業式の日に以下のような行事があります。生徒は廊下に出て、扉を閉めた自分のロッカーの横に立ちます。最初の笛の合図で、生徒はすべてのロッカーを開けます。次の笛の合図で、一つおきにロッカーを閉めます(2番、4番、6番などが、ばたんばたんと閉じられます)。さらに次の笛の合図で、二つおきにトグルします。トグルとは、開いていれば閉じ、閉じていれば開くという意味です。3番、6番、9番というふうにトグルするわけです。第四の笛の合図で、ロッカーを三つおきにトグルし、第五の笛の合図で四つおきにトグルします。以下同様です。話を簡単にするために、この学校は小規模で、ロッカーは全部で一〇〇台だけとしましょう。一〇〇回目の笛の合図では、一〇〇番のロッカーについている生徒が(この生徒だけが)、自分のロッカーをトグルします。この結果、何個のロッカーが開いているでしょう。

最初に認識しておかなければならないのは、このパズルは見かけよりも単純でなければならない、ということだ。面接担当者も忙しいので、こちらが一〇〇段階をすべてたどる間、ずっと待っていられない。単純にする仕掛があって、答えは比較的に単純にならざるをえない。一〇〇台のロッカー全部が開いている――あるいは閉まっている――とか、いくつ開いているかが簡単に計算できるような、わかりやすいパターンがあるか、いずれかだ。

せかせかした面接担当者も、1番のロッカーから10番までについて、ホワイトボードでざっと計算するくらいの間は、じっとしていてくれるだろう。最初の一〇台の番号を書き出して、それぞれがトグルされる回数を表す記号を記しておこう。たとえば、最初の回には、一〇〇台のロッカー全部がトグルされて開かれる。すべてのロッカーの番号の下に、しるしがつけられる。

二回目のトグルのときは、偶数2、4、6、8、10の下にしるしを書き足す。続けよう。一〇回目のトグルまで続けて、10番の下にしるしをつける（完全な表を書いていれば、20、30、40などにもつけることになる）。この時点で、表はこんなふうになる。

1	2	3	4	5	6	7	8	9	10
/	//	//	///	//	////	//	////	///	////

さらにトグルしても、最初の一〇台のロッカーには影響しない。一一回目のトグルは11、22、33、……のロッカーだけに関係する。右の表は、最初の一〇台のロッカーについての、最終的で完全な表だ。ロッカーは最初閉じていて、どのロッカーも一度は開けられる。どのロッカーも、この時点で開いているとすれば奇数回トグルされており、閉まっているとすれば偶数回トグルされている。

つまり、右の表の1番、4番、9番のロッカーは開いていて、他のロッカーは閉まっているということだ。1、4、9は、いずれも完全平方数だ。いずれも同じ整数を掛けあわせた数である（1＝1×1、4＝2×2、9＝3×3）。これは実にきれいなパターンだ。

完全平方数番のロッカーが開いている理由はわかるだろうか。どのロッカーも、その番号の因数ごとに一回トグルされる。因数は対になってできる。たとえば一二なら、1×12か、2×6か、3×4かというふうになる。この場合、三種類の因数への分け方があるので、全体で六個の因数がある。つまり12番のロッカーは、六回トグルされるということだ。偶数個の因数を持たないのは、因数のうち二つが同じになる場合だ。九は、1×9と3×3である。つまり、因数の数としては三つになる（1、3、9）。完全平方数のロッカーだけが、奇数回トグルされ、それだけが開いていることになる。

100までにある完全平方数は、1、4、9、16、25、36、49、64、81、100で、答えは一〇台のロッカーが開いているということになる。

? 導火線が二本あります。どちらもちょうど一時間で燃えきります。ただ、導火線は必ずしも同一のものではなく、一定の割合で燃えるわけではありません。燃え方が速い部分と遅い部分とがあります。この導火線とライター一個だけを使って、四五分を計るには、どうすればいいでしょう。

面接では、もっと単純な形のものも聞かれることがある。そちらの場合は、同じ二本の導火線で三〇分を計るよう求められる。この方が単純なので、まずこれから始めよう。

選択肢は多くない。どちらの導火線の端に火をつけても、端まで燃え切って六〇分経過するまでは、何分経過したかはわからない。これではだめだ。

いずれの導火線でも、物差しを使わないで真中（半分の長さ）のところを求められることに注目しよう。半分に折ればいい。しかし真中に火をつけても、何もわからない。導火線の燃え方は均一ではないので、端まで燃えきる時間はそれぞれ違う。それぞれの燃えた時間を足せば、合計が六〇分になるはずだと言っても役には立たない。極端な場合を考えれば、導火線の右半分は燃えるのが超速くて、右端には一分後に到達し、残った半分は燃え方が超遅くて、左端までたどりつくのに五九分かかるとする。これではいつ三〇分たったかはわからない。

これで可能性は尽くしただろうか。そうではない。二本の導火線で十字を作るという巧妙な案がある。二本の導火線がそれぞれの半分の長さのところで交差するように置く。十字の一つの端に火をつけると、火は真中まで進み、一度に三つの方向に分かれる。

ここでしていることは、交差した導火線に、将来のいつとはわからないある時点で（火をつけたところから、交差するところまでどれだけ時間がかかろうと）真中で火をつけるということ（すでに無効だとわかっていること）だ。無意味なデータを入れて、無意味なデータが出てくる。

これで可能性は尽くしただろうか。そうではない。一本の導火線の両端に火をつけてもいい。二つの火の進む速さそのものには意味はなく、真中で二つの火がぶつかる保証もない。しかし両者は当然ぶつかる。そうなったときには、二つの火で六〇分ぶんの長さを進んだことになる。つまり、火をつけてからぶつかるまで、六〇分の半分、つまり三〇分になるはずだ。

すごい。これで単純な方の問題が解けた。これで四五分版の出発点も得られる。一本の導火線の両端に火をつければ、三〇分が計れる。もう一本の導火線で一五分が計れれば、問題は解ける。

はっきりしたことは、どんな導火線でも、両端に火をつければ、燃える時間を半分にできるということだ。三〇分の導火線があれば、六〇分の導火線で二つの火が出会った瞬間に両側に火をつければいい。

それでさらに一五分を計ることができて、合計四五分になる。
三〇分の導火線はないが、第一の導火線で三〇分を計る間、もう一本の導火線を一方の端から燃やしはじめれば、三〇分の導火線を一本作ることができる。
手順は以下のとおり。時刻ゼロで、導火線Aの両端と、導火線Bの一方の端とに火をつける。二本の導火線は接してはならない。導火線Aの二つの火が出会うのに三〇分かかる。火が出会ったとき、導火線Bにはちょうど三〇分ぶん残りがある。その瞬間に（燃えつつある）導火線Bの反対側の端に火をつける。二つの火は一五分後に出会い、経過した時間は四五分になる。

?あなたは完全な円の形をした湖の、ちょうど中心にあるボートに乗っています。湖の岸には鬼がいます。その鬼はあなたに悪さをしようとしています。鬼は泳げませんし、ボートももっていません。岸まで行き着けば——そこに鬼が待っていて、あなたをつかまえなければ——陸では必ず鬼をふりきって、逃げることができます。問題はこうです。鬼はボートの最高速度の四倍の速さで走ることができます。視力も完璧で、決して眠らず、とことん論理的です。あなたを捕まえるために、できることはすべてするでしょう。どうすれば、この鬼から逃げられるでしょう。

問題をこんなふうに理解しよう。わかりやすい案は、鬼が現に今いるところからいちばん遠い地点の岸を目指してまっすぐ進むということだ。これは距離で相当有利になる。こちらが進まなければならない距離は円形の湖の半径分（r）である。泳げない鬼は、岸を回って湖の半周分の円弧を走らなければばならない。これはπrだ。鬼はこちらのπ倍の距離を走らなければならない。

πは3とちょっとである。鬼の速さがボートの三倍だったら、こちらが岸に着く方が、かろうじて先になる。だからこそ、このパズルは、鬼の速さはボートの四倍としているのだ。どこへ上陸しようと、鬼はそこでこちらを捕まえることになる。

多くのパズルと同様、このパズルも不明瞭な点をいくつか整理することを求めている。鬼は、こちらにいちばん近いところをめざして岸ぞいに移動する、何も考えていない「磁石」のようなものだろうか——それとも考える存在なのか。鬼が「とことん論理的」だという条項は、後者を意味する。鬼を騙さなければならないということになる。しかしどう「騙そう」と、制約がある。湖の真中に隠れる場所があるわけではない。とことん論理的な鬼は、こちら側に考えられる戦略をすべて慎重に検討し、本当に不意をつくことはできない。

しばらく、鬼は何も考えない磁石で、こちらの動きをいちいちたどり、できるだけこちらに近いところにいようとするものとしてみよう。以下が鬼をてんてこまいさせる一つの方法である。湖の中心のまわりにごく小さな円を描くように動いてみる。これで鬼は大変なことになる。鬼は湖全体を一周しようとすることになる（こちらのボートは、ほんの何十センチかの円を描くだけなのに）。鬼の円はこちらの円よりもはるかに大きいので、ボートについて行くことはできない。これは、円を描くことによって、自分は鬼から湖の中心を通って岸の反対側をつなぐ線の真中より遠くにいられるということだ。

それが解のヒントになる。湖と同心円で、鬼がぎりぎりついて来られるようにこちらが動ける最大の円はどんな円だろう。

速さが四倍という鬼が進む距離の、四分の一の距離になるような円でなければならない。それは半径が$r/4$の円だ。

この円周上を時計回りに動けば、鬼は、ただ最短距離のところにいつづけるためだけに、全速力で湖を時計回りに走らざるをえない。反時計回りに進めば、鬼も反時計回りに走らなければならない。これからが巧妙なところだ。半径四分の一より少し小さい経路を移動し続ければ、鬼は追いつけないということだ。鬼はだんだん遠くなっていく。


それはつまり、こちらは鬼から離れるようにして、岸から$(1-1/4)r$のところにまで行けるということだ〔こちらが岸までまっすぐ$3/4r$進む間に、鬼は周を$3r$進み、追いつくために必要な半周分$=\pi r$よりも少なくなるので逃げ切れる位置〕。そうするための一つの方法は、湖の中心から半径$r/4$の円に近づきながら、そこまで行かないように、螺旋状に外へ向かうことだ。この魔法の円の内部にいるかぎり、鬼は追いつけない。鬼が一八〇度遅れるまでこれを続ける。それによって、ボートは鬼と反対側で、円の直径の$5/8$ほどのところ（鬼から湖の中心までが直径の半分で、こちらはさらに、半径$1/4$近く、つまり直径の$1/8$近く離れたところにいる）。この位置関係なら、逃げられる。ここでぐるぐる回るのをやめ、岸へ一直線に向かう。進まなければならないのは、$3/4r$をちょっと超える距離だけだ。鬼はπr進まなければならない。それはこちらの$4\pi/3$倍であり、鬼はこちらの四倍の速さなので、これだけの距離を進むのに、こちらの$\pi/3$倍かかるということだ。$\pi/3$は1よりわずかに大きい（1.047...）。計画に沿ってすべてを行なっていれば、

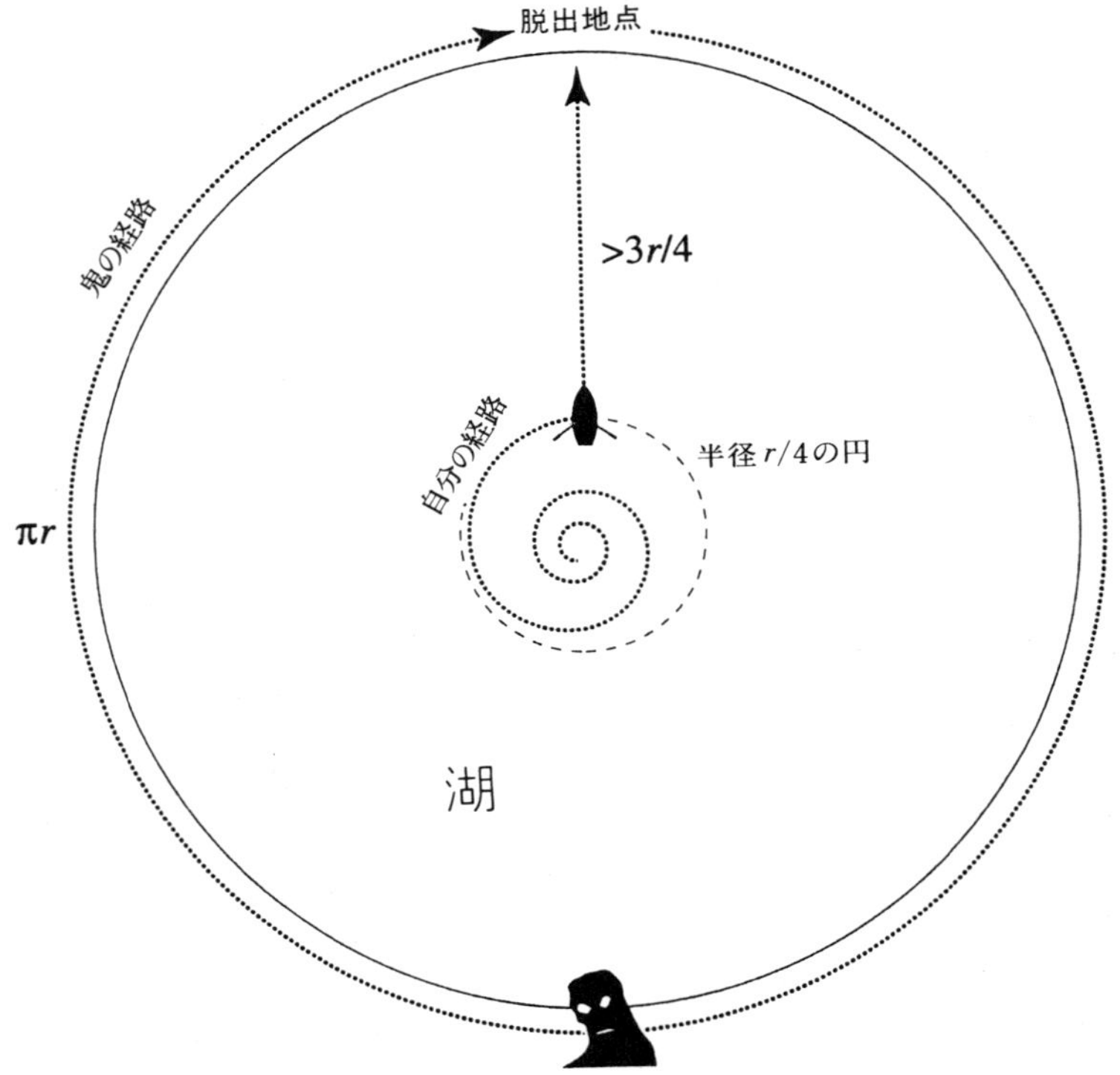
脱出地点
鬼の経路
>3r/4
自分の経路
半径 r/4の円
πr
湖

こちらはすでに上陸していて、鬼がそこに着くまでに逃げられる。

これで本当にパズルは解けたのだろうか。鬼は頭がよくて、この計画のことも聞いたことがあるとしたらどうなるだろう。湖を犬が飼い主を追いかけるようにこちらを追いかける必要はない。こちらのねらいを察すればなおさらだ。

確かにそうだが、鬼がこちらのねらいを正確に知っていても、これ以上のことはできない。メガホンを手にして、「おーい鬼、俺のすることはこうだぞ。湖の半径の四分の一よりちょっと小さい円の上を回り続けてやる。計算してみろ。おまえと正反対の側になったら、すぐに岸へまっしぐらだ。そしたらこちらの勝ちだということはわかるな。いいか、楽な方法と、きつい方法と、ばかばかしい方法がある。楽な方法は、おまえが負けを認めて、そこにいて、俺を湖の反対側へ行かせて逃がすことだ。きついのは、俺を追いかけることだ。二人とも仕事が増えるぞ。それでも結果は同じだ。もうひとつ、ばかばかしい方法だ。『逆』戦略を試したらどうなるか。追いかけなかったり、全速力で追いかけなかったり、違う方向に追いかけたり、行ったり来たりしたり、岸から離れたり、何をしても、俺はおまえから一八〇度反対側に行きやすくなるだけだぞ。そうなったら俺はここからおさらばだ」。

この話は、いろいろな会社で、いろいろな形をとっている。有刺鉄線に囲まれた円形の土地の真中にいて、外には人食い犬がねらっているという場合もある。円形の湖の真中にいるあひるを、狐がねらっているというのもある（あひるが幾何学を知っているとも思えないが）。

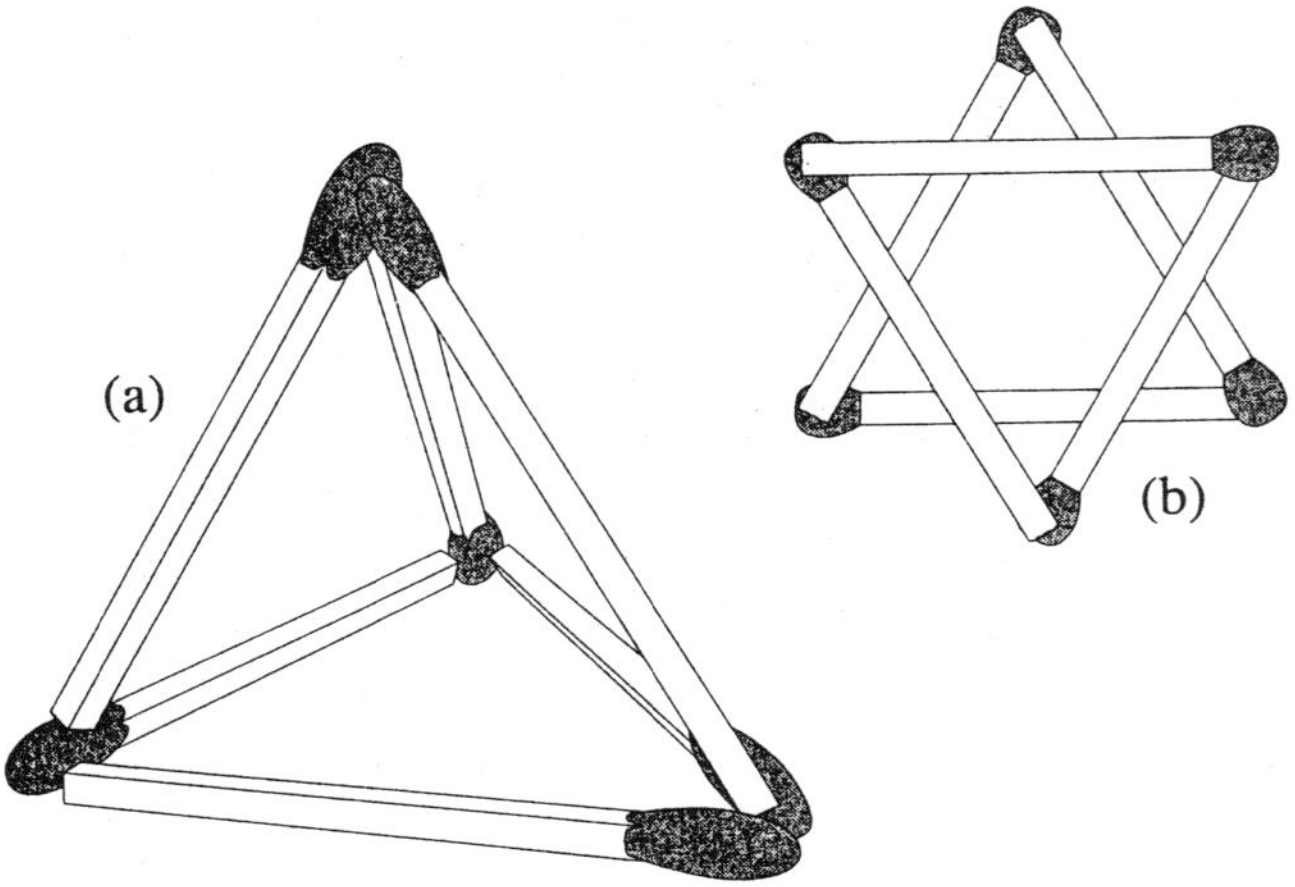

?太陽は必ず東から出てくるでしょうか。

答えはノーにならざるをえない。宇宙規模の反例を出す人もいる。金星や天王星は、地球とは自転の方向が違う。宇宙空間に回転しない台を置いたとしたら、太陽は昇りも沈みもしない。てごわい相手なら、こうした答えは認めず、質問をこんなふうに言い換えるだろう。「地球では、太陽は必ず東から出てくるでしょうか」。答えはやはりノーだ。北極では、東などない。どの方向も南だ。六か月続く北極の「昼」の間、太陽は南から昇り、南に沈む。南極では逆のことが言える。こちらではあらゆる方向が北になる。

?マッチ棒が六本あります。それを使って四つの正三角形ができるように並べてください。

想定されている答え(a)は、マッチ棒を側面が三つのピラミッド型（四面体）にすることだ。三次元の解という考え方は、ほとんど誰も思いつかない。

二次元の答えもある。これは四面体よりも日常的に見える。一つは、マッチ棒三本でできる三角形を、ダヴィデの星のように重ねることだ(b)。星の頂点ごとに、六つの小さな正三角形ができる（加えて大きな正三角形が二つあるので、合計八つになる）。完璧主義者なら、マッチ棒の一つをずらして、小さな三角形は四つにすることもできる。

グルーチョ　ちょっと聞いてくれ。おまえにすごい仕事があるが、まずいくつか大事な質問に答えなきゃならない。ええと、ズボンを四本もっていて、フィラデルフィアに住んでいて、降れば土砂降り、これ何だ？
チコ　いい問題だ。三回チャンスをやるよ。
グルーチョ　ちょっと待ってくれ……ズボンが四本で、フィラデルフィアに住んでいて、こいつは雄か？　雌か？
チコ　いや、違うと思う。
グルーチョ　こいつは死んでるのか。
チコ　誰が。
グルーチョ　わからん。降参。
チコ　僕も降参。

『我輩はカモである』（一九三三年、バート・カルマー、ハリー・ルビー、アーサー・シークマン、ナット・ペリン作）のグルーチョ・マルクスとチコ・マルクス。

謝辞

本書は、採用担当者、企業経営者、心理学者、人的資源の専門家、歴史家、認知科学者、論理パズル愛好家など、異例なほど多様な範囲の人々の専門知識に依拠している。中でも有益だった人の名を、ほんのわずかだけでも挙げておかなければならない。ジョエル・シャーキンは、未刊のウィリアム・ショックレー伝の素材を使わせてくれた。それによって、ハイテク企業でパズル面接が行なわれた歴史的先例を確かめ、意外なことに、知能検査運動（およびその終息）へとつなげることができた。ジョエル・スポルスキーや、アダム・デヴィッド・バーとの会話は、とくに、この面接の歴史と実際の概略を描き、9章の、採用する側への助言を立てる助けになった。クリス・セルズ、キラン・ボンダラパティ、ジーン・マッケンナは、着想のヒントとなり、貴重な挿話や分析を提供してくれた。

マイクロソフトは、本書に関する私の調査について、公式にはいっさいの関与を拒否した。同社の立場では、面接の技法は企業秘密だという。皮肉なことに、面接の問題そのものは簡単に手に入る。難しいのは、マイクロソフト式面接と呼ばれる、あの複合的な芝居の「舞台裏」がどうなっているかをたどることだった。その点で、私はマイクロソフト社の何人かの社員の協力に感謝しなければならない。時間を割いて、自分たちの採用の方法を評価してみせてくれたのは、ありがたかった。何人かについては、名を伏せなければならない。

スティーヴ・アベル、ジョー・バレラ、リンダ・ベイツ、ジョン・ブロックマン、カティンカ・マトソン、アストリッド・デュケランガル、テリー・フォンヴィル、ライアン・ハーベージ、ラリー・フッサー、フィリップ・ジョン-レアード、アーシヤ・ムチュニク、アレックス・ペイキン、マイケル・プライアー、ジェローム・スミス、ノーマン・スピアーズ、ノア・スオジャネン、ロッド・ヴァン・メチェレン、ボブ・ウェイド、ティム・ヤングにも感謝する。

訳者あとがき

二十数年前、アメリカではビル・ゲイツがその会社を興してからそうはたってない頃、日本でコンピュータ業界へ進もうとしていた友人（あるいは就職したばかりかだったか）が、自分の周囲でこんな問題がはやっているんだと言って、いくつかの奇問を教えてくれました。その中でとくに印象に残ったのが、「鏡はどうして左右を逆転するのか」という問題でした。たまたまその頃、ＳＦ作家の広瀬正による『鏡の国のアリス』という作品を読んで、そちらを経由してこの問題に触れたことがあった訳者は、その答えを半分「知って」いました。ただ、その理屈（本書に出てくる問題の答えの一部ですので、ここでは書けません）を話しても、その友人は、「でも、どうして左右が逆転するのか」と問い返してきました。「だから……」と同じことを言おうとするのですが、「でもどうして左右なのか」と遮られました。こちらの理屈が通じないこと、相手の疑問の要点がわからないことで、もどかしい思いをしたことがあります。この本――William Poundstone, *How Would You Move Mount Fuji? – Microsoft's Cult of the Puzzle. How the world's smartest companies select the most creative thinkers.* Little, Brown and Company, 2003（原題を直訳すれば、『あなたなら富士山をどうやって動かしますか――マイクロソフトのパズル崇拝。世界でいちばん頭のいい企業群による創造的な思考の持ち主の選び方』といったところになります。なお、文中〔　〕でくくった部分は、訳者による補足です）――を訳しながら、そんなことを久しぶりに思い出しました。

著者のパウンドストーンは、数学や論理に関する本を何点も出し、またカール・セーガンの伝記も書いたりしているライターで、拙訳による『囚人のジレンマ』（青土社）は、幸いにも好評を得ています。その著者が、とかく非難の的になりながらも今をときめくマイクロソフト社をはじめ、アメリカの先進的企業の面接試験を背景にしてパズルやそれに類する問題を取り上げるという、ユニークな切り口でまとめたのが本書です。取り上げられている問題は、非現実的でもお約束のＰＬＢ問題（本文を参照のこと）から、半分実用的なフェルミ問題や設計問題（やはり本文を参照のこと）など、さまざまです。古典的な問題――往年のベストセラーで、シリーズを重ね、今も残るロングセラーでもある『頭の体操』（光文社）にも紹介されていたような問題――も多いので、問題やその答えを「知って」いる人も多いと思いますが、本書には、問題と答えだけでなく、この手の問題がなぜ難しいかに関する解説もあり、解けた／知ったうえでの楽しみ方もできるでしょう（前提を疑えという助言は、そう簡単に実行できるものではないのですが）。もちろん、この手の問題にはじめて触れる人には、文字どおりの頭の体操として楽しめると思います。

ただ、いわゆるパズルの範疇におさまらないものも多く含まれていることからもわかるように、本書のねらいはパズルを集めて解説するのとは別のところにもあります。つまり、マイクロソフト式入社試験を――皮肉も交えて――分析しながら、こうした問題が選抜試験用に使われることの意味を考え、選抜し、選抜されることの奥にある価値観や評価の基準を探ることです。

著者は、マイクロソフト社が公表している採用に関する説明に出てくる、何気ない一言をとらえます。「厳密には公平ではありません」。見たことがあるかどうか、問題にすべての情報が示されているか、問題の提示のしかた、そういったことが、問題を出す相手によって有利不利、向き不向きがあるという、ある意味で当然のことですが、そのことを明示し、前提とするというのは、ちょっとした盲点をついているかもしれません。ともあれ、企業が人員を選ぶという前提で考えるかぎり、それが選抜する側の欲しい人材を求めるための手順である以上、組織に対する信用の維持、雇用機会均等法などの法規の範囲内などの制約はあっても、つまるところ、選ぶ側の価値判断、あるいは都合が前に出ざるをえません。選抜を受ける側からすれば不快な現実とはいえ、ふまえておかなければならない現実でしょう。

ただ皮肉なことに、選ぶ側のそれなりの意図で従来とられてきた正統的な選抜のしかたでは、必ずしもその意図どおりの人材が集められないことをうかがわせる話も紹介され、ごくあたりまえとも言える前提、つまり、何を見ようとして質問をするのかという根底が、あらためて問われることになります。マイクロソフト式面接は、毀誉褒貶はあるにせよ、その根底をうかびあがらせる標本になっているというのが、本書の基本的な視点です。そしてその根底とは、「この問題に対する答えを見るだけで採用する気になるかどうか」、「この問題に答えられないという理由だけで相手を不採用にしても惜しくないかどうか」が、問題のよしあしを決める基本的な判断基準だということです。単純なことですが、限られた時間の中で限られたことしか聞けないことを考えると、問題を絞りこむ基本姿勢としては、あらためて意識してみていいことではないかと思います――これもまた選ぶ側の都合ですが。

もちろん、本書が集めている、試験を受ける側の反応を見ると、選ぶ側の原理を基準として誰もが受け入れられるわけではありませんし(試験とはそういうものではありますが)、必ずしも意図どおりになっているわけでもないでしょう。現実の実施のしかたについては、著者もあれこれ注文をつけています。本書に集められている例は、問題や実施のしかたのよしあしの基準を検討するための例題であって、必ずしも模範例ではないということは、見ておかなければなりません。それでも、面接試験ではしいのは問題への答えを出すときに得られる三〇分の会話だという、ある登場人物の意見なども併せて見れば、どこかでしなければならない選抜の、質を上げていく手がかりは得られるのではないでしょうか。

それにしても、学生時代に友人とたわいのない話をして、日本の片隅で何ということもなく興じていたことが、実は遠く広い世界にも通じ、それが今の時代にもつながっていたのだという、あたりまえと言えばあたりまえながら、一種不思議な感慨を訳者は抱きました。そして、そのときはそれっきりになって未解決のままだった、かの友人が納得しなかった鏡の理屈への反問の意味を、遅まきながら本書で教わったように思います。

本書の翻訳は、『囚人のジレンマ』の翻訳に携わった縁で、青土社の篠原一平氏のすすめにより手がけることになりました。このような機会を与えてくれた氏に感謝します。出版にあたっての実務は、同社編集部の、訳者とはまた別に、パズルの本にはとどまらない魅力を感じとってくれた西館一郎氏に見ていただきました。装幀は松田行正氏にお願いしました。併せて感謝します。それから、訳文を読み、問題を考えてくれた妻れい子、三十数年前に『頭の体操』の洗礼を授けてくれた父、二十数年前に鏡の問題と、さらには理屈による「答え」の先にあることを教えてくれていた旧友、浅井剛に。

二〇〇三年五月

訳者識

J.: Prentice-Hall, 1972.

Paulos, John Allen. *Once Upon a Number: The Hidden Mathematical Logic of Stories*. New York: Basic Books, 1998.〔松浦俊輔訳『確率で言えば』青土社〕

Perkins, David. *Archimedes' Bathtub: The Art and Logic of Breakthrough Thinking*. New York: W. W. Norton, 2000.

Perry, Phillip M. "Cut Your Law Practice's Risks When Giving References for Former Support Staff." *Law Practice Management*, September 1994, 54.

Shafir, Eldar. "Uncertainty and the difficulty of thinking through disjunctions." In *COGNITION on Cognition* (Mehler, Jacques, and Franck, Susana, eds.), Cambridge, Mass: MIT Press, 1995, 253-80.

Shafir, Eldar, and Tversky, A. "Thinking through uncertainty: Nonconsequential reasoning and choice." *Cognitive Psychology* 24 (1992), 449-74.

Shurkin, Joel. Broken Genius: A Biography of William B. Shockley（執筆中）.

Smith, Rebecca. *The Unofficial Guide to Getting a Job at Microsoft*. New York: McGraw-Hill, 2000.

Spearman, Charles. "General intelligence objectively determined and measured." *American Journal of Psychology* 15 (1904): 201-93.

Spolsky, Joel. "The Guerrilla Guide to Hiring." 2000.
www.joelonsoftware.com/articles/fog0000000073.html.

Sternberg, Robert, and Janet E. Davidson, eds. *The Nature of Insight*. Cambridge, Mass.: MIT Press, 1995.

Tashian, Carl. "The Microsoft Interview." 2001.
www.tashian.com/microsoft.html.

Terman, Lewis M. *The Measurement of Intelligence*. London: Harrap, 1919.

Tversky, Amos, and Shafir, Eldar. "The disjunction effect in choice under uncertainty." *Psychological Science* 3 (1992), 305-9.

Van Mechelen, Rod. "Sex, Power & Office Politics at Microsoft."
www.nwlink.com/~rodvan/msft.html.〔このページはなくなっている模様〕

Weinstein, Bob. "Landing a job at Microsoft: One techie's story of interviewing for the software giant." 2001.
home.techies.com/Common/Content/2000/11/2career_landingjobmicrosoft.html.

Kane, Kate. “The Riddle of Job Interviews.” *Fast Company*, November 1995, 50+.

Kim, Engene Eric. “TRIZ : The Theory of Inventive Problem Solving.” *Dr.Dobb’s Journal*, May 17, 1999.

Koredemsky, Boris A.（Albert Parry訳、Martin Gardner編）The Moscow Puzzles. New York Dover, 1992（1956年の、直訳すれば『数学のノウハウ』となるロシア語の本を元に手直ししたもの).〔鈴木敏則訳『数学センス！　数遊び・組合せ・論理のパズル』,『数学センス？　数・マッチ棒・図形のパズル』、丸善＝ロシア語の原書からの邦訳〕

Kuhn, Thomas. *The Structure of Scientific Revolutions*. Chicago: University of Chicago Press, 1962.〔中山茂訳『科学革命の構造』みすず書房〕

Langley, Pat; Simon, Herbert; Bradshaw, Gary; and Jan Zytkow. *Scientific Discovery: Domputational Explorations of the Creative Process*. Cambridge, Mass.: MIT Press, 1987.

Leslie, Mitchell. “The Vexing Legacy of Lewis Terman.” *Stanford Magazine*, July/August 2000.
www.stanfordalumni.org/news/magazine/2000/julaug/articles/terman.html

Lewis, Michael. Liar’s Poker: Rising Through the Wreckage of Wall Street. New York: Penguin, 1990.〔東江一紀訳『ライアーズ・ポーカー』角川書店〕

Lieber, Ron. “Wired for Hiring: Microsoft’s Slick Recruiting Machine.” Fortune, February 1996.

Loyd, Sam. *Mathematical Puzzles of Sam Loyd*. New York: Dover, 1959（マーティン・ガードナー編）.〔田中勇訳『サム・ロイドの数学パズル』白揚社〕

McCarty, Ellen. “It’s not a job interview, it’s a subcultuer!” *Fast Company*, August 2000, 46.

McKenna, Gene. “An Interview with Microsoft.”
www.meangene.com/essays/microsoft_interview.html.

Microsoft Corporation. *Inside Out: Microsoft In Our Own Words*. New York: Warner Books, 2000.

“The Micro$oft Hate Page.”
www.enemy.org.

Mongan, John, and Suojanen, Noah. *Programming Interviews Exposed: Secrets to Landing Your Next Job*. New York: John Wiley, 2000.

Munk, Nina, and Oliver, Suzanne. “Think Fast!” *Forbes*, March 24, 1997, 146-51.

Newell, Alan, and Simon, Herbert. *Human Problem Solving*. Englewood Cliffs, N.

Stories." *Distributed Computing* 1:3 (1986), 167-176.

Dudney, Henry Ernest. *Amusements in Mathematics*. New York: Dover, 1970（初版は1917）.〔藤村幸三郎ほか訳『パズルの王様』１〜４、ダイヤモンド社〕

Frase-Blunt, Martha. "Games Interviewers Play." *HR Magazine*, January 2001.

Freedman, David H. "Corps Values." *Inc Magazine*, April 1, 1998.

Gamow, George, and Stern, Marvin. *Puzzle-Math*. New York: Viking, 1958.〔由良統吉訳『数は魔術師』白揚社〕

Gardner, Martin. *The Ambidextrous Universe: Left, Right, and the Fall of Parity*. New York: New American Library, 1969.〔坪井忠二ほか訳『自然界における左と右』紀伊國屋書店〕

—— *Mathematical Puzzles & Diversions*. New York: Simon and Schuster, 1959.〔金沢養訳『おもしろい数学パズル』１・２、社会思想社（現代教養文庫）〕

—— *Penrose Tiles to Trapdoor Ciphers*. New York: W. H. Freeman, 1989.〔一松信訳「ガードナー数学ギャラリー」全３冊〕

—— *Wheels, Life and Other Mathematical Amusements*. New York: W. H. Freeman, 1983.〔一松信訳『アリストテレスの輪と確率の錯覚』日経サイエンス社〕

Gates, Bill. *Business @ the Speed of Thought*. New York: Warner Books, 1999.〔大原進訳『思考スピードの経営』日経ビジネス人文庫〕

Gates, Bill; Myrhvold, Nathan; and Peter M. Rinearson. *The Road Ahead*. New York: Penguin, 1996（改訂版）.〔西和彦訳『ビル・ゲイツ未来を語る』アップデート版、アスキー〕

Gimein, Mark. "Smart Is Not Enough." *Fortune*, January 8, 2001.

Gladwell, Malcolm. "The New-Boy Network." *The New Yorker*, May 29, 2000, 68-86.

Gleick, James. "Making Microsoft Safe for Capitalism." *The New York Times Magazine*, November 5, 1995.

Gould, Stephen Jay. *The Mismeasure of Man*. New York: W. W. Norton, 1996（改訂版。初版は1981）.〔鈴木善次ほか訳『人間の測りまちがい』増補改訂版、河出書房新社〕

Hiltzik, Michael A. "The Twisted Legacy of William Shockley." *Los Angeles Times Magazine*, December 2, 2001.

Isaacson, Walter. "In Search of the Real Bill Gates." *Time*, January 13, 1997, 45-57.

Johnson-Laird, Philip N. *Human and Machine Thinking*. Hillsdale, N. J.: Lawrence Erlbaum, 1993.

www.acetheinterview.com/qanda/microsoft_interview.html. アンドルー・スミスが投稿したマイクロソフトの問題抄録。「解析的」問題のセクションも参照のこと。こちらには読者が投稿した答えつきで（間違っている場合もあり）マイクロソフトの問題が他にも出ている。

文献

Adler, Robert S., and Pierce, Elen R. "Encouraging employers to abandon their 'no comment' policies regarding references: A reform proposal." *Washington and Lee Law Review*, Vol. 53, no. 4 (1996), 1381+.

Auletta, Ken. *World War 3.0: Microsoft and Its Enemies*. New York: Random House, 2001.

Ball, W. W. Rouse, and Coxeter, H. S. M. *Mathematical Recreations and Essays*. New York: Dover, 1997（初版は一八九二年）

Bank, David. *Breaking Windows: How Bill Gates Fumbled the Future of Microsoft*. New York: Free Press, 2001.

Barr, Adam David. *Proudly Serving My Corporate Masters: What I Learned in Ten Years as a Microsoft Programmer*. Lincoln, Neb.: iUniversè. com, 2000.

Block, N. J., and Dworkin, Gerald. *The IQ Controversy*. New York: Pantheon, 1976.

Bruner, J. S., and Postman, Leo. "On the Perception of Incogruity: A Paradigm." *Journal of Personality*, XVIII (1949), 206-23.

Christensen, Clayton M. *The Innovator's Dilemma*. New York: HarperCollins, 2000（改訂版。初版は1997).〔伊豆原弓訳『イノベーションのジレンマ（増補改訂版）』翔泳社〕

Corcoran, Elizabeth, and Schwartz, John. "The House That Bill Gates's Money Built." *Washington Post*, August 28, 1997. A01.

Crack, Timothy Falcon. *Heard on the Street: Quantitative Questions from Wall Street Job Interviews*. 出版地表示なし。Timothy Falcon Crack, 2001. オンライン書店か、timcrack@alum.mit.edu宛で著者に連絡を取れば入手可能。

Dolev, Danny; Halpern, Joseph; and Moses, Yoram. "Cheating Husbands and Other

参考文献とリンク

〔対応する邦訳があるものについては、その旨を補足したが、本文中の引用の訳は、聖書について新共同訳に拠ったほかは、訳者による私訳である〕

パズルや専門の面接問題を載せたウェッブサイト

マイクロソフト式の面接問題を網羅的に集めたウェッブサイトは

Bondalapati, Kiran.. “Interview Question Bank.
halcyon.usc.edu/~kiran/msqs.html.
Sells, Chris. “Interviewing at Microsoft.”
www.sellsbrothers.com/fun/msiview.
Pryor, Michael. “Techinterview.”
techinterview.org.

この三つのサイトには、パズルやクイズが収められている。ボンダラパティとセルズのサイトは、とくにマイクロソフトに絞って集めており（ただし、問題はたいてい、他者でも使われている）、プログラミングの問題も収められている。プライアーのサイトは答えも出している。ボンダラパティのサイトは答えも少しあるが、セルズのサイトには答えはない。

網羅的ではないが、問題を集めたサイトには、次のようなものがある。

“How to hack the Microsoft Interview.” 1997
www.howdyneighbor.com/zephyr. プログラミングの問題のみ。
“Microsoft Interview Questions.”
www.4guysfromrolla.com/misc/100798-1.shtml.
“Microsoft Interview Questions.” 2001.

139. Gardner 1959*, p.23.
140. 前掲の*Inside Out*, p.271.
141. Corcoran and Schwartz
142. www.acetheinterview.com, 2001に投稿されたもの。
143. Kordemsky 1992*, p.117.
144. Gardner 1959*, p.26.
145. Gardner 1959*, p.113.（こちらでは、「四匹の恋する虫」になっている）
146. Terman 1919, p.347.
147. バシェのおもり問題については、Ball and Coxeter 1987, p.50を参照。
148. Gamow and Stern 1958*, pp.20-21.
149. Dolev, Halpern, and Moses 1985.
150. Paulos 1998*, pp.109-11.
151. Ball and Coxeter 1987, p.118を参照。
152. Barr 2000, 34. これと少し違う「伝説」が、http://www.grand-illusions.com/puzzle2.htmにある。
153. マーティン・ガードナーは、「古い型の論理パズルを最近変形したもの」と呼んでいる（Gardner 1959*, p.25）。
154. 2001年5月25日、rec.puzzlesにlittlegreenrat@lycos.comが投稿したもの。
155. 2001年5月26日、rec.puzzlesにマイケル・ウィルが投稿したもの。
156. 2001年5月25日、rec.puzzlesにフェイ・アロン・チャールズが投稿したもの。
157. Dudeney 1970*, p.119.
158. Loyd 1959*, p.62.〔マーティン・ガードナーの編集による〕
159. www.realrates.comに掲載された、ジェレミー・シンガーの投稿。

interviewer: How to stay graceful in a stress interview”）という助言。
www.wetfeet.com/asp/article.asp?aid=168&atype=Interviewing

111. Crack 1995 (2001 ed.), p.12.
112. Lewis 1990*, p.27.
113. www.vault.com/nr/ht_list.jsp?ht_type=10
114. Frase-Blunt 2001. また、www.analytictech.com/mb021/rickover.htmにある、ソーヤーによるインタビューも参照のこと。
115. 前掲の、ダイアン・ソーヤーによるインタビュー。
116. Freedman 1998.
117. Bank 2001, pp.97-8.
118. www.ddiworld.com/hiring/hiringmain.asp〔現在は内容が変わっている〕
119. Munk and Oliver 1997, p.150.
120. セルズへの電話でのインタビューによる。
121. Munk and Oliver 1997, p.146.
122. Frase-Blunt 2001.
123. Washington Post, 3 Mar 1998. ゲイツの「切れ方」については、Auletta 2002, p.14を参照のこと。
124. Spolsky 2000.
125. ジョエル・スポルスキーへの電話でのインタビューによる。
126. 同前。Spolsky 2000も参照のこと。
127. スポルスキーへの電話でのインタビューによる。
128. アダム・デヴィッド・バーへの電話でのインタビューによる。
129. セルズへの電話でのインタビューによる。
130. バーへの電話でのインタビューによる。
131. Barr 2000, p.36.
132. 同前。
133. Gardner 1983*, p.88.
134. Barr 2000, p.36.
135. Gardner 1959*, pp.162-73; Gardner 1969*.
136. ゼネラル・モータース社のジェローム・スミスが、親切にこの慣習について説明してくれた。
137. ジョエル・スポルスキーへの電話でのインタビューによる。
138. www.cantos.org/Piano/History/marketing.htmlにある、「ピアノ市場の歴史」（“Marketing History of the Piano”）による。

80. 前掲の*Inside Out*, p.89.
81. Spolsky, 2000.
82. 同前。
83. 同前。
84. 同前。
85. カール・タシアンの面接のときの話は、Tashian（日付不明〔2001〕）による。
86. Weinstein 2001を参照。
87. アダム・デヴィッド・バーへの電話によるインタビューと、Barr 2000, p.15による。
88. スポルスキーへの電話でのインタビューによる。
89. Lieber 1996.
90. スポルスキーへの電話でのインタビューによる。
91. www.microsoft.com/college/joinus/tips.aspによる。
92. 「優等生」とカレン・フリーズの話は、ジョエル・スポルスキーへの電話でのインタビューによる。
93. アダム・デヴィッド・バーへの電話でのインタビューによる。
94. 誰だかわからない面接担当者の話は、ノア・スオジャネンへの電話によるインタビューと、McCarty 2000による。
95. アダム・デヴィッド・バーへの電話でのインタビューによる。
96. Gardner 1983*, pp.79, 87-8.
97. スポルスキーへの電話でのインタビュー
98. Terman 1919, pp.334-5.
99. 同前、p.335.
100. Spolsky 2000.
101. セルズへのインタビュー。
102. セルズからの、2001年11月26日付のメール。
103. Kim 1999.
104. Perkins 2000, p.54.
105. Tversky and Shafir 1992.
106. Shafir and Tversky 1992.
107. *The New York Times*, 10 Nov 1992. Shafir 1995に引用されたもの。
108. Sporsky 2000.
109. Bruner and Postman 1949, p.218.
110. 「眠る面接相手――ストレス面接で優しい気持ちでいる方法」（"Sleeping

48. 前掲の*Inside Out*, p.192に出てくるジェラルド・ティップスの話。
49. Auletta 2002, p.36.
50. Bank 2001, p.158.
51. Gleick 1995.
52. *Los Angeles Times*, 5 Mar 2002, C3に引用されたジム・オルチンの話。
53. Isaacson 1997.
54. Bank 2001, p.75.
55. Gimein 2001.
56. Auletta 2002, p.161.
57. レドモンドの様子については、前掲の*Inside Out*, p.133による。
58. Gimein 2001.
59. バルマーのポルノ収集や壁紙のいたずらは、www.nwlink.com/~rodvan/msft.htmlにある、“Women behaving badly?” という記事による（現在はない）。
60. マイクロソフトの給与については、Auletta 2002, p.164による。
61. 前掲の*Inside Out*, p.145.
62. 同前。
63. 同前。
64. 同前、p.127.
65. Bank 2001, p.33による。
66. 前掲の*Inside Out*, p.71.
67. 同前、p.186.
68. Bank 2001,p. 228.
69. Christensen 1997 (2000 ed), p.7.
70. 同前、p.201（註）
71. 同前、p.143.
72. Gleick 1995.
73. たとえば、トム・バトンがこの説に言及した、前掲の*Inside Out*, p.14.
74. Lieber 1996.
75. 前掲の *Inside Out* , p.72.
76. アダム・デヴィッド・バーへの電話でのインタビューによる。
77. Barr 2000, p.48.
78. 同前、p.65.
79. 同前、p.67.

17. Barr 2000, p.33.
18. 同前, p.27.
19. バーへの電話でのインタビューによる（2002 年 4月6日）。
20. ゲイツの知能に関する発言は、たとえば Munk and Oliver 1997 , p.146 や、Isaacson 1997, pp.51, 57 を参照。
21. Gould 1996*, p.204.
22. Dudeney 1958*, p.v.
23. Terman 1919, p.345-6.
24. 同前、p.316.
25. 同前、p.348.
26. Block and Dworkin 1976, pp.461-2.
27. Gould 1996*, p.224.
28. 同前、p.212.
29. www.pbs.org/transistor/album1/addlbios/shurkin.html に引用されたシャーキンの言葉。
30. ターマンとヤーキーズのＩＱと人種に関する見方は、Gould 1996*に出てくる。
31. Hiltzik 2001による。
32. メンサ・インターナショナルのサイト、www.mensa.org/info
33. ショックレーが入れなかったターマンの研究は、Leslie 2000による。
34. *The Independent*, 22 Dec. 2000.
35. 2000 年 7月6日、cpt kangarooskiによるwww.kuro5hin.orgへの投稿。
36. セルズからの、2001 年 11月26日付のメール。
37. Mongan and Suojanen 2000, p.159.
38. 同前、p.167.
39. セルズへの電話でのインタビューによる（2001年11月30日）。
40. 前掲の*Inside Out*, p.154による。
41. Spolsky 2000.
42. セルズへの電話でのインタビューによる。
43. ジョンソン - レアードからの、2001年12月11日付のメール。
44. スティーヴ・アベルへの電話でのインタビューによる（2002 年 3 月20日）。
45. Isaacson 1997, p.47. Auletta 2002, p.142も参照。
46. ジグソーパズルと地図描き競争については、Auletta 2002, pp.153-4による。
47. Isaacson 1997, p.52.

註

〔*をつけた文献には、対応する邦訳がある〕

1. ショックレーの伝記は、Hiltzik 2001による。
2. 面接の様子は、ジョエル・シャーキンの、2002年4月25日のメールによる。ギボンズは後にスタンフォード大学工学部長になり、ビル・ゲイツを説得して、スタンフォードにウィリアム・ゲイツ・コンピュータ科学棟を建てる資金を出させた。
3. ジーン・マッケンナの面接は、McKenna 2001による。www.meangene.com/essays/microsoft_interview.html.
4. ボンダラプティの、2002年3月27日のメールによる。
5. 入れ替わり率は7パーセント。*Inside Out: Microsoft ? In Our Own Words*〔マイクロソフト社25周年記念刊行物〕2000, p.134に引用された、クリス・ウィリアムズによる。
6. Lieber 1996.
7. マイクロソフト社公式サイト、www.microsoft.comによる。
8. www.microsoft.com/college/fulltie/default.aspにある、新人の写真による。
9. 前掲の*Inside Out*, p.130による。
10. Crack 1995 (2001 ed.), p.18.
11. Andrew Wilson, “oedipus & the sphinx”, http://www.users.globalnet.co.uk/~loxias/sphinx.htm
12. Frank B. Hall & Co. v. Buck, 678 S. W. 2d 612（テキサス州控訴裁判所判決、1984）。Adler and Pierce 1996に取り上げられたもの。
13. Perry 1994, 54.
14. members.aol.com/mbastyle/web/ss.htmlにある、*MBA Style Magazine*による。
15. アンバディやプリケットの研究は、Gladwell 2000, pp.70-1による。
16. 前掲の*Inside Out*, p.130による。

ま　行

な　行

は　行

さ　行

索引

HOW WOULD YOU MOVE MOUNT FUJI?
Microsoft cult of the Puzzle
HOW THE WORLD'S SMARTEST COMPANIES
SELECT THE MOST CREATIVE THINKERS
William Poundstone

ビル・ゲイツの面接試験
富士山をどう動かしますか？

2003年7月15日　第1刷発行
2008年2月25日　第22刷発行

著者――ウィリアム・パウンドストーン
訳者――松浦俊輔

発行者――清水一人
発行所――青土社
東京都千代田区神田神保町1－29　市瀬ビル　〒101－0051
（電話）03－3291－9831〔編集〕、03－3294－7829〔営業〕
（振替）00190－7－192955
印刷所――平河工業社
表紙印刷――方英社
製本所――小泉製本

装幀――松田行正

ISBN4-7917-6046-8　　Printed in Japan